Das Bistum Regensburg

Karl Hausberger

Das Bistum Regensburg

Seine Geschichte

Verlag Friedrich Pustet

Bibliografische Information der Deutschen Bibliothek

Die Deutsche Bibliothek verzeichnet diese Publikation
in der Deutschen Nationalbibliografie; detaillierte bibliografische
Daten sind im Internet über http://dnb.ddb.de abrufbar.

www.pustet.de

ISBN 3-7917-1914-9

Umschlaggestaltung: Anna Braungart, Regensburg
Umschlagmotiv: Schlussstein vom Hauptpolygon im Regensburger Dom
Mit freundlicher Genehmigung des Staatl. Hochbauamts Regensburg
Gesamtherstellung: Friedrich Pustet, Regensburg
Printed in Germany 2004

Inhalt

Hl. Petrus,
Patron der Bischofskirche von Regensburg

Geleitwort

In seiner ersten Enzyklika „Ecclesiam suam" vom 6. August 1964 schrieb Papst Paul VI. im zweiten Teil, der von der Erneuerung der Kirche handelt: „Der Kirche müssen wir dienen und sie lieben, so wie sie ist; mit Verständnis für ihre Geschichte und mit demütigem Suchen des Willens Gottes, der die Kirche führt und ihr beisteht, auch wenn er erlaubt, dass die menschliche Schwachheit in etwa die Klarheit der Linien verwischt und einen Schatten auf ihr Handeln wirft." Hinter diesem programmatischen Satz steht die Haltung christlicher Zuversicht, die darum weiß, dass jede Geschichte von Gott gelenkt ist, die Geschichte der Menschheit insgesamt genauso wie jene der Kirche.

Das vorliegende Buch skizziert die Geschichte des Bistums Regensburg von den Anfängen bis zur Gegenwart. Es beschreibt, wie die von Jesus Christus gestiftete Kirche im Bereich unserer Diözese Fuß gefasst hat und wie sie hier durch die Jahrhunderte hindurch „zwischen den Verfolgungen der Welt und den Tröstungen Gottes" (Augustinus) ihren Pilgerweg gegangen ist – einen Weg, der sie je zuzeiten über lichte Höhen führte, aber auch durch unwirtliche Schluchten. Doch selbst wenn dieser Weg nicht nur vom Leuchtglanz des Göttlichen überstrahlt wurde, sondern häufig genug auch durch den Schattenwurf menschlicher Unzulänglichkeit verdunkelt erscheint, hat sich gleichwohl immer wieder bestätigt, was einer meiner großen Vorgänger auf dem Regensburger Bischofsstuhl – Johann Michael Sailer, jener fürsorgliche Oberhirte in einer Zeit tiefgreifender Umbrüche – von der christlichen Gemeinde schreibt und was erst recht für ein Bistum gilt: „Jede christliche Gemeinde, die den schönen Namen nicht umsonst trägt, ist für die Welt ein Licht und für Christus ein Schauplatz seiner Gegenwart."

Denn letztendlich ist jede Geschichte Heilsgeschichte, Geschichte der liebenden Sorge Gottes um den Menschen. Die eingehende Beschäftigung mit ihr macht uns vertraut mit dem geheimnisvollen

Miteinander, bisweilen auch Gegeneinander von göttlichem und menschlichem Handeln in vergangenen Epochen und schärft dadurch unser Verständnis für das Gewordene. Zugleich wirft sie Licht auf die Gegenwart und weist Wege in die Zukunft.

So wünsche ich dieser neuen Darstellung der Geschichte unseres Bistums eine weite Verbreitung. Möge sie uns Mut und Zuversicht schenken für unseren Auftrag, den ererbten Glauben kraftvoll an kommende Generationen weiterzugeben, auf dass wir einmal vor der Geschichte und vor allem vor dem Herrn der Geschichte bestehen können.

Regensburg, am Fest des heiligen Bonifatius

+ Gerhard Ludwig

Bischof von Regensburg

Vorwort

Zur 1250-Jahrfeier der Errichtung der altbayerischen Kirchenorganisation durch Winfried-Bonifatius habe ich 1989 beim gleichen Verlag eine zweibändige „Geschichte des Bistums Regensburg" vorgelegt. In ihr wurde versucht, auf der Höhe des damaligen Forschungsstandes den Weg einer Ortskirche bis in die unmittelbare Gegenwart nachzuzeichnen und unter steter Berücksichtigung der übergeordneten Zusammenhänge ein möglichst umfassendes Bild ihres religiösen, kulturellen und institutionellen Lebens in den einzelnen Epochen zu entwerfen. Da dieses Werk, das sich in erster Linie an ein Fachpublikum wandte, mittlerweile vergriffen ist, entspreche ich hiermit gerne dem oft geäußerten Wunsch nach einer gerafften und für breitere Leserkreise bestimmten Darstellung der Regensburger Bistumsgeschichte.

Selbstverständlich fußt die vorliegende Publikation in materialer Hinsicht weitgehend auf dem genannten zweibändigen Werk. Doch ging es mir keineswegs um eine bloße Zusammenfassung des dort Gebotenen. Mancherlei neue Akzentsetzungen und gelegentlich auch deutliche Korrekturen ergaben sich allein schon aus der zwischenzeitlich erweiterten Forschungslage. Die knappe Darbietung des Stoffes legte zudem eine andere konzeptionelle Gestaltung nahe. So beispielsweise bildet für das Mittelalter und die Frühe Neuzeit nicht mehr die Abfolge der Bischöfe den großen Orientierungsrahmen. Vielmehr wird deren Wirken nur exemplarisch skizziert und anstatt dessen der Entfaltung des innerkirchlichen Lebens in den einzelnen Epochen größere Aufmerksamkeit geschenkt. Generell aber steht das Bemühen im Vordergrund, unter Verzicht auf Vollständigkeit und gelehrte Auseinandersetzung längerfristige Entwicklungen aufzuzeigen und Strukturen sichtbar zu machen, die hinter den Einzelereignissen und zugehörigen Jahreszahlen liegen. Solchermaßen möchte das Buch allen, die an der Geschichte der Ortskirche von Regensburg interessiert sind, eine wissenschaftlich fundierte erste Orientierung bieten und Verständnis wecken für das, was dieses Bistum war und was es bis heute geworden ist.

Zum Schluss bleibt mir die schlichte Pflicht, für mannigfache Hilfeleistung aufrichtig zu danken, namentlich meinen Mitarbeitern am Lehrstuhl für Mittlere und Neue Kirchengeschichte – Frau Ingrid Schrauf und den Herren Michael Liebl und Martin Wolf –, die bei der Erstellung des Manuskripts und des Registers tatkräftig mitgewirkt haben, sowie Frau Elisabeth Pustet, die mir stets eine zuverlässige, liebenswürdige, anregende Gesprächspartnerin und Lektorin war.

Regensburg, am Fest des heiligen Emmeram

Karl Hausberger

I. Kapitel

Gestaltwerdung einer Ortskirche – das Frühmittelalter

Man schrieb das Jahr 1688, als der Regensburger Weihbischof Albert Ernst Graf von Wartenberg ein 400 Folioseiten starkes Manuskript zur Frühgeschichte des Christentums in Bayern und insbesondere in der Stadt seines Wirkens zum Abschluss brachte, hierzu offenbar angeregt durch die Lektüre einer zeitgenössischen Abhandlung über die römischen Katakomben. Hatte der fromme, am Deutschen Kolleg in Rom ausgebildete Herr bereits in einem 1674 gedruckten Traktat die Auffassung vertreten, die Bevölkerung Regensburgs sei schon bald nach der Himmelfahrt Christi mit der christlichen Religion in Berührung gekommen, so sah er sich in dem genannten Manuskript in dieser kuriosen Meinung vor allem dadurch bestärkt, dass zwischenzeitlich bei Ausschachtungsarbeiten im Keller seines Domherrenhofes – näherhin im Gebäude der Maria-Läng-Kapelle südlich des Domplatzes – römische Ziegel mit rätselhaften Inschriften, antike Schmuckstücke und andere altertümliche Kleinfunde zutage gefördert worden waren. Als dann gar noch bei St. Kassian ein Gewölbe voller Menschengebein aufgedeckt wurde, das auf eine verschüttete römische Kulturschicht hindeutete, stand für ihn unverbrüchlich fest: Das unterirdische Regensburg durchzieht ein Netz von Katakomben mit Tausenden von Märtyrergräbern, und in den Kellergewölben der eigenen Behausung haben bereits die Apostelfürsten Petrus und Paulus mit ihren Schülern die hl. Messe gefeiert.

Die Geschichtsschreibung des späten 19. Jahrhunderts hat Wartenbergs Thesen aufgrund exakterer archäologischer Erkenntnisse endgültig ins Reich der Legende verwiesen. Seither wissen wir, dass der Prozess der Christianisierung unseres Landes erst in der Spätphase des römischen Imperiums anhob und seinen organisatorischen Abschluss fand mit der Bistumsumschreibung durch Bonifatius im Jahr 739. Er umspannt somit einen Zeitraum von rund 400 Jahren, in dem die abendländische Welt einen ihrer folgenschwersten Umbrüche erlebte: den Übergang in eine neue Epoche des nationalen, politischen, kirchlich-religiösen und kulturellen Lebens, in das „Mittelalter". Ausgelöst hatten diesen Wandel der Dinge die große Völkerwanderung und der von ihr heraufgeführte Zusammenbruch des kraft- und machtlos gewordenen weströmischen Reiches. Kennzeichnend für die neue Zeit aber war die Tatsache, dass sich durch den Eintritt der jungen germanischen Völker in die abendländische Welt nicht nur das Schwergewicht des politischen Geschehens, sondern mit ihrer Christianisierung auch der Schauplatz der Kirchengeschichte vom Mittelmeerraum in das Gebiet nördlich der Alpen verlagerte.

1. Spätrömisches Christentum, bajuwarische Stammesbildung und irofränkische Mission

Tritt die so charakterisierte Epoche eines an äußeren Erschütterungen und innerer Bewegung reichen Zusammenbruchs und Neubeginns in ihren abendländischen Weichenstellungen einigermaßen deutlich vor Augen, so verbleibt sie häufig im Dunkel oder tritt nur verschwommen ans Licht, wenn es um räumlich und zeitlich eingegrenzte Details geht. Dies gilt auch für das Bild der christlichen Frühzeit Bayerns und erst recht für die hier interessierende Frage nach den christlichen Anfängen Regensburgs, da zu ihrer Beantwortung selbst die für vergleichbare römerzeitliche Siedlungen in den vergangenen Jahrzehnten recht ertragreiche „Wissenschaft des Spatens" bis dato wenig beisteuern konnte. So haben wir keine sicheren Erkenntnisse über spätantike Kirchenbauten im Bereich des im Jahr 179 am Südufer der Donau gegenüber der Regenmündung großzügig ausgebauten Legionslagers Castra Regina, das Regensburg den Namen gegeben hat. Desgleichen fehlen stichhaltige Hinweise auf christliche Blutzeugen oder gar auf einen Bischofssitz im römerzeitlichen Regensburg. Den einzig zuverlässigen archäologischen Beleg für spätantikes Christentum am Standquartier der dritten Italischen Legion bildet bislang ein 1839 im großen römischen Gräberfeld westlich der Kumpfmühler Straße aufgefundenes Kalksteinrelief, der sogenannte Sarmannina-Grabstein, sofern seine Datierung auf die Zeit um 400 korrekt ist.

Das prominente Fundstück trägt eine lateinische Inschrift, die nach neuester Lesart in Übersetzung lautet: „Der in Christus wohlverdienten Sarmannina, die in Frieden ruht, den Märtyrern beigesellt". Obschon diese Worte unbezweifelbar christlichen Geist atmen, bereitet die Deutung der

Grabstein der Sarmannina

Wendung „den Märtyrern beigesellt“ bis zur Stunde erhebliche Schwierigkeiten. Hat Sarmannina selbst das Martyrium erlitten oder wurde sie gemäß dem römischen Brauch der „Depositio ad martyres“ lediglich in der Nähe von Märtyrergräbern beigesetzt oder will diese Inschrift nur ihre himmlische Gemeinschaft mit den Blutzeugen zum Ausdruck bringen? Das Martyrium in eigener Person scheidet mit hoher Wahrscheinlichkeit aus, da an der Wende vom 4. zum 5. Jahrhundert nicht mehr mit Christenverfolgungen zu rechnen ist. Der zweiten Deutungsvariante kommt weit mehr Gewicht zu, wobei die Bestattung bei Märtyrern freilich keineswegs als Beleg für eine Christenverfolgung in Regensburg aufgefasst werden muss; es kann sich auch um von auswärts übertragene Reliquien handeln. Einen ebenso hohen Stellenwert hat daneben die dritte Interpretationsmöglichkeit. Der genaue Sinn der letzten Inschriftzeile bleibt somit nach wie vor unklar. Gleichwohl bezeugt das Kalksteinrelief zumindest die Anwesenheit von Christen in Castra Regina, über deren gemeindliches Leben wir aber leider keinerlei Aufschlüsse haben. Ebenso wenig konnte die Archäologie bislang eindeutige Befunde für das Fortbestehen römischen Christentums nach dem Abzug des „offiziellen Rom“ im 5. Jahrhundert beisteuern. Dennoch legt die in der Emmeramsvita des Arbeo von Freising angedeutete Siedlungskontinuität zwischen Antike und Mittelalter, die sich auch an der Häufung von Ortsnamen romanischen Ursprungs im Umfeld des alten Regensburg ablesen lässt, die Vermutung nahe, dass sich christliches Ideengut wenigstens in schmalen Rinnsalen in die nachfolgende Epoche germanisch-bajuwarischer Prägung hinüberretten konnte.

Die neue politische Ordnung, die nach dem Zusammenbruch der römischen Herrschaft in den Donauprovinzen Rätien und Norikum Gestalt annahm, ist aufs Engste verknüpft mit den um 550 erstmals namentlich kundbar werdenden „Baibari“ oder „Baiovarii“. Ihre Herkunft hat aber in der zeitgenössischen Literatur keinen Niederschlag gefunden, und daher gehörte deren geographische und ethnische Bestimmung bis in die jüngste Zeit herein zu den umstrittensten Problemen der bayerischen Frühgeschichte. Erst die archäologische Forschung unserer Tage lässt in mancherlei Hinsicht klarer sehen. So macht es zunächst eine vom 5. bis zum 7. Jahrhundert sich durchziehende Bestattungskontinuität, wie sie beispielsweise das 1980 aufgedeckte Reihengräberfeld von Straubing-Alburg eindrucksvoll bezeugt, wahrscheinlich, dass die Bajuwaren weder in einer einzigen großen Wanderung gekommen sind noch ein einheitliches Volk darstellten. Vielmehr werden zahlreiche Splitter der im 5. und 6. Jahrhundert in der Umgebung unseres Raumes feststellbaren germanischen Stämme – Markomannen und Sueben, Thüringer und Naristen, Alemannen und Rugier, Skiren und Heruler – in ihnen aufgegangen sein, Volksreste, die sich über einen längeren Zeitraum hin zwischen zurückgebliebene Keltoromanen eingedrängt haben und erst im Land zwischen Donau und Alpen zu einem einheitlichen Stamm zusammengewachsen sind. Bei diesem Prozess der Stammes- und Herrschaftsbildung aber waren die „Männer aus Baia“ offenbar das bestimmende Element, denn sie erwiesen sich als stark genug, dem neuen Land und Volk seinen Namen zu geben. Dass dieses Herkunftsland „Baia“ mit dem böhmischen Kessel gleichzusetzen ist, unterliegt insofern kaum mehr einem Zweifel, als es der Archäologie nun endlich gelungen ist, den herrschaftsbildenden Kern im Fundgut völkerwanderungszeitlicher Gräber auszusondern und mit Böhmen in Verbindung zu bringen. Die in deutlicher Verdichtung um Regensburg und Straubing nachgewiesene Keramik vom Typus Friedenhain-Přestovice – benannt nach zwei großen Brandgräberfeldern nördlich von Straubing und in Südwestböhmen – lässt den Schluss zu, dass die für die Stammesbildung entscheidende Bevölkerungsgruppe über die natürlichen Verbindungslinien der Cham-Further und der Stallwanger Senke aus dem böhmischen Kessel kam.

„Der Herzog aber, der dem Volk vorsteht, war immer aus dem Geschlecht der Agilolfinger und muss es sein“, heißt es kurz und bündig im bayerischen Stammesrecht, der „Lex Baiuvariorum“. Die Herkunftsfrage dieses Geschlechts ist bis heute ungelöst. Doch wird so viel deutlich, dass der erste

bekannte Agilolfinger, der 555 in einem Herzog namens Garibald begegnet, ein Funktionsträger des Frankenreiches war und in einem besonderen Vertrauensverhältnis zum katholischen Merowingerhof stand. Garibald wurde nämlich in ebendiesem Jahr vom Frankenherrscher als Mann für die vormalige merowingische Königin Walderada ausersehen. Er muss also damals bereits dem christlichen Glauben zugetan gewesen sein, und mit ihm war dies wohl auch die politische Führungsschicht des Landes. Aus seiner Ehe mit Walderada ging dann unter anderem jene Tochter Theudelinde (Theodolinde) hervor, die als Langobardenkönigin maßgeblichen Einfluss auf die Zurückdrängung des arianischen Bekenntnisses zugunsten eines römisch geprägten Christentums in Oberitalien gewinnen sollte. Zusammen mit ihrem zweiten Gemahl Agilulf gründete sie nicht nur den Dom zu Monza, sondern verhalf auch Columban dem Jüngeren († 615), dem aus dem Frankenreich vertriebenen Pionier der irischen Festlandmission, zur Errichtung eines ersten klösterlichen Zentrums im langobardischen Machtbereich, der Abtei Bobbio. Angesichts dessen erscheint die Annahme, Theudelinde habe die Aufmerksamkeit des Heiligen auch auf das weite Missionsfeld ihres Heimatlandes gelenkt und so den Anstoß zu einer planmäßigen Mission bei den Bayern gegeben, keineswegs abwegig. Doch ein literarischer Beleg hierfür fehlt. Natürlich ließ sich ein dauerhafter Missionserfolg nur mit Unterstützung seitens der politischen Herrschaftsträger erzielen. Deshalb war es nur allzu verständlich, dass sich die Glaubensboten vornehmlich an den Herzogspfalzen einfanden, allen voran in Regensburg, der „Hauptstadt“ des bajuwarischen Siedlungsgebiets von Anfang an. Sie schildert uns Arbeo als „uneinnehmbar“, „aus Quadern erbaut, mit hochragenden Türmen und mit Brunnen reichlich versehen“.

Allem Anschein nach ging die erste Missionierungswelle in unserem Land von Luxeuil in Burgund aus und damit von jenem Kloster auf fränkisch-gallischem Boden, das der erwähnte Columban um 590 gegründet hatte, um das seiner Meinung nach im Argen liegende Kirchenwesen im Frankenreich zu reformieren. Aus der „Vita Columbani“ erfahren wir nämlich, dass Abt Eustasius, Columbans Nachfolger in Luxeuil, nach dem Tode seines Meisters zunächst zu den burgundischen Waraskern ging und sodann auch zu den „Boiern, die jetzt Bayern genannt werden“, gelangte: *Diese wies er mit größter Anstrengung nach den Grundregeln des Glaubens zurecht und konnte dabei sehr viele bekehren. Nach einiger Zeit kehrte er wieder nach Luxeuil zurück, nicht ohne wortgewaltige Männer auszusenden, die das begonnene Werk mit vollem Eifer fortsetzen sollten.* Die besagte Vita berichtet darüber hinaus, dass der Mönch Agrestius aus Luxeuil vorübergehend bei den Bayern missioniert habe, und aus einer anderen Quelle geht hervor, dass Eustasius zur Weiterführung des Bekehrungswerkes den ebenfalls der Klostergemeinschaft von Luxeuil angehörenden Mönch Agilus in Bayern zurückließ. Welchen Weg aber die Luxovienser Missionare nahmen und in welchen Gegenden unseres Landes sie wirkten, verschweigen uns die literarischen Zeugnisse. Dass damals schon das Kloster Weltenburg vor dem gefährlichen Donaudurchbruch entstand, lässt sich weder ausschließen noch beweisen. Doch hat die 1934 von Benedikt Paringer vorgetragene These, die Anfänge dieses Donauklosters stünden in unmittelbarem Bezug zur Missionstätigkeit der Columbanschüler, in jüngster Zeit an Verbindlichkeit eher gewonnen, und zwar durch die Ausgrabung eines als christlich ausgewiesenen Reihengräberfeldes im nahegelegenen Staubing. Der auf die Zeit um 600 zurückreichende Befund bezeugt unter anderem die Existenz einer überdurchschnittlich wohlhabenden Familie, die durchaus für die wirtschaftliche Absicherung einer klösterlichen Niederlassung in Frage kommen konnte.

Doch wie immer es um das Gründungsdatum Weltenburgs bestellt sein mag: Eine förmliche „Missionszentrale" für Bayern, so Paringer, wurde durch die Columbanermönche hier schwerlich errichtet, und der Ertrag dieser Frühmission dürfte sich in eher bescheidenen Grenzen gehalten haben. Der breite Durchbruch des Christentums, der Bayern in ein geistliches Land umzuprägen vermochte, vollzog sich wohl doch erst gegen Ende des 7. Jahrhunderts. Maßgeblichen Anteil daran hatten nicht zuletzt jene drei „Apostel der Bayern", deren Gedächtnis die alten Bischofsstädte Regensburg, Salzburg und Freising hochhalten bis zum heutigen Tag – Emmeram, Rupert und Korbinian. Ihr Wirken an den genannten Orten macht zugleich deutlich, dass von der kirchlichen Organisation der römischen Donauprovinzen kein direkter Weg zu der des frühmittelalterlichen Bayern führt. Vielmehr wurden die neuen politischen Zentren des Landes, die Sitze der Teilherzöge, auch zu kirchlichen Mittelpunkten. Darüber hinaus will es scheinen, dass die aus dem gallischen Westen kommenden und an den Herzogshöfen tätigen Glaubensboten noch viel von irischen Wandermönchen an sich hatten. Wenngleich sie selber Franken waren, schlug bei ihrem Vorgehen doch immer wieder der Einfluss der irischen Kirche auf die fränkische seit den Tagen Columbans durch.

Die seinerzeitige Situation in Regensburg war dadurch gekennzeichnet, dass die agilolfingischen Herzöge an ihre höchstwahrscheinlich im Bereich des Alten Kornmarkts gelegene Pfalz immer wieder kirchliche Würdenträger banden, die als Hof- und Missionsbischöfe anzusprechen sind. Namentlich kennen wir neben dem hl. Emmeram noch den hl. Erhard. Aber auch der hl. Rupert, vormals Bischof von Worms, hielt sich gegen Ende des 7. Jahrhunderts geraume Zeit in Regensburg auf, ehe er in den

Südosten des Landes zog, wo ihm Herzog Theodo das alte Oppidum Juvavum mit der dazugehörigen Burg über der Salzach, eben Salzburg, zuwies.

Über den hl. Emmeram verfasste der schon mehrmals erwähnte Bischof Arbeo von Freising um 770 eine Lebensbeschreibung, deren Quellenwert seit jeher umstritten ist und aus der wir über Emmerams Tätigkeit in Regensburg nur wenig erfahren. Auch der Zeitpunkt seines hiesigen Wirkens während der Regierung eines Herzogs Theodo lässt sich anhand der Vita nicht exakt bestimmen; doch sprechen die meisten Indizien für eine Datierung um 700 und damit gegen die Regensburger Tradition, die Emmerams Martyrium auf das Jahr 652 ansetzt. Laut Arbeo war Emmeram zuvor Bischof in Poitiers und kam nach Regensburg in der Absicht, als Missionar zu den heidnischen Awaren weiterzuziehen. Aber der Herzog vermochte ihn zum Bleiben zu bestimmen, damit er als Bischof im Lande tätig sei und eine Art Oberaufsicht über die klösterlichen Gemeinschaften führe. Indes, bereits drei Jahre später bereitete ihm ein Mitglied der Herzogsfamilie den Martertod, dessen Begleitumstände der Freisinger Hagiograph sehr beredt schildert. Ihm zufolge unterhielt die Herzogstochter Uta ein unerlaubtes Verhältnis mit dem Sohn eines Hofbeamten und wurde schwanger. Um den Konflikt zu entschärfen, riet ihr Emmeram, sie solle ihn selbst als Verführer ausgeben. Unmittelbar danach brach der Gottesmann nach Rom auf, um sich zu rechtfertigen, wurde jedoch in der Nähe von Kleinhelfendorf bei Aibling vom Herzogssohn Lantpert eingeholt und im Zorn über das vermeintliche Vergehen an Uta grausam zu Tode gefoltert.

Als historisch gesicherte Aussage lässt sich aus Arbeos legendenhafter Darstellung nur entnehmen, dass sich ein aus dem westfränkischen Raum stammender Bischof namens Emmeram geraume Zeit am Regensburger Herzogshof aufgehalten und das Martyrium erlitten hat. Zuverlässig bezeugt ist uns ferner, dass man den Leichnam des Blutzeugen bei der alten Georgskirche beisetzte, wo sich eine bereits vorhandene oder erst entstehende klösterliche Gemeinschaft seiner Verehrung annahm. Aus dieser monastischen Zelle erwuchs das noch im Laufe des 8. Jahrhunderts mächtig aufblühende Kloster St. Emmeram, das fortan das Gedächtnis seines namengebenden Patrons getreu der Idee vom heiligen Ursprung jeweils am 22. September liturgisch beging.

Doch Regensburg hat, wie schon angedeutet, noch einen weiteren Bischof der irofränkischen Missionsepoche vorzuweisen, nämlich den hl. Erhard, der zuvor Oberhirte im südfranzösischen Narbonne gewesen sein soll. Für sein tatsächliches Wirken an der hiesigen Herzogspfalz konnte die Archäologie vor etlichen Jahrzehnten den überzeugenden Nachweis liefern. Ausgrabungen in der Niedermünsterkirche haben nämlich nicht nur eine um 700 errichtete saalartige Kirchenanlage mit Rechteckchor zutage gefördert, sondern auch Erhards Grab. Möglicherweise wurde diese älteste Niedermünsterkirche sogar speziell für die Aufgaben eines Hofbischofs errichtet, denn ihre Erbauung fällt in die Regierungszeit jenes agilolfingischen Herzogs, der sich mit weitreichenden landeskirchlichen Plänen beschäftigte. Was die zeitliche Zuordnung betrifft, so dürfte Erhard in den ersten Jahrzehnten des 8. Jahrhunderts, also nach Emmeram und Rupert, in Regensburg gewirkt haben.

2. Bistumsorganisation durch den heiligen Bonifatius und erster Klosterfrühling

Der frühen bayerischen Kirche mangelte die feste Organisation nach kirchenrechtlichen Grundsätzen, und dem reichen Wirken der genannten Hofbischöfe fehlte die enge Verbindung mit der abendländischen Gesamtkirche. Darum unternahm der seit dem ausgehenden 7. Jahrhundert weithin unabhängig vom Frankenreich regierende Herzog Theodo gegen Ende seines Lebens den kühnen Versuch, der bayerischen Kirche eine stabile Ordnung zu geben und sie durch engen Anschluss an Rom aus dem westfränkischen Einflussbereich zu lösen. Diesbezüglich enthält der „Liber Pontificalis", das Buch der ältesten Papstviten, zum Jahr 716 den interessanten Eintrag: *Theodo, der Herzog von Bayern, kam mit anderen seines Stammes zum Grab des seligen Apostels Petrus, um hier zu beten als der Erste seines Volkes.* Dass der Herzog mit seinem Gefolge aber nicht nur als frommer Pilger in Rom weilte, dass sein dortiger Aufenthalt vielmehr auch eine eminent kirchenpolitische Bedeutung hatte, zeigt der auf den 15. Mai 716 datierte Organisationsentwurf Papst Gregors II. für eine bayerische Landeskirche. Er nimmt Rücksicht auf die von Theodo vorgenommene Untergliederung des Landes in Teilherzogtümer und sieht die Errichtung von drei, vier oder noch mehr Bistumssprengeln vor. An ihrer Spitze sollte ein Erzbischof stehen, wohl mit Sitz in Regensburg, der beim Fehlen eines geeigneten Kandidaten aus Rom angefordert werden konnte. Weshalb allerdings dieser bis ins Einzelne gehende Organisationsplan vorerst unverwirklicht blieb, ist nicht eindeutig geklärt. Möglicherweise boten die fränkischen Hausmeier dem herzoglichen Selbständigkeitsstreben Paroli; vielleicht haben aber auch die Zwistigkeiten in der Herzogsfamilie nach Theodos Tod die Umsetzung des Plans vereitelt. Doch was immer hierfür den Ausschlag gab: Der großangelegte Entwurf von 716 wies künftiger Kirchenpolitik die Richtung und bahnte darüber hinaus jene grundlegende Verbindung zwischen Bayern und Rom an, wie sie dann unter dem vorletzten Agilolfinger Odilo dauerhafte Gestalt gewinnen sollte.

Wie vormals Herzog Theodo ging es auch Odilo um die Unabhängigkeit seines Landes vom Frankenreich. Darum nahm er im Jahr 739 die alten Fäden mit Rom wieder auf und organisierte in engster Zusammenarbeit mit dem römischen Legaten für die germanischen Länder, dem Angelsachsen Winfrid-Bonifatius, die erste Landeskirche rechts des Rheins. In Anlehnung an die Bischofssitze der Frühzeit, die sich an den Residenzen der Teilherzöge in Regensburg, Passau, Salzburg und Freising herausgebildet hatten, wurden vier Bistümer eingerichtet und gegeneinander abgegrenzt. Um das irisch-gallische Kirchenwesen zugunsten einer römisch geprägten Ordnung zurückzudrängen, setzte Bonifatius überall neue Bischöfe ein: Gaubald in Regensburg, Ermbert in Freising, Johannes in Salzburg; einzig Vivilo in Passau, der vom Papst selbst Weihe und Sendung erhalten hatte, durfte bleiben. Die organisatorischen Maßnahmen, über die der Angelsachse gewissenhaft nach Rom berichtete, fanden dort lebhaften Beifall. Am 29. Oktober 739 schrieb ihm Gregor III. zurück: *Wenn du also meldest, dass du zu dem Volk der Bayern gelangt bist und sie ohne kirchliche Ordnung angetroffen hast, weil sie nur einen Bischof, den von uns selbst geweihten Vivilo, im Lande haben, und dass du dann mit Zustimmung des Bayernherzogs Odilo und der Vornehmen des Landes drei weitere Bischöfe geweiht und das Land in vier Teile, das heißt in vier Sprengel, geteilt hast, auf dass jeder Bischof seinen Sprengel habe, so hast du, Bruder, wohl und weise gehandelt, denn du hast an unserer Statt und ganz in unserem Sinn den apostolischen Auftrag ausgeführt.*

Damit war für die bayerische Kirche ein wichtiger Markstein gesetzt. Die Kette ihrer Oberhirten sollte fortan nicht mehr abreißen, auch wenn sie ihre auf ein Jahrtausend hin gültige organisatorische Vollendung erst unter karolingischer Herrschaft erfuhr. Auf Drängen Karls des Großen verlieh Papst Leo III. 798 dem Salzburger Oberhirten Arn das Pallium als Zeichen der erzbischöflichen Würde und unterstellte ihm die Bischöfe von Passau, Regensburg, Freising und Säben als Suffragane. Dass Salzburg und nicht die alte Hauptstadt Regensburg zum Sitz des bayerischen Metropoliten bestimmt wurde, erklärt sich vermutlich nur zum Teil aus den engen persönlichen Beziehungen Arns zum karolingischen Hof sowie aus der herausragenden Bedeutung Salzburgs für die Ostmission. Maßgeblich trug hierzu wohl auch die politische Überlegung des Frankenherrschers bei, nach der Entmachtung der Agilolfinger im Jahr 788 deren Residenzstadt nicht erneut eine Führungsposition zu übertragen, vielmehr bayerische Selbständigkeitsgelüste für immer zu unterbinden. Jedenfalls wurde durch die Errichtung eines Metropolitanverbandes die innere Einheit der bayerischen Kirche erheblich verstärkt und zugleich die Einbindung des bayerischen Staates in das karolingische Großreich beschleunigt. Davon zeugt nicht zuletzt die von Erzbischof Arn unverzüglich einberufene Provinzialsynode zu Reisbach-Freising-Salzburg (799/800), deren umfangreiche Gesetzgebung das Bemühen widerspiegelt, die bayerische Landeskirche durch die Übernahme fränkischen Kirchenrechts mit der karolingischen Reichskirche zu verschmelzen.

Wenn wir nochmals den Vorgang der Christianisierung als Ganzen ins Auge fassen, so interessiert natürlich auch die Frage, mit welchen Methoden die Bekehrungsarbeit vor sich ging und wie intensiv sich das Volk den neuen Glauben angeeignet hat. Leider schweigen die Quellen hierüber weithin. Selbst aus der Lebensbeschreibung des hl. Bonifatius, dessen Wirken bereits im helleren Licht der Geschichte steht, lässt sich mit Theodor Schieffer für Altbayern nur ablesen, dass die spezifische Leistung des Heiligen „nicht so sehr in der Saatlegung selbst als vielmehr in der Pflege der Saat lag“, näherhin in der „Reinigung eines noch sehr rudimentären, innerlich unsicheren Glaubenslebens“, im „Kampf um eine allmähliche Durchsetzung christlicher Zucht und Sitte“ und in der „Herstellung eines geordneten Kirchentums“. Dabei mussten die Missionare wohl nicht selten mit jener massiven Anschaulichkeit werben, wie sie 723 in der Fällung der Donareiche durch Bonifatius im hessischen Geismar spektakulären Ausdruck fand. Dies will besagen: Nicht die tiefschürfende Darlegung christlicher Glaubensinhalte stand bei der Missionierung im Vordergrund, sondern die sinnenfällige Bestätigung des Satzes, dass der Christengott mächtiger ist als die alten Stammesgottheiten. Selbstverständlich war bei dieser Kärrnerarbeit auch ein gerüttelt Maß an Toleranz gefordert, konkret das Bemühen, germanische Religionsbräuche nicht einfach auszurotten, sondern behutsam mit christlichem Sinngehalt zu füllen. So weihte man beispielsweise an einem heidnischen Festtag eine Kirche, so dass sich nun alljährlich die Wiederkehr dieser Weihe als christliches Kirchweihfest begehen ließ. Dass gleichwohl das Bekehrungswerk ein heikler und langwieriger Prozess war, macht unter anderem die Vita des hl. Wunibald deutlich, in der erzählt wird, der Gründerabt des Klosters Heidenheim habe um 750 in der Gegend zwischen Altmühl und Wörnitz noch „viel Blendwerk heidnischer Verkommenheit" und „viele durch Teufelslist getäuschte Götzendiener" angetroffen. Und wenn wir aus der Emmeramsvita Arbeos erfahren, das bayerische Volk habe *den Götzendienst noch nicht völlig abgelegt, da die Väter ihren Nachkommen mit dem Kelche Christi auch die Verehrung ihrer Götter hinterlassen hatten,* so ist dies nur ein weiterer Beleg dafür, dass noch geraume Zeit eine Art Synkretismus herrschte, eine eigenartige Mischung von christlichem und heidnischem Denken, Empfinden und Handeln.

Auf solchem Hintergrund musste der synodalen Tätigkeit der frühen bayerischen Kirche besonderes Gewicht zukommen. Sie stellt sich auf weiten Strecken als Erziehungswerk am jungbekehrten Volk dar. Was die verschiedenen Zusammenkünfte der geistlichen und weltlichen Großen einschärften, ist auch ein Spiegelbild dessen, woran es gefehlt hat. Unter den Landessynoden zur Zeit Tassilos III. (748–788) verdienen vor allem die Zusammenkünfte von Dingolfing (769/70) und Neuching (771/72) Erwähnung. Die Vereinbarungen zu Dingolfing betrafen neben vermögens- und strafrechtlichen Fragen auch rein kirchliche Angelegenheiten wie die Einschärfung der Sonntagsheiligung oder das Verbot, eine Nonne zu heiraten. Außerdem schlossen die geistlichen Teilnehmer nach dem Vorbild fränkischer Synoden eine Gebetsverbrüderung, kraft derer sie sich beim Ableben eines Bischofs oder Abtes zu einer bestimmten Anzahl von Messen für das Seelenheil des Verstorbenen verpflichteten.

Das folgende Landeskonzil von Neuching bemühte sich in kirchlicher Hinsicht vor allem um eine schärfere Abgrenzung der bischöflichen und klösterlichen Rechte, erließ aber auch eine Reihe von Vorschriften, die die Geistlichkeit zu vorbildlicher Lebensführung und gewissenhafter Erfüllung der Amtspflichten anhielten. Alles in allem gewinnt man bei der Lektüre der synodalen Beschlüsse dieser Frühzeit den Eindruck, dass es den kirchlichen und weltlichen Großen hauptsächlich um dreierlei zu tun war:

Zum ersten sollten Klerus und Volk zu einem gesitteten und strebsamen Leben im Sinne der christlichen Botschaft hingeführt werden; zum zweiten wollte man die Gläubigen zur aktiven Teilnahme am Selbstvollzug der Kirche in Wort und Sakrament anhalten; zum dritten ging es um die Durchsetzung der römischen Gebräuche sowohl im Bereich der kirchlichen Rechtspflege als auch der Liturgie und damit um die feste und dauerhafte Anbindung der bayerischen Kirche an die in Rom zentrierte Form des Christentums, welche bald zur beherrschenden im ganzen Abendland werden sollte.

Wie schon gelegentlich anklang, markiert das Jahrhundert der bayerischen Bistumsorganisation zugleich die erste große Blütezeit monastischen Lebens, die mit Fug und Recht als „Klosterfrühling“ tituliert werden darf. Bis zum Jahr 788, das für Bayern mit dem Sturz Tassilos III. das Ende der agilolfingischen Herrschaft bedeutete, wurden nämlich in rascher Abfolge an die 50 Klöster neu gegründet und einige schon unter irofränkischem Einfluss entstandene Mönchszellen der benediktinischen Regel zugeführt. Unter letztere Kategorie fällt im Bistum Regensburg höchstwahrscheinlich die um das Grab des hl. Emmeram gescharte Mönchsgemeinschaft, die sich bereits unter Bischof Gaubald (739–761?) zu kultureller Bedeutung ersten Ranges aufschwang, ferner die St. Georgszelle in Weltenburg, wenn sie denn ihre Anfänge den Columbanermönchen verdankt. Mit Sicherheit in der Zeit Tassilos III. entstand das vom Edlen Wolchanhard gestiftete Salvatorkloster Berg im Donaugau (Paring?), das allerdings unter den späten Karolingern so restlos eingegangen ist, dass man es nicht einmal mehr eindeutig lokalisieren kann. Mit großer Wahrscheinlichkeit dürfen wir sodann in Pfaffmünster (Münster) bei Straubing eine tassilonische Gründung sehen, denn die Umgebung dieses Klosters ist als ehemaliges Herzogsgut ausgewiesen und sein Patron Tiburtius verweist auf die Agilolfinger. Bei Münchsmünster und beim nur schwer fassbaren Peterskloster Münster nächst Rottenburg an der Laaber könnte es sich gleichfalls um Gründungen durch Herzog Tassilo selbst handeln. Für Wörth an der Donau ist die Existenz eines bischöflichen Eigenklosters bezeugt, das nach Ausweis der Schenkungsurkunde eines gewissen Opi zwischen 765 und 788 entstanden sein muss. Noch auf Herzog Odilo geht die Mönchszelle Chammünster in der Further Senke zurück, die ihr Gründer wohl nicht von ungefähr dem Regensburger Bischofskloster St. Emmeram anvertraute. Lag doch Chammünster an der wichtigen Verbindungsstraße zwischen Bayern und Böhmen und wies so der Kirche von Regensburg den Weg zur Mission im slawischen Nachbarland. Auch das Kloster Mondsee, das 833 durch Tausch an den Bischof von Regensburg kam, stellt mit hoher Wahrscheinlichkeit eine Stiftung Odilos dar. Hingegen dürfte es sich bei dem am Nordufer der Donau gelegenen Michaelskloster Metten um eine herzogsnahe Adelsgründung handeln, die um 765 entstand, gestiftet im Auftrag seines Paten Gamalbert vom Edlen Utto, der in zeitgenössischen Quellen mehrfach als Abt begegnet.

Wenn man von einem Klosterfrühling spricht, drängt sich ganz von selbst die Frage nach dem Grund für diese Stiftungen und ihrer Bedeutung für das Land auf. Sicherlich waren die überreichen herzoglichen, adeligen und bischöflichen Schenkungen in erster Linie religiös motiviert, in der Sorge um das eigene Seelenheil und im Wunsch nach Festigung des christlichen Glaubens. Ein Kloster stellte ja zuvorderst ein religiöses Zentrum dar,

Ursprünglich stand auf dem Mallersdorfer Hügel ein kleines Johanneskirchlein. Die Anfänge des späteren Benediktinerklosters gehen auf eine Stiftung des Grafen Heinrich von Kirchberg zurück. Die ursprünglich romanische Anlage wurde später durch einen fast völligen Neubau ersetzt. Die Westfassade der Kirche bewahrt noch alte Bauteile, darunter auch den Grabstein des Stifters in flächiger Ritzzeichnung.

eine Stätte gemeinsamen Gebets und Lebens der Mönche nach festgefügter Regel. Es war meist auch Grablege und zudem Eigentum seines Gründers und stand als geistlicher wie sozialer Kosmos in vielfältiger Weise mit der Welt in Verbindung. So haben die Klöster mit ihrer ausgedehnten Grundherrschaft als Stätten organisierter Arbeit und moderner Wirtschaftsführung Wesentliches für den Landesausbau geleistet. Sie waren darüber hinaus Mittelpunkte der Kulturpflege im weitesten Sinne, waren wichtigste Brückenpfeiler hin zur Antike und wiesen in ihren Schulen einem ganzen Volk den Weg hinein in die lateinische Sprache und das schriftliche Vermächtnis längst vergangener Jahrhunderte. Und nicht zuletzt müssen diese frühen monastischen Zentren eine seelsorgerliche Aktivität von großartiger Entschlossenheit entfaltet haben. Die ersten Denkmäler unserer Literaturgeschichte gehören ja noch in den geistigen Umkreis der bayerischen „Urklöster" und sind sprechende Zeugnisse für die kernhafte Frömmigkeit eines jungbekehrten Volkes. So zum Beispiel das wahrscheinlich in Regensburg aufgezeichnete „Muspilli", ein Stabreimgedicht über den Tod und das Jüngste Gericht von hoher poetischer Qualität, das gleich einer Bußpredigt die „Letzten Dinge" mit erschütternder Wucht ins Bewusstsein ruft. Zum Beleg hierfür nur die Schilderung des dem großen „Weltenbrand" folgenden Endgerichts:

Wenn das himmlische Horn laut ertönt,
und sich der Richter auf den Weg begibt,
der da richten soll über die Toten und Lebenden,
dann erhebt sich mit ihm das größte der Heere,
das ist so überaus stark, dass niemand wider ihn kämpfen kann.
Dann fährt er zu dieser Gerichtsstätte, die da abgegrenzt ist,
da geschieht das Gericht, das man da immer voraussagte.
Dann fahren die Engel über die Mark,
sie wecken die Toten, führen sie zum Gericht.
Da muss jeder der Menschen von dieser Erde aufstehen,
sich lösen von der Bürde der Hügel, es muss ihm wieder sein Leib
dass er all sein Recht erzählen müsse [zukommen,
und ihm nach seinen Taten geurteilt werde.
Da der sitzet, der da richten soll
und urteilen soll über die Toten und Lebenden,
da steht ringsum die Menge der Engel,
der guten Menschen: Der Bezirk ist so groß:
da kommen zu diesem Gerichte so viele, die von der Rast erstehen.
Keiner der Menschen kann etwas verheimlichen,

da muss die Hand sprechen, das Haupt reden,
aller Glieder jedes bis zum kleinsten Finger,
was er unter diesen Menschen an Mordtat verübte.
Da ist kein Mann so listig, dass er irgend etwas erlügen könnte,
dass er verbergen könnte eine der Taten,
dass sie nicht vor dem König kundgemacht würde,
außer wenn er es mit Almosen aufwägte
und mit Fasten die Frevel büßte.
Der fasst da Mut, der Buße geleistet hat,
wenn er zu diesem Gerichte kommt.
Da wird vorangetragen das göttliche Kreuz,
da der heilige Christ daran gehangen wurde.
Dann zeigt er die Wundmale, die er unter der Menschheit empfing,
die er aus Liebe zum Menschengeschlecht erduldete.

3. Regensburg und Böhmen

Kaum dass die innere Aneignung des Christentums im Lande selbst vollzogen war, trat für die bayerische Kirche auch schon die große Missionsaufgabe bei den noch heidnischen Nachbarvölkern ins Blickfeld. Bis in die ottonische Zeit hinein war Bayern dann dasjenige Territorium des Reiches, welches sich am intensivsten der christlichen Durchdringung des slawischen Ostens gewidmet hat, wobei dem Bistum Regensburg aufgrund seiner geographischen Lage vornehmlich die Missionierung Böhmens zufiel. Dass man diesen historischen Auftrag nach Kräften erfüllte, dafür konnte die neuere Forschung eine Reihe von Belegen zusammentragen, obschon wir für die Regensburger Mission kein so auskunftsfreudiges Dokument besitzen, wie es Salzburg mit seiner Denkschrift „Über die Bekehrung der Bayern und der Karantanen" von 871 vorweisen kann. Regensburg hatte ein derartiges „Weißbuch" auch gar nicht nötig, denn sein missionarisches Wirken war kirchenrechtlich nicht umstritten, gestaltete sich aber gleichwohl als schwierig genug, da Böhmen bis zum Aufstieg der Přemysliden in der zweiten Hälfte des 10. Jahrhunderts arg unter der Zersplitterung seiner politischen Gewalten litt.

Regensburgs Weg nach Böhmen führte wohl hauptsächlich über das erwähnte St. Emmeramer Filialkloster Chammünster; von hier aus dürften auch das Georgspatrozinium und der in Prag wie andernorts früh bezeugte Kult des hl. Emmeram in den benachbarten slawischen Raum gelangt sein.

Kirchlich-religiöse Beziehungen zwischen Regensburg und Böhmen dokumentieren ferner verschiedene liturgische Handschriften, allen voran das „Prager Sakramentar", dessen Schriftzüge unzweideutig auf die Schreibschule von St. Emmeram verweisen. Man hat es als Frucht dieser Bekehrungsarbeit gewertet, dass 845 vierzehn böhmische Fürsten mit ihren Gefolgsleuten vor König Ludwig dem Deutschen erschienen, um sich am Oktavtag des Dreikönigsfestes taufen zu lassen. Auch wenn die darüber berichtenden Annalen des Klosters Fulda den Ort nicht angeben, dürfte sich dieses denkwürdige Ereignis in Regensburg, dem bevorzugten Aufenthaltsort des ostfränkischen Karolingers, abgespielt haben, wobei die Taufe und damit die Annahme des Christentums ja nur die geistliche Seite der Anerkennung fränkischer Oberherrschaft war.

Der Gang der Regensburger Böhmen-Mission als solcher lässt sich jedoch für die Jahrzehnte nach 845 genauso wenig aufhellen wie für die vorausliegende Zeit. Trotzdem muss Böhmen später in die kirchenrechtliche Abhängigkeit von Regensburg gelangt sein, denn am Rechtsvorgang der Errichtung eines selbständigen Bistums Prag im Jahr 973 war der Regensburger Oberhirte beteiligt. Die älteste Nachricht darüber, dass Böhmen unter der geistlichen Leitung der Regensburger Bischöfe stand, findet sich zwar erst in der Wenzel-Legende „Crescente fide" von 974, aber es spricht manches dafür, diese Abhängigkeit schon für die erste Hälfte des 10. Jahrhunderts anzunehmen. Ihr Beginn fällt vermutlich zusammen mit einem wiederum von den Fuldaer Annalen berichteten Ereignis, wonach sich 895 alle Fürsten Böhmens vom Herzog des großmährischen Reiches trennten und Mitte Juli auf einer Reichsversammlung in Regensburg dem König Arnulf von Kärnten unterstellten. Diese Huldigung markiert zumindest den formalen Anschluss Böhmens an das ostfränkische Reich, und er wiederum macht es wahrscheinlich, dass von jetzt ab auch die Mission kräftig vorangetrieben wurde und sich nun die ersten kirchlichen Zentren im Lande gebildet haben.

Auf dem bischöflichen Stuhl in Regensburg saß damals der tatkräftige Tuto (894–930). Während seiner letzten Amtsjahre ließ Herzog Wenzel in Prag die Veitskirche auf dem Hradschin erbauen und in Regensburg um deren Weihe nachsuchen. Somit dürfte diesem langregierenden Bischof hinsichtlich der Beziehungen Regensburgs zu Böhmen eine Schlüsselposition zukommen: „Tutos Wirken, seine Unterstützung der Christianisierungstendenzen der feudalen Schicht der Přemysliden und des weiteren Adels hat wohl die Herrschaft dieses Geschlechts im böhmischen Raum mit befestigen helfen, hat aber auch die kirchlichen Grundlagen gelegt für die wenig später erfolgte Gründung eines selbständigen Bistums Prag in der

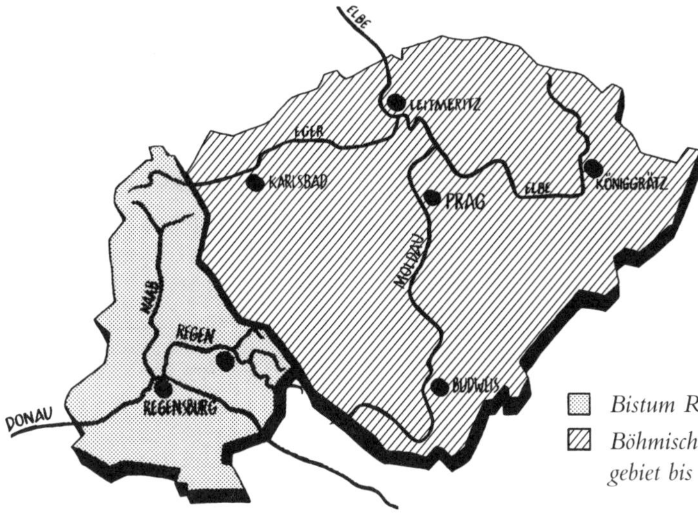

Bistum Regensburg

Böhmisches Missionsgebiet bis 973

Die erste oberpfälzische Klostergründung Chammünster wurde eine wichtige Stütze der Ostmission.

zweiten Hälfte des 10. Jahrhunderts.“ (Erwin Herrmann). Aber auch wenn Böhmen seit dem Ende des 9. Jahrhunderts kirchenrechtlich zu Regensburg gehörte, war dort der eigenverantwortliche Kirchenherr nicht der Regensburger Bischof, sondern der angestammte Landesfürst. Die erste kirchenslawische Legende über den hl. Wenzel macht dies unmissverständlich deutlich, wenn sie berichtet: *In allen befestigten Orten hat er [Wenzel] in bester Weise Kirchen gegründet und Knechte Gottes aus allen Völkern in ihnen angestellt, die Tag und Nacht den Gottesdienst begingen, auf Anordnung Gottes und seines Knechtes Wenzeslaus.* Gemäß der theokratischen Herrschaftsauffassung der Přemyslidenfürsten war es ausschließlich Sache des Landesherrn, kirchliche Einrichtungen ins Leben zu rufen.

Dennoch lassen sich für das fortschreitende 10. Jahrhundert vermehrt Beispiele fruchtbarer kirchlich-kultureller Beziehungen zwischen Regensburg und Böhmen anführen. So wurde Ulrich, ein Sohn Herzog Boleslavs II., am Regensburger Herzogshof erzogen, desgleichen seine Tante Milada-Maria, die 973 an der Prager St. Georgskirche auf dem Hradschin ein Nonnenkloster gründete, das vermutlich durch das Regensburger Kanonissenstift Obermünster besiedelt wurde. Im Kloster St. Emmeram aber lebte seit der Mitte des Jahrhunderts ein Neffe des hl. Wenzel als Mönch Christian, dessen in Aussicht genommene Erhebung auf den Prager Bischofsstuhl im Jahr 997 ein jäher Tod vereitelt hat. Freilich, diese letzte Generation vor der Jahrtausendwende macht bereits das tatkräftige Wirken des hl. Wolfgang aus. Mit seinem Namen verbinden sich zwei markante Daten der Regensburger Bistumsgeschichte: die Verselbständigung des böhmischen Missionsgebiets und die erste große Klosterreform nach dem Vorbild von Gorze-Trier.

4. Der heilige Wolfgang und die Klosterreform von Gorze-Trier

Um die Tragweite von Wolfgangs Reformbemühungen ermessen zu können, ist ein Blick auf die Ausgangslage im bischöflichen und klösterlichen Bereich unerlässlich. Was zunächst das Bischofsamt betrifft, so war dieses seit den Tagen der kanonischen Errichtung des Regensburger Stuhls durch Bonifatius mit der Würde des Abtes von St. Emmeram verbunden. Die weit über zweihundert Jahre bestehende Personalunion mochte anfangs der Festigung beider Institutionen, des Domstifts wie des Klosters, förderlich gewesen sein. Im Laufe der Zeit erwies sie sich aber zumindest für

St. Emmeram als nachteilig. Nicht nur, dass die Disziplin der Mönche schier zwangsläufig durch die häufige Abwesenheit der Äbte in Erfüllung ihrer bischöflichen Aufgaben leiden musste, auch in materieller Hinsicht gereichte die Doppelfunktion dem Kloster offenbar zum Schaden. Jedenfalls erhob der Reformmönch Arnold († vor 1050) rückschauend den wenig schmeichelhaften Vorwurf: *Es war eine alte Sitte der Regensburger Kirche, dass die Bischöfe auch Äbte waren, jedoch nur dem Namen nach wegen der zeitlichen Vorteile, ohne auch deren Pflichten auszuüben.* Allerdings erscheint solcher Tadel in einem milderen Licht, wenn man bedenkt, dass Regensburg in dieser Epoche für längere Zeit gleichsam die Funktion einer königlichen Residenz zukam und daher der Aufgabenbereich seiner Bischöfe nicht selten auch das Amt des königlichen Kanzlers und die Leitung der Hofkapelle umfasste, so nachweislich unter Aspert (891–894) und in den Anfangsjahren Tutos.

Bezüglich der Klosterlandschaft lässt sich feststellen, dass ihrer ersten Blütezeit alsbald eine Phase des weit um sich greifenden Niedergangs folgte. Hatte schon Karl der Große einzelne Klöster an ihm ergebene Bischöfe übertragen, so wurde dies unter seinen Nachfolgern mehr und mehr zur Regel. Allein Bischof Baturich (817–847/48) brachte unter Ludwig dem Deutschen ein halbes Dutzend Klöster an sich, ein Vorgang, der zwar die bischöfliche Stellung stärkte, bei den Mönchen aber mit dem Verlust ihrer Selbständigkeit die Schaffensfreude der Gründungsperiode erlahmen ließ. Was Wunder, wenn die meisten bischöflichen Eigenklöster schon Jahrzehnte vor dem ersten Ungarneinfall keinen regulären Abt mehr hatten, wenn manche wie Pfaffmünster oder Weltenburg allmählich zu bloßen Wirtschaftskomplexen für eine paar adelige Kapitelherren zusammenschrumpften und andere wie Berg im Donaugau, Münster bei Rottenburg oder Wörth an der Donau gänzlich von der Landkarte verschwanden. Im übrigen waren die Karolinger nicht so sehr Förderer der benediktinischen Ordensidee, sondern mehr Befürworter des gemeinsamen Lebens (Vita communis) der Weltgeistlichkeit nach der Regel des Bischofs Chrodegang von Metz. Das von Ludwig dem Deutschen ins Leben gerufene Kollegiatstift zur Alten Kapelle in Regensburg ist hierfür neben dem Pfalzstift in Altötting wohl das berühmteste Beispiel in Altbayern.

Aus all dem erhellt, dass der im 10. Jahrhundert klar vor Augen stehende Verfall des klösterlichen Lebens nur sehr bedingt den Ungarnstürmen oder den vielgeschmähten „Säkularisationen" Herzog Arnulfs des „Bösen" angelastet werden darf; er vollzog sich großenteils bereits unter den Karolingern. Von ihm verschont blieb im Bistum Regensburg lediglich das Stadtkloster St. Emmeram. Einerseits durch mächtige Mauern vor feindlichen Übergriffen geschützt, andererseits mannigfach gefördert durch die hier residierenden Herrscher, sah man sich in St. Emmeram den äußeren und inneren Gefährdungen der Epoche weit weniger ausgeliefert denn andernorts. So kann es nicht überraschen, dass der Ruf nach monastischer Erneuerung, wie er vor allem im lothringischen und burgundischen Westen laut wurde, in Regensburg kräftig widerhallte und das hiesige Bischofskloster zu einem bedeutenden Reformzentrum werden ließ.

Der neue Aufschwung des benediktinischen Mönchtums im 10. Jahrhundert ist aufs engste verknüpft mit der burgundischen Abtei Cluny bei Mâcon und dem lothringischen Kloster Gorze bei Metz. Während aber der Einfluss Clunys diesseits des Rheins vorerst kaum spürbar wurde, strahlte die gorzische Reformbewegung über die Abtei St. Maximin in Trier noch in ottonischer Zeit kräftig in die Reichslande aus. Dabei verpflichteten sich die Klöster der Gorzer Reform gleich denen des cluniazensischen Verbandes auf gemeinsame Gewohnheiten (Consuetudines). Doch unterschied sich die lothringische Reformbewegung von der burgundischen hauptsächlich durch folgende Merkmale: Man schuf nicht wie in Cluny straff zentralistisch organisierte Kongregationen, sondern nur lockere, auf Gebetsverbrüderung (Totenbund) beruhende Klostergruppen; man kannte kein Exemtionsstreben, sondern verblieb unter der Jurisdiktion der zuständigen Bischöfe; man achtete im allgemeinen das Eigenkirchenrecht und stand daher dem Königtum wie dem Reichsadel aufgeschlossen gegenüber. Und obwohl die Gorzer Reform anfänglich enormes Gewicht auf eine strenge Klosterzucht legte, leistete sie bald Außerordentliches für die Kultur, insbesondere durch die Auseinandersetzung mit dem Bildungsgut der Antike. Dass sie aber noch vor der Jahrtausendwende auch in Bayern Fuß fassen konnte und hier einem neuen Klosterfrühling die Bahn brach, ist unbestritten das Verdienst des großen Regensburger Bischofs Wolfgang (972–994) und seines Trierer Freundes Ramwold († 1001).

Geboren um 924 vermutlich im schwäbischen Pfullingen, erhielt Wolfgang in der Klosterschule auf der Bodenseeinsel Reichenau und an der Domschule in Würzburg eine vorzügliche Ausbildung, lernte danach als Domscholaster und Dekan in Trier die Keimzelle der deutschen Klosterreform gorzischer Prägung kennen und zog sich schließlich 964, tief erschüttert durch den Tod des ihm engstens befreundeten Trierer Erzbischofs Heinrich, selbst in die Stille eines Klosters zurück: bezeichnenderweise nicht in die weltoffene Reichenau seiner Studienjahre, sondern in die streng asketisch ausgerichtete Meinradszelle von Einsiedeln. Im Spätjahr 972, nach einer offenbar nicht sehr erfolgreichen Missionsreise ins Ungarnland, berief ihn Kaiser Otto der Große auf Empfehlung des Passauer

Die Diözesanpatrone St. Emmeram und St. Wolfgang

Bischofs Pilgrim an die Spitze des vakanten Bistums Regensburg, das er über zwei Jahrzehnte mit bewundernswerter Tatkraft leitete, sich dabei nach Auskunft seines Biographen auch als Reichsbischof ganz und gar der klösterlichen Lebensform verpflichtet wissend.

Gleich zu Beginn seiner Amtszeit traf Wolfgang zwei Grundsatzentscheidungen von weitgreifender Bedeutung, die beide seine heiligmäßige, auf Machtansprüche wie persönliche Vorteile verzichtende Selbstbescheidung bekunden. Im Jahr 973 stimmte er der Abtrennung Böhmens vom Regensburger Jurisdiktionsgebiet und der Errichtung eines selbständigen Bistums Prag zu. Gewiss stand hinter diesem Vorgang in erster Linie der energische Wille des Kaisers, Böhmen dem bayerischen Einfluss zu entziehen, sowie der Wunsch Boleslavs II., für sein Herzogtum eine eigene kirchliche Organisation zu erlangen. Doch im Unterschied zu seinem Vorgänger Michael (942–972), der sich den Prager Bistumsplänen bis zuletzt widersetzt hatte, verzichtete Wolfgang aus purem geistlichem Verantwortungsbewusstsein auf die Obhut über die böhmische Kirche. Dass allein deren Gedeihen das Motiv seines Verzichts war, zeigen die eindringlichen Worte, die er an die Adresse der Domkanoniker wegen der befürchteten materiellen Einbußen richtete: *Wir sehen im Boden jenes Landes eine kostbare Perle verborgen, die wir nicht gewinnen können, ohne unsere Schätze zu opfern. Deshalb hört: Gerne opfere ich mich selbst und das Meinige auf, damit dort die Kirche erstarke und das Haus des Herrn festen Boden gewinne.*

Ein zweite kühne Großtat vollbrachte Wolfgang, indem er die seit 739 bestehende Verbindung des Regensburger Bischofsamtes und der Abtwürde von St. Emmeram endgültig trennte, und zwar mit der klaren Zielsetzung, der lothringischen Klosterreform in seinem Wirkungsbereich den Weg zu ebnen. Im Zuge der Auflösung der Personalunion von Domstift und Domkloster berief er nämlich 974 seinen Freund Ramwold aus St. Maximin in Trier nach Regensburg und bestellte ihn zunächst zum Propst, im Jahr darauf zum Abt von St. Emmeram. Mit dieser Maßnahme aber hob nicht nur im Regensburger Bischofskloster, sondern alsbald in ganz Bayern und darüber hinaus eine Neublüte des monastischen Lebens an.

Auch bei den Geistlichen an der Kathedrale St. Peter vermochte Wolfgang die in Verfall geratene gemeinsame Lebensweise ohne größere Schwierigkeiten wiederherzustellen und zudem die wirtschaftliche Basis des Domstifts zu sichern. Hingegen stieß sein Bemühen, die beiden adeligen Frauenstifte Ober- und Niedermünster zu reformieren, auf hinhaltenden Widerstand, weil die Stiftsdamen nicht gewillt waren, das freiere Leben als Kanonissinnen mit der strengeren klösterlichen Lebensform zu vertauschen. Daher gründete der Bischof 983 an der Regensburger Kirche St. Paul ein nach der benediktinischen Regel ausgerichtetes Frauenkloster „Mittelmünster“ in der Absicht, die Stiftsdamen von Ober- und Niedermünster zur Nachahmung des besseren Beispiels anzuspornen. Doch ein dauerhafter Wandel der Gewohnheiten stellte sich in den beiden Damenstiften gleichwohl nicht ein, und selbst zu St. Paul hielt die Befolgung der monastischen Ideale nicht lange an. Wolfgangs wohlgemeinte Intention verkehrte sich vielmehr ins Gegenteil, denn die dortigen Nonnen orientierten sich mehr und mehr an der Lebensform der Stiftsdamen und übernahmen schon bald nach dem Tod ihres Gründers die lockerere Kanonissenregel. Außerhalb der Bischofsstadt konnte Wolfgang durch Mönche von St. Emmeram noch das in ein Kanonikerstift umgewandelte Weltenburg der Reform zuführen, und sein unmittelbarer Nachfolger Gebhard I. (995–1023) gründete um das Jahr 997 vor den Toren Regensburgs das Vituskloster Prüll, dessen erste Äbte gleichfalls dem St. Emmeramer Reformkreis entstammten.

Als Wolfgang 994 auf einer Reise ins Österreichische starb, war die von ihm vermittelte Erneuerungsbewegung bereits dabei, weit über das Bistum Regensburg hinaus Wellen zu schlagen. Dutzende von Männern aus der Ramwoldschule bestrebten sich damals, alte Klöster aus dem Verfall zu reißen und neue Gründungen aus der Taufe zu heben, die teilweise selbst wieder zu ausstrahlenden Mittelpunkten der Reform wurden. Für den süddeutschen Raum seien diesbezüglich nur die Stifte Niederaltaich, St. Peter in Salzburg, Tegernsee und Schwarzach (Münsterschwarzach) zum Beleg angeführt. In West- und Mitteldeutschland haben Ramwoldschüler nachweislich in den alten Reichsklöstern Lorsch und Fulda, in der sächsischen Abtei Corvey und im Taunuskloster Bleidenstadt als Reformäbte gewirkt. Einige Mönche von St. Emmeram bestiegen kraft königlicher Berufung sogar die angesehensten Bischofssitze im Reich. So wurde Wolfgangs Lieblingsschüler Tagino Erzbischof von Magdeburg, Poppo Erzbischof von Trier, Boso Bischof von Merseburg, Balderich Bischof von Lüttich. Und schließlich ist auch Kaiser Heinrich II. als bayerisch-sächsischer Herzogssohn im Regensburger Reformzentrum herangewachsen, desgleichen seine Geschwister Bruno, später Bischof von Augsburg, Brigida, nachmals Äbtissin von Niedermünster, und Gisela, die Gemahlin Stephans des Heiligen von Ungarn.

In St. Emmeram selbst aber ging man unter Ramwold, der dieses Großkloster über ein Vierteljahrhundert im Geist bester benediktinischer Tradition geleitet hat, einem einzigartigen geistigen und kulturellen Höhepunkt entgegen. Am Anfang seiner Bildungsbemühungen stand ja das bezeichnende Wort, dass er im Kloster und außerhalb alles Notwendige wiederherzustellen trachte, zuvörderst aber die Pflege der Bücher, denn das von ihnen vermittelte Wissen gewährleiste die Weltordnung. Wie sehr solches Bestreben für die Klosterbibliothek Früchte trug, zeigt der noch erhaltene Bücherkatalog aus Ramwolds Amtszeit. Er verzeichnet über 80 Neuerwerbungen und umfasst die ganze Breite zeitgenössischen Wissens, angefangen bei der Philosophie und Theologie über die Mathematik, Medizin und Jurisprudenz bis hin zur Pädagogik und Geschichtsschreibung. Weitum berühmt wurde St. Emmeram um die Jahrtausendwende außerdem durch seine Buchmalschule, die zunächst noch unter dem Einfluss des im Kloster aufbewahrten „Codex Aureus“ stand, bald aber das westfränkische Vorbild zu einem durchaus eigengeprägten Stil verarbeitete. Das Regelbuch von Niedermünster, das für Kaiser Heinrich II. gefertigte Sakramentar und das Uta-Evangelistar sind hierfür die glanzvollsten Zeugnisse. Und was damalige St. Emmeramer Architektur und Plastik bedeutet haben, lässt sich heute noch an den Um- und Anbauten der Abteikirche ablesen, an der Wolfgangskrypta und dem Dionysius-Hochchor beispielsweise oder an den über dem nördlichen Portal in erhabener Feierlichkeit thronenden Figuren Christi und der Kirchenpatrone.

Ihren bleibenden literarischen Ausdruck aber hat die Ramwoldreform ein Menschenalter später in den Werken der Mönche Arnold, Otloh und Wilhelm gefunden. Insbesondere Otloh († um 1070) entfaltete als Buchabschreiber wie Schriftsteller eine ungemein fruchtbare und facettenreiche Tätigkeit. Nach und nach vom Freund heidnisch-antiker Literatur zum Gegner weltlicher Wissenschaften geworden, erfährt man aus seinem von Selbstbekenntnissen durchtränkten Spätwerk allerdings auch, dass in der Regensburger Abtei nach der Mitte des 11. Jahrhunderts das Ringen um eine neuerliche Reform begann, die Auseinandersetzung zwischen der weltoffenen Gorzer Tradition und einer vom wissenschaftsfeindlichen Geist Clunys angerührten Richtung, der die Beschränkung der geistigen Beschäftigung auf das Religiöse geradezu als heilsnotwendig galt. Dieses offenkundige Streben nach weltentsagender Strenge sollte sich 1109 westlich von Regensburg mit dem Kloster Prüfening ein neues Reformzentrum schaffen, das im ersten Jahrhundert seines Bestehens den Ruf St. Emmerams weit überstrahlte. Doch seine Gründung gehört bereits der hochmittelalterlichen Epoche an, die wir uns in einem eigenen Kapitel vor Augen führen wollen.

II. Kapitel

Zwischen Gewinn und Verlust – das Hochmittelalter

Josef Staber hat in seiner „Kirchengeschichte des Bistums Regensburg" den das Hochmittelalter behandelnden Abschnitt überschrieben: „Die großen Jahrhunderte". Diese Signatur trifft mindestens in zweifacher Hinsicht ins Schwarze: zum einen für die soeben angesprochene kulturelle Blüte, der wir nachfolgend im Kontext der Klosterreformen noch des öfteren begegnen werden; zum anderen im Blick auf die Bedeutung Regensburgs für das deutsche Königtum. Bis zum Ende des 12. Jahrhunderts war nämlich die Donaumetropole im Südosten des Reiches nicht nur konkurrenzlose Hauptstadt des bayerischen Herzogtums; sie stand zugleich an der Spitze der von den Königen aufgesuchten Städte und gab den am meisten bevorzugten Ort für die Reichsversammlungen ab. Von daher kann es nicht überraschen, dass die Regensburger Oberhirten während des erbitterten Ringens zwischen Kaisertum und Papsttum um die Vorherrschaft im Abendland, das sich 1075 am Streit um die Einsetzung (Investitur) der Bischöfe entzündete und mit Unterbrechungen bis 1268 hinzog, nahezu ausnahmslos treue Vasallen der Reichsgewalt waren und in der staufischen Epoche wiederholt das einflussreiche Amt des kaiserlichen Kanzlers bekleideten. Doch „die großen Jahrhunderte" stellten sie auch vor große Herausforderungen, die ihre Kräfte nicht selten überstiegen und daher ihrem Wirkungsbereich mehr zum Verlust als zum Gewinn wurden. Insbesondere den langwierigen Prozess der Ausbildung geistlicher Fürstengewalt haben die Inhaber der Cathedra des hl. Wolfgang alles andere denn erfolgreich durchgestanden. Als dieser epochale Wandlungsprozess des bischöflichen Selbstverständnisses um die Mitte des 13. Jahrhunderts zum Abschluss kam, war ihnen sogar die Botmäßigkeit über die eigene Bischofsstadt ein für allemal entzogen.

1. Problembereiche und Konfliktfelder der bischöflichen Amtsführung

Bekanntlich hat Otto I. der Große nach der Entscheidungsschlacht gegen die Ungarn im Sommer 955 auf dem Lechfeld die innere Ordnung des Reiches auf ein gänzlich neues Fundament gestellt, indem er die im Zölibat lebenden Reichsbischöfe zu den tragenden Säulen seines Imperiums machte. Weil bei ihnen Erbfolge und Hausmachtpolitik von vorneherein ausschieden, erschien die Gefahr der Bildung neuer Partikulargewalten, wie sie zuvor wiederholt von den weltlichen Reichsfürsten heraufbeschworen worden war, für immer gebannt. Allerdings barg das Bündnis zwischen königlicher Zentralgewalt und Kirche einen Konfliktstoff von enormer Sprengkraft in sich. Da es im Interesse des Königs lag, die personelle Zusammensetzung des Reichsepiskopats zu bestimmen, wurde die kanonische Wahl der Bischöfe zur bloßen Formalität. Aber waren die Bischöfe bei aller Hervorkehrung ihrer Fürstenstellung nicht auch Träger eines kirchlichen Amtes und als solche dem römischen Oberhaupt zu Gehorsam verpflichtet? Hierin hatte das ottonische Reichskirchensystem seine Achillesferse. Als ein erstarktes Papsttum 1075 in der Person Gregors VII. unter Berufung auf die Freiheit der Kirche die Einsetzung der Bischöfe durch „Laienhand" verbot, musste es schier zwangsläufig zu jener welthistorischen Auseinandersetzung kommen, die unter dem Namen „Investiturstreit" in die Geschichte eingegangen ist. Für das Königtum stellte nämlich der Fortbestand seiner engen Verflochtenheit mit der Reichskirche eine Existenzfrage dar.

Wie massiv der königliche Hof in ottonisch-salischer Zeit die Bischofswahlen beeinflusste, trat in Regensburg bei der Wiederbesetzung der Cathedra nach Wolfgangs Tod mit kaum noch zu überbietender Deutlichkeit zutage. Damals missachtete Otto III. den Wunsch des Verstorbenen wie den Willen des Domkapitels und vergab das Bistum nicht an den einstimmig gewählten Tagino von St. Emmeram, sondern verlieh es seinem Hofkaplan Gebhard. Auch bei den nachfolgenden Erledigungen brachte das Reichsoberhaupt jedes Mal seine Hoheit über die Regensburger Kirche zur Geltung. Der zweite Salier, Heinrich III., der die vom Königtum dominierte Reichskirche dem Gipfelpunkt ihrer geschichtlichen Entwicklung zuführte, erhob mit Gebhard III. (1036–1060) sogar einen nahen Verwandten auf den Regensburger Stuhl. Dessen Nachfolger, Otto von Riedenburg (1061–1089), verdankte sein hohes Kirchenamt dem Hofe Heinrichs IV. und damit bereits jenem Herrscher, unter dem der Streit um die Einsetzung der Reichsbischöfe hell aufloderte. So stand denn auch Otto während der leidenschaftlichen Auseinandersetzungen zwischen König und Papst bis zuletzt in unverbrüchlicher Treue auf der Seite des Königs. Er zählte zu den 26 Reichsbischöfen, die sich auf Einladung Heinrichs IV. im Januar 1076 in Worms trafen, um in einem an den „Bruder Hildebrand" gerichteten Schreiben Gregor VII. den Gehorsam aufzukündigen. Er gehörte dem Heerbann des Königs an, als dieser im Oktober 1080 seinen Rivalen Rudolf von Rheinfelden im östlichen Sachsen zur Entscheidungsschlacht stellte. Wir finden ihn erneut in treuer Gefolgschaft des Saliers im April 1085 auf einer Reichssynode in Mainz, die die gregorianisch gesinnte Minderheit des deutschen Episkopats für abgesetzt erklärte, und wir begegnen ihm ein letztes Mal als Mitstreiter des gebannten Herrschers 1088 beim Kampf Heinrichs gegen den aufständischen Markgrafen Ekbert von Meißen, aus dem Otto schwer verwundet nach Regensburg zurückkehrte, wo er im Juli des darauffolgenden Jahres starb.

Sein Nachfolger Gebhard IV. (1089–1105) bekam dann den über Jahrzehnte hin mit äußerster Heftigkeit ausgetragenen Konflikt zwischen den obersten Häuptern der Christenheit mit ganzer Härte zu spüren. Als Parteigänger des Kaisers hat er offenbar nie die Bischofsweihe empfangen können, da ihm die päpstliche Bestätigung genauso versagt blieb wie die des Erzbischofs von Salzburg. Diese traurige Folge des Investiturstreits, als purer „Weltmann" einem geistlichen Sprengel vorstehen zu müssen, macht das Fehlen von Nachrichten über seine sechzehnjährige Amtszeit nur allzu verständlich. Lediglich Gebhards tragisches Ende steht uns vor Augen: Als sich 1104 ausgerechnet in Regensburg der politische Schicksalsknoten Heinrichs IV. enger schnürte, floh er in die österreichischen Besitzungen Regensburgs, wo er im Juli 1105 zu Pöchlarn von einem seiner Dienstleute erschlagen wurde. Gebhard habe sein Hirtenamt „in erbärmlicher Weise" ausgeübt, urteilt ein zeitgenössischer Chronist. Aber sollte man angesichts der verworrenen Zeiten, in die er hineingestellt war, das „miserabiliter" der Quelle nicht in ein „miserande" abwandeln, in eine Weise des Bischof-Sein-Müssens, die Mitleid verdient?

In Gebhards verwaister Bischofsstadt setzte sich alsbald gegen einen noch von Heinrich IV. ernannten Ulrich der Kandidat Heinrichs V. durch, nämlich Hartwig I. von Sponheim (1105–1126), der im September 1122 zu den Mitunterzeichnern des Wormser Konkordats zählte, das den langdauernden Investiturstreit durch einen leidlichen Kompromiss beendete. In ihm gestand der König die freie Wahl der Bischöfe zu und verzichtete auf deren Einsetzung durch Ring und Stab, behielt sich aber das Recht auf die mit dem Szepter zu vollziehende Belehnung mit dem Königsgut (Regalieninvestitur) vor. Infolge dieser die Unabhängigkeit der kirchlichen Wahlen sichernden Vereinbarung entfiel die reichsweite „Rekrutierung" der Bischöfe, die unter den Ottonen und frühen Saliern ihr Wirken vor Ort regelmäßig als Fremde hatten beginnen müssen. Fortan kamen bei den Wahlen der Domkapitel vermehrt Angehörige der großen Familien im näheren Umfeld des jeweiligen Bischofssitzes zum Zuge, so im Regensburg des 12. Jahrhunderts zwei Sprösslinge des Ministerialengeschlechts derer von Raitenbuch, ferner ein Wolfratshausener und ein Laichlinger.

Im Unterschied zum Investiturstreit handelte es sich bei den heftigen Auseinandersetzungen zwischen den Regensburger Bischöfen und dem Kloster St. Emmeram, die sich wie ein roter Faden durch die hochmittelalterliche Epoche ziehen, um ein hausgemachtes Problem. Soweit wir sehen, lag es in erster Linie darin begründet, dass Bischof Wolfgang bei der Trennung von Oberhirtenamt und Abtwürde auf eine klare vermögensrechtliche Abgrenzung zwischen Bischofsgut und klösterlichem Besitz verzichtet hatte. Zumindest aber verblieb St. Emmeram damals im Status eines bischöflichen Eigenklosters, was nach dem Ende der idealen, von tiefer Freundschaft geprägten Konstellation Wolfgang-Ramwold unter anders gearteten Nachfolgern immer wieder zu Konflikten führte.

Dabei lassen sich die Zwistigkeiten zwischen Abtei und Bischof in drei Phasen einteilen. In der ersten Phase unter Wolfgangs unmittelbarem Nachfolger erstrebte man zu St. Emmeram eine vermögensrechtliche Scheidung der Bereiche des Eigenherrn und des Eigenklosters. In der um die Mitte des 11. Jahrhunderts einsetzenden zweiten Phase versuchten die Mönche, allen voran Otloh, mit Hilfe gefälschter Urkunden und fiktiver Berichte über die Übertragung von Dionysius-Reliquien den Rang ihres Klosters der französischen Königsabtei Saint-Denis bei Paris anzugleichen, um so eine Aufhebung seiner Rechtsstellung als bischöfliches Eigenkloster zu bewirken. In der gegen Ende des 11. Jahrhunderts beginnenden dritten Phase schließlich ging es um die Exemtion, sprich um die kirchenrechtliche Unabhängigkeit vom Bischof, die die Abtei endgültig erst nach einem kostspieligen Gerichtsverfahren an der päpstlichen Kurie zu Avignon im Jahr 1326 erringen konnte. Dass insbesondere der langdauernde Exemtionsstreit von beiden Kontrahenten mit allen zu Gebote stehenden Mitteln geführt wurde, dafür ließen sich aus jedem Jahrhundert sprechende Belege anführen. Werfen wir hier nur einen kurzen Blick auf die extreme Zuspitzung des Konflikts in der Regierungszeit des Bischofs Leo Tundorfer (1262–1277), jenes tatkräftig amtierenden Regensburger Patriziersohns, der nach seiner Teilnahme am II. Konzil von Lyon (1274) den Anstoß zum Neubau des Domes im Stil der französischen Kathedralgotik gab.

Im Oktober 1274 gelang es dem neugewählten Abt Haymo, einen päpstlichen Entscheid zu erwirken, in dem die direkte Unterstellung seines

Klosters unter den Apostolischen Stuhl ausgesprochen war. Im Vollgefühl des errungenen Sieges erhoben die Mönche von St. Emmeram nun auch gleich Anklage gegen den Bischof wegen unerlaubter Bedrückung einer exemten Abtei. Vor das päpstliche Gericht zitiert, leistete Leo Tundorfer der Vorladung nicht nur nicht Folge, sondern entsetzte seinerseits Abt Haymo des Amtes und bestellte einen Niederaltaicher Mönch zu dessen Nachfolger. Als der St. Emmeramer Konvent diesem Günstling des Bischofs den Gehorsam verweigerte, verhängte Leo über den früheren Abt und einige Mönche im März 1275 die Exkommunikation. Nachdem auch diese geistliche Zensur keine Wirkung gezeitigt hatte, schickte er am hochheiligen Karfreitag einen Trupp Bewaffneter in das Kloster, um dessen Vorratsräume leeren zu lassen. Da der Bischof bald darauf von der römischen Kurie neuerlich zur Verantwortung zitiert wurde, geriet er dermaßen in Rage, dass er Haymo und zwei weitere Mönche gefangen nehmen und auf der Burg Donaustauf einkerkern ließ, während die übrigen Konventualen teils vertrieben wurden, teils selbst die Flucht ergriffen. Jetzt erst schien der hartnäckige Widerstand des Klosters gebrochen. Ein Schiedsgericht anerkannte die bischöflichen Rechte über St. Emmeram und zwang Haymo zur Abdankung. Gleichwohl nahm das in Rom anhängige Verfahren seinen Fort-

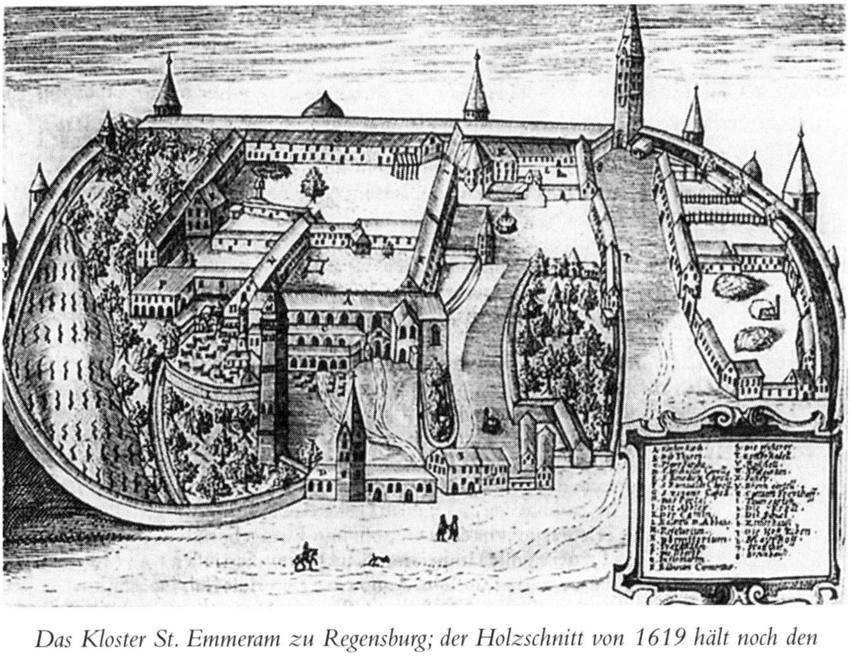

Das Kloster St. Emmeram zu Regensburg; der Holzschnitt von 1619 hält noch den spätmittelalterlichen Baubestand fest.

gang, und durch Spruch vom 11. Mai 1276 wurde nunmehr der Regensburger Oberhirte exkommuniziert und suspendiert, da er auf die wiederholte Vorladung nicht reagiert habe.

Gewiss verlief nicht jede Auseinandersetzung der Bischöfe mit St. Emmeram so dramatisch wie die geschilderte. Aber Klagen über die harte wirtschaftliche Bedrückung des Klosters begegnen in den Quellen bis ins frühe 14. Jahrhundert zuhauf. Dass sie auf nicht wenige Inhaber der Wolfgangs-Cathedra kein günstiges Licht werfen, steht außer Frage. Doch gilt es zu bedenken, dass den Regensburger Oberhirten ihrerseits durch die Beherbergungspflicht des Reichsoberhauptes ein sehr schweres Joch auferlegt war. So sind uns beispielsweise allein für Kaiser Heinrich II. (1002–1024) zwölf Aufenthalte in Regensburg bezeugt. Mit solch häufigem Besuch des Herrschers in der Donaustadt bekam ein Gebhard I. die Bürde der „Königsgastung" über Gebühr zu spüren, zumal ja Regensburg für den königlichen Hof nicht irgendein Etappenort auf dem Weg war, sondern meist Zielpunkt, an dem man nur allzu oft einige Wochen verweilte, gelegentlich sogar mehrere Monate. Und da die Regensburger Bischöfe zusammen mit ihren bayerischen Amtsbrüdern den Löwenanteil des „Servitium regis" zu tragen hatten, war das zweifelhafte Vergnügen der Beherbergungspflicht des Reichsoberhaupts wohl zumindest teilweise ursächlich für ihre wiederholten Eingriffe in die Vermögenssubstanz von St. Emmeram.

Dass sich die Regensburger Oberhirten besonders herausgefordert fühlten, als im 12. Jahrhundert der Ruf nach Befreiung des Heiligen Landes von islamischer Botmäßigkeit durch ganz Europa hallte, versteht sich von selbst. Denn jedes Mal sammelte sich das deutsche Kreuzfahrerheer in der Nähe ihrer Bischofsstadt bei der alten Kreuzhofkirche St. Ägid vor Barbing, um auf dem Landweg gen Osten aufzubrechen, so im Frühjahr 1147 unter Führung König Konrads III. und wieder im Sommer 1189 unter Kaiser Friedrich I. Barbarossa. Aber jedes Mal mündete das Unternehmen noch vor Erreichung des Ziels in eine Katastrophe: 1147 in Kleinasien, 1190 vor den Toren Akkons. Dennoch hielt der gänzliche Misserfolg beide Regensburger Bischöfe, die daran teilgenommen hatten – Heinrich I. von Wolfratshausen (1132–1155) am Zweiten und Konrad III. von Laichling (1186–1204) am Dritten Kreuzzug –, nicht davon ab, nach ihrer Rückkehr in die Heimat erneut das Kreuz zu nehmen, um über Italien auf dem Schiffsweg nach Palästina zu gelangen. Sie taten dies offenbar in der Überzeugung, beim ersten Versuch das abgelegte Gelübde nicht vollständig erfüllt zu haben.

Der zuletzt genannte Konrad von Laichling sah sich zeit seiner Regierung mit einer schwebenden Frage konfrontiert, die allen Regensburger

Bischöfen im Jahrhundert zwischen 1160 und 1260 enorme, letztlich aber vergebliche Kraftanstrengung abverlangte, nämlich das Ringen um die Stadtherrschaft. Dieses Ringen gestaltete sich in Regensburg deshalb weit verwickelter als in anderen vergleichbaren Städten, weil hier der nach Selbständigkeit strebenden Bürgerschaft mehrere Stadtherren gegenüberstanden: der König, der bayerische Herzog und der ortsansässige Bischof. Ihr lange Zeit recht stabiles Verhältnis geriet gegen Ende des 12. Jahrhunderts aus dem Gleichgewicht und wandelte sich vom friedlichen Nebeneinander zur Konfrontation. Was Bischof Konrad III. angeht, so versuchte er wie die staufischen Könige, das 1180 durch Übertragung der bayerischen Herzogsgewalt von den Welfen auf die Wittelsbacher entstandene Machtvakuum im Regensburger Raum durch territorialpolitische Aktivitäten zu füllen. Als 1185 die burggräfliche Familie der Paponen erlosch, die als Wahrer der Königsinteressen bis dahin die Stadtherrschaft bestimmt hatte, beanspruchte Friedrich Barbarossa das burggräfliche Amt mit den damit verbundenen Lehen des Hochstifts. Als 1196 auch die Landgrafen von Stefling, eine Nebenlinie der Burggrafen, ausstarben, gelangte deren Erbe überraschend an den bayerischen Herzog Ludwig I. den Kelheimer, so dass sich dessen stadtherrliche Position erheblich verbesserte. Dies musste den Bischof zum entschiedenen Widerstand herausfordern. Weil er dem Herzog die hochstiftischen Lehen der erloschenen Familien verweigerte, entflammte 1203 ein erbittert geführter Krieg, der nicht nur die Besitzungen der Regensburger Kirche, sondern große Teile Bayerns in Mitleidenschaft zog. Den Laichlinger ereilte indes der Tod, noch ehe es zu einem Schiedsspruch und zur Aussöhnung kam.

Unter dem Nachfolger Konrad IV. von Frontenhausen (1204–1226) – sein Name ist unzertrennlich verbunden mit einer der ältesten Stiftungen Bayerns, dem Regensburger Katharinenspital jenseits der Steinernen Brücke – dauerte zwar die Konkurrenz zwischen Herzog und Bischof unvermindert fort. Da sich Konrad jedoch das bedingungslose Zusammengehen mit dem staufischen Königtum von Anfang an zur Leitlinie seines politischen Handelns machte, wurde er gleichsam zum Sachwalter der Interessen des Reiches in Regensburg und gewann so eine umfassendere Rechtsgrundlage für seine eigenen stadtherrlichen Ambitionen. Sprechender Ausdruck dafür ist eine von Friedrich II. ausgestellte Urkunde des Jahres 1219, die Konrad treuhänderisch eine fast unbeschränkte Stadtherrschaft übertrug.

Mit der gleichen Zielsetzung wie der Frontenhausener, aber wesentlich geschmeidiger in der Wahl der Mittel ging der nachfolgende Bischof Siegfried (1227–1246) aus dem Geschlecht der Pfalzgrafen bei Rhein in der

Frage der Stadtherrschaft zu Werke. Doch ausgerechnet unter ihm, der mit der Urbanität des rheinischen Westens bestens vertraut war und zudem seit September 1230 als Hofkanzler Friedrichs II. fungierte, sollte die übermächtige bischöflich-kaiserliche Koalition zugunsten der Regensburger Bürgerschaft zerbrechen, und zwar im Gefolge des eskalierenden Kampfes zwischen Kaiser und Papst.

Die entscheidende Wende brachte das Jahr 1245 vor dem Hintergrund der am 17. Juli auf dem I. Konzil von Lyon verkündeten Exkommunikation und Absetzung Friedrichs II. Jetzt wandte sich auch Bischof Siegfried vom Kaiser ab, wechselte zur kurialen Partei über und bat Papst Innozenz IV. um Lösung vom Bann. Der Kaiser seinerseits beantwortete den Abfall seines langjährigen Kanzlers mit einer Maßnahme, die für Regensburg nicht folgenschwerer hätte sein können: Mit Urkunde vom 10. November 1245 räumte er den Bürgern zum Dank für ihre Treue das Recht ein, Bürgermeister, Räte und andere Selbstverwaltungsorgane frei zu wählen. Für das handeltreibende Bürgertum war dieses Dokument das seit langem ersehnte Signal, die städtischen Belange selbst in die Hand zu nehmen und zur Reichsfreiheit zu gelangen; für den Bischof bedeutete es den endgültigen Verlust seiner umkämpften Stadtherrschaft. Siegfried reagierte denn auch entsprechend scharf, indem er über ganz Regensburg das Interdikt verhängte, was aber die Anhänglichkeit der Bürger an den Kaiser nur noch verstärkte. Da überdies die meisten Geistlichen die Gottesdienstsperre missachteten, wurde die Lage des Bischofs völlig aussichtslos. Schließlich trug er den tatsächlichen Machtverhältnissen Rechnung und verließ die Stadt für immer. Die turbulenten Ereignisse überlebte er nur um wenige Monate.

Sein Nachfolger Albert I. von Pietengau (1247–1259) scheute zwar vor Gewaltmaßnahmen jeglicher Art nicht zurück. Doch war an die Wiederherstellung einer stadtherrlichen Stellung nicht mehr zu denken, seit sich die Bürgerschaft 1251, mitten im Kleinkrieg zwischen dem Bischof und dem bayerischen Herzog, eine Verfassung gegeben hatte, die ihre Selbständigkeit dauerhaft gewährleistete. Zuletzt sah sich der Pietengauer gar einem vom eigenen Domkapitel an der römischen Kurie in Gang gebrachten Prozessverfahren gegenüber und musste in dessen Konsequenz abdanken.

Durch päpstliche Verleihung kam der bischöfliche Stuhl nun kurzzeitig (1260–1262) an einen Mann, der Regensburg bereits von seiner Tätigkeit als Lektor der Theologie im hiesigen Dominikanerkloster her kannte: an Albert von Lauingen, nachmals ob seiner herausragenden Gelehrsamkeit als „Albert der Große" und „Doctor universalis" gefeiert. Er fügte sich allem Anschein nach widerspruchslos in die gegebenen Tatsachen, zumal er das Bischofsamt vermutlich nur deshalb übernommen hatte, um durch das damit verbundene Ansehen sein von verschiedenen Seiten angefeindetes wissenschaftliches Lebenswerk zu sichern, nämlich die Einbettung der heidnisch-aristotelischen Philosophie in eine gläubige Weltsicht.

2. Bistum und Hochstift bis zum Ende der alten Ordnung

Die vorausgehend abgesteckten Problemfelder der bischöflichen Amtsführung lassen bereits hinreichend deutlich werden, dass sich in der Epoche des hohen Mittelalters ein einschneidender Wandel des bischöflichen Selbstverständnisses vollzogen hat – ein Wandel hin zum Reichsfürsten und Territorialpolitiker. Er kam im 13. Jahrhundert allenthalben zum Abschluss und schuf Verhältnisse, die im Wesentlichen bis zum Zusammenbruch der reichskirchlichen Ordnung in der großen Säkularisation von 1803 Geltung hatten. Fortan bestand die politisch wie kirchlich folgenschwerste Eigenart der Reichskirche darin, dass ihre Bischöfe nicht nur Würdenträger der Hierarchie, sondern zugleich Landesherren waren und somit geistlich-kirchliche und weltlich-staatliche Gewalt auszuüben hatten, dass sie also, bildlich gesprochen, in der einen Hand das Kreuz und in der anderen das Schwert halten mussten. Diese Doppelfunktion konnte durchaus einen Gewinn für die kirchlichen Belange bedeuten, erwies sich jedoch aufs Ganze gesehen als wenig glücklich. Denn nur allzu häufig unterlagen die geistlichen Würdenträger der Versuchung, den Fürsten über den Bischof siegen zu lassen. Besonders anfällig war man dafür, als die Bischofsstühle ab dem späteren Mittelalter zunehmend stärker in die Interessensphäre dynastischer Hausmachtpolitik traten und es geradezu selbstverständlich wurde, nachgeborene Söhne hochadeliger Familien ohne Rücksicht auf Eignung und Neigung mit geistlichen Fürstentümern standesgemäß zu versorgen. Nicht selten warf das bischöfliche Doppelamt seine Schatten auch auf den weltlichen Herrschaftsbereich, das sogenannte Hochstift, da die geistlichen Territorien im Unterschied zu denen der weltlichen Fürsten Wahlstaaten waren und mit dem Fehlen der Erbfolge eine wichtige Voraussetzung für die Stetigkeit der Politik entfiel. Allerdings blieb ein gerüttelt Maß an Kontinuität stets dadurch gewahrt, dass der Bischof in der Ausübung seiner beiden Funktionen an das sich immer wieder erneuernde und seinen Anspruch auf Mitregierung einfordernde Domkapitel gebunden war.

Diese auf die Reichskirche insgesamt zutreffende Situationsbeschreibung bedarf nun der Konkretisierung für Regensburg, näherhin einer Antwort auf die Frage nach dem Aufbau und der Leitung von Bistum und Hochstift bis zum Ende der alten Ordnung. Was zunächst den diözesanen Einzugsbereich betrifft, so hat Regensburg wie kein zweites bayerisches Bistum seine räumliche Ausdehnung seit der Abtrennung des böhmischen Missionsgebiets im Jahr 973 kaum mehr verändert. Abgesehen vom Verlust einiger Pfarreien an das lutherische Sachsen im 16. Jahrhundert und von der Eingliederung des Egerlandes in das Erzbistum Prag im frühen 19. Jahrhundert, blieben die mittelalterlichen Grenzen des ausgedehnten, auf nahezu 15 000 Quadratkilometer sich erstreckenden Sprengels bis in die Gegenwart schier unversehrt erhalten. Seit der ersten Jahrtausendwende bildet das geistliche Jurisdiktionsgebiet der Regensburger Bischöfe somit einen geschlossenen Block, der das Kernstück des alten Niederbayern bis hin zur Hallertau und zur oberen Rott sowie weite Teile des oberpfälzischen Landes umfasst. „Die dunklen Kuppen des Böhmerwaldes und der leuchtende Frankenjura, die Berge des Fichtelgebirges und die weiten Täler der Isar und Rott säumen heute wie im Mittelalter dasselbe Diözesangebiet, umschließen dasselbe, fast ausschließlich altbayerische Volk, in dessen Mitte die Bischofsstadt Regensburg liegt.“ (Georg Schwaiger)

In den ersten Jahrhunderten seines Bestehens war das Bistum noch weithin ein ungegliedertes Ganzes. Entgegen früheren Vorstellungen, wonach sich bereits in bonifatianischer Zeit ein Netz von „Urpfarreien“ gebildet habe, wissen wir heute, dass die Entwicklung der Pfarrorganisation im Sinne fester räumlicher Abgrenzung von Seelsorgesprengeln ein langwieriger Prozess war. Offenbar spielte für die pastorale Erfassung des flachen Landes das ganze Frühmittelalter hindurch das Eigenkirchenwesen ungeachtet seiner erbitterten Bekämpfung die entscheidende Rolle. Mit anderen Worten: Über viele Generationen hin war die Situation wohl dadurch gekennzeichnet, dass angesehene Familien „Hauskirchen“ gründeten, die als Seelsorgezentren der jeweiligen Grundherrschaft den Stifter mit seiner Sippe sowie die Knechte, Mägde und hörigen Bauern erfassten. Die Bemühungen um die systematische Ausgestaltung der Pfarrorganisation scheinen sich erst im 11. Jahrhundert intensiviert zu haben, und zwar in Umsetzung der auf der Lateransynode von 1059 formulierten Maßgabe, dass kein Priester seine Kirche von einem Laien entgegennehmen dürfe. Im Zug der gesamtkirchlichen Reformbestrebungen wurde nun die für den Personenverband einer Grundherrschaft errichtete „Personalpfarrei“ allmählich abgelöst von der „Regionalpfarrei“, deren Zuständigkeit sich auf einen fest umrissenen Raum erstreckte. Durch die Zerlegung größerer Sprengel in kleinere entwickelte sich sodann bis zum Ende des 12. Jahrhunderts ein lückenloses und ziemlich dichtes Pfarrnetz. Wesentliches Kennzeichen einer vollberechtigten Pfarrkirche war fortan nicht mehr das Tauf- und Begräbnisrecht, sondern das „Ius parochiale", das den Pfarrer mit der niederen kirchlichen Gerichtsbarkeit über das ihm zugeordnete Pfarrvolk betraute.

Als örtliche Zwischeninstanz zwischen dem Bischof und dem Pfarrklerus fungierten im hohen Mittelalter allenthalben die Archidiakone oder Erzdechanten. Im Bistum Regensburg gab es deren vier mit Sitz in der Bischofsstadt selbst, in Donaustauf, Pondorf und Cham. Sie hatten einen fest umgrenzten Amtsbezirk mit quasibischöflichen Gerichts- und Aufsichtsrechten und erlebten im 13. Jahrhundert den Höhepunkt ihrer Machtentfaltung. Als aber im späteren Mittelalter zunehmend deutlicher wurde, dass die archidiakonale Gewalt die bischöfliche Jurisdiktion gänzlich auszuhöhlen drohe, sahen sich die Bischöfe um Gehilfen um, die ihr Amt in Abhängigkeit von ihnen ausübten, und fanden sie in den Generalvikaren und Offizialen. Der Generalvikar als der für das Gesamtgebiet der Verwaltungsaufgaben beamtete Stellvertreter des Bischofs trat in Regensburg seit Beginn des 14. Jahrhunderts gelegentlich in Erscheinung; noch vor der Jahrhundertmitte wurde dann sein Amt zu einer festeren Einrichtung. Ähnliches gilt für den Offizial als ständigen Vertreter des Bischofs in der Wahrnehmung der geistlichen Gerichtsbarkeit, wobei allerdings die Ausübung der richterlichen Funktionen bis ins 16. Jahrhundert hinauf zwischen dem Bischof und dem Domkapitel strittig blieb. Letzteres wusste diese zeitweilig ganz in seine Hände zu bringen.

Die einst so mächtige Position der Archidiakone hatte jedoch nicht nur von oben, sondern auch von unten her eine Schwächung erfahren, weil sich zwischen ihnen und die Seelsorger ihres Bezirks früh schon eine andere Behörde schob, die der Land- oder Ruraldekane (Decani rurales). Wie die Archidiakone verfügten auch sie über festumrissene, freilich kleinere Amtsbereiche, die sie im bischöflichen Auftrag überwachen und regelmäßig visitieren mussten. Nach Auskunft der ältesten Pfarreienverzeichnisse aus der ersten Hälfte des 14. Jahrhundert untergliederte sich das Bistum damals in 15 niederbayerische und 6 oberpfälzische Landdekanate sowie in ein eigenes Stadtdekanat für die Kirchen Regensburgs. Während aber die niederbayerischen Dekanate nur je zwischen 10 und 20 Seelsorgestationen umfassten, erstreckten sich die Dekanate des Nordgaus durchschnittlich auf 20 bis 40 Pfarreien. Diese Tatsache hängt allem Anschein nach mit dem Missionierungsverlauf zusammen und lässt den Schluss zu, dass sich die ungleich weiträumiger gestaltete Dekanatsstruktur der Oberpfalz später gebildet hat als jene Niederbayerns. Übrigens haben die Namen der Dekanate bis tief in die Neuzeit herein gewechselt, da sie nach den jeweiligen Pfarrorten der aus der Mitte der Landkapitel gewählten Dekane benannt wurden. Erst durch oberhirtlichen Erlass vom 7. April 1756 wurden für den gesamten Bistumsbereich feststehende Dekanatsbezeichnungen eingeführt. Zwischenzeitlich waren in der Oberpfalz im Zuge der Gegenreformation weitere Dekanate errichtet worden. Die neuen, bis ins 19. Jahrhundert nur geringfügig veränderten Verhältnisse spiegelt die Sprengelverordnung von 1650 wider, wonach das damals an die 460 Pfarreien zählende Bistum in 27 Dekanate eingeteilt war. Zwar sind in dieser Verordnung die Dekanate ihrerseits Erzdekanaten zugeordnet, doch lebte die archidiakonale Struktur von einst nur noch in Ehrenbezeichnungen wie „Archipresbyter“ für den Dompropst und „Erzdechant“ für die Pfarrer von Pondorf, Donaustauf und Cham fort.

Einer der engsten Mitarbeiter der Bischöfe, den sie seit dem Spätmittelalter nicht mehr entbehren mochten, war der „Hilfsbischof“ (Episcopus suffraganeus, Episcopus auxiliaris), im deutschen Sprachraum ob seiner hauptsächlich auf Weihehandlungen konzentrierten Tätigkeit gemeinhin „Weihbischof“ genannt. Mit dem steigenden 14. Jahrhundert wurde das Amt des Weihbischofs wie allenthalben in der Reichskirche auch in Regensburg zu einer dauerhaften Einrichtung. Gibt es für die erste Jahrhunderthälfte nur spärliche Hinweise auf das Wirken von bischöflichen Gehilfen im Pontifikalbereich, so reihen sie sich von etwa 1350 an bis zum Ende der alten Ordnung nahezu geschlossen durch. Lediglich in der Epoche des Dreißigjährigen Kriegs hat man von 1634 bis 1650 mit Rücksicht auf die wirtschaftliche Notlage des Hochstifts von der Bestellung eines Weihbischofs Abstand genommen. Hinsichtlich der Personenkreise, die dafür in Frage kamen, ergibt sich folgendes Bild: Im späten Mittelalter waren alle Regensburger Hilfsbischöfe Ordensangehörige, und zwar überwiegend Mitglieder der in der Bischofsstadt ansässigen Bettelordenskonvente. Ab 1500 bis zur Zäsur von 1634 hatten dieses Amt ausschließlich Weltpriester inne, die über einen akademischen Grad verfügten und an einem der Regensburger Kollegiatstifte eine Pfründe besaßen. Seit der Mitte des 17. Jahrhunderts war der Weihbischof regelmäßig ein Domherr, ab 1687 aufgrund der fortschreitenden Umbildung des Domkapitels zu einem Adelskollegium auch immer ein Adeliger. Das Domkapitel hat sich das Amt des Weihbischofs somit erst in später Zeit vorbehalten, denn um die Mitte des 14. Jahrhunderts, als es zu einer dauerhaften Einrichtung wurde, war die Verfassung des Kapitels schon so gefestigt, dass sich ein derartiges Amt nicht ohne Schwierigkeiten eingliedern ließ. Wenn sich die Domherren im Verlauf des 17. Jahrhunderts schließlich doch bewogen fühlten, das Weihbischofsamt einem aus ihrer Mitte zu reservieren, so gab hierfür wohl in erster Linie das durch die häufige Abwesenheit der Bischöfe gewachsene

Ansehen des Weihbischofs den Ausschlag, der in der letzten Phase der reichskirchlichen Epoche regelmäßig auch dem „Geistlichen Rat" oder „Konsistorium" vorstand und damit am Schalthebel der obersten diözesanen Gerichts- und Verwaltungsbehörde saß.

In krassem Gegensatz zum weitgedehnten geistlichen Jurisdiktionsbereich war der Umfang des weltlichen Herrschaftsgebiets der Regensburger Bischöfe arg bescheiden. Wie schon dargelegt, konnten sie nicht einmal die Bischofsstadt ihr Eigen nennen. In Regensburg verblieb ihnen nach dem vergeblichen Kampf um die Stadtherrschaft nur eine Hoheitszone zwischen Dom und Donau mit der Residenz im Bischofshof. Außerhalb der Stadt beschränkte sich ihre Landesherrschaft auf die nahegelegenen Bezirke Donaustauf und Wörth sowie auf die Herrschaft Hohenburg auf dem Nordgau, die 1257, als das Geschlecht der Grafen von Hohenburg erlosch, an das Hochstift fiel. Bei diesen reichsunmittelbaren Besitzungen handelte es sich jedoch um drei relativ kleine Herrschaften, die allesamt von wittelsbachischem Territorium umschlossen waren. Wegen drückender Verschuldung und Geldnot mussten sie zudem in der Folgezeit wiederholt verpfändet werden. So beispielsweise ging die forstreiche Herrschaft Donaustauf 1301 an die Regensburger Bürgerschaft, 1355 an Kaiser Karl IV. und 1486 an Bayern, dem sie bis zur Wiedereinlösung der Pfandschaft im Jahr 1715

Die zum Hochstift gehörende Herrschaft Donaustauf musste wegen Geldnot mehrmals verpfändet werden.
Kupferstich von Matthäus Merian, um 1640

angehörte. Auch die Reichsherrschaften Wörth und Hohenburg gelangten zeitweilig in fremde Hände.

Wenn der Stuhl des hl. Wolfgang zu den ärmsten Bischofssitzen des Reiches zählte, als der Prozess der Ausbildung der geistlichen Fürstentümer zum Abschluss kam, so hing dies nicht zuletzt damit zusammen, dass ihm die aus früheren Zeiten überkommenen Außenbesitzungen im Süden und Osten großenteils verloren gingen. Im späten 13. Jahrhundert erwarb Salzburg die Regensburger Einkünfte um den Mondsee, und 1385 musste auch die im Gebirge gelegene Herrschaft Itter-Hopfgarten an das Erzstift veräußert werden. Die ansehnlichen Güterkomplexe in Niederösterreich aber waren damals bereits weitgehend verlehnt, so unter anderem die Herrschaften Orth, Eckartsau, Hauseck und Purgstall. Über alle Zeitläufte hinweg ist hier dem Hochstift einzig die Herrschaft Pöchlarn im Mündungsgebiet der Erlauf verblieben, die der Regensburger Kirche im Jahr 832 durch königliche Schenkung zugefallen war. Ihren Verwaltungsmittelpunkt bildete die gleichnamige, durch Rüdiger von „Bechelaren" aus dem Nibelungenlied bekannte Hofmark am Eingang zur Wachau. Sie besaß schon vor 1400 ein eigenes Gericht und war Sitz eines hochstiftischen Pflegers, der bis 1803 die Interessen seines geistlichen Herrn im fernen Regensburg wahrnahm.

Allerdings kam Pöchlarn nur der Rang einer sogenannten Mediatherrschaft zu, in der der Bischof nicht wie in Donaustauf, Wörth und Hohenburg auf dem Nordgau als Landesherr schalten und walten konnte, sondern lediglich als Grundherr die niedere Gerichtsbarkeit übte. Pöchlarn eingerechnet, konnte die Regensburger Kirche aus insgesamt dreizehn derartigen Besitzkomplexen wirtschaftlichen Nutzen ziehen. Es handelte sich hierbei hauptsächlich um Hofmarken in der näheren Umgebung der Bischofsstadt wie Eitting, Geisling, Burgweinting, Dechbetten, Barbing, Schwabelweis, Pettendorf, Wildenberg und Auburg. Zum hochstiftischen Mediatbesitz gehörten ferner die in Altbayern gelegenen Herrschaften Hohenburg am Inn und Eberspoint mit dem Markt Velden an der Vils sowie die Herrschaft Siegenstein in der Oberpfalz.

Bei dem verhältnismäßig schmalen immediaten und mediaten Hoheitsbereich der Regensburger Bischöfe ließ auch der materielle Ertrag zu wünschen übrig. Deshalb nimmt es nicht wunder, dass das Domkapitel immer wieder zu sparsamster Hofhaltung mahnte und beispielsweise einem Friedrich von Parsberg 1437 das Wahlversprechen abverlangte, nicht mehr als 24 Personen als Hofgesinde zu beschäftigen und höchstens 12 Pferde auf Kosten der Kirche zu halten. Doch mochte das Regensburger Hochstift noch so unbedeutend sein: Immerhin gab es die Basis dafür ab, dass seine Inhaber fortan gleich den weltlichen Territorialherren das S.R.I.P. hinter ihren Namen schreiben konnten – Sacri Romani Imperii Princeps, des Heiligen Römischen Reiches Fürst. Aufgrund dieser Stellung führten sie bis zum Ende der alten Ordnung neben Mitra und Krummstab als Zeichen der bischöflichen Würde auch das Schwert in ihrem Wappen, das die weltliche Herrschaft symbolisierte, die Gewalt über Leben und Tod (Hochgerichtsbarkeit) in den reichsunmittelbaren Herrschaften, verbunden mit dem Münz-, Zoll- und Geleitrecht. Bei der Erfüllung ihrer verschiedenen herrscherlichen Aufgaben standen ihnen vor Ort Beamte als Kastner, Pfleger und Richter zur Seite. In der Bischofsstadt selbst wurden die hochstiftischen Belange seit etwa 1600 von einer Zentralbehörde wahrgenommnen, vom Hof- und Kammerrat mit einem Hofkanzler und Oberlehenpropst an der Spitze.

Eine maßgebliche, häufig sogar die entscheidende Rolle in der Hochstifts- wie Bistumsverwaltung spielte das Domkapitel, nachdem es in zeitlicher Parallele zum Umbruch des bischöflichen Selbstverständnisses selbst einen grundlegenden Wandel durchgemacht hatte. Während der Domklerus im frühen Mittelalter noch ganz der Vormundschaft des Oberhirten unterstellt war, entwickelte er sich seit dem 11. Jahrhundert allmählich zu einer vom bischöflichen Stuhl wirtschaftlich und rechtlich unabhängigen Körperschaft, zum „Domkapitel“ im Vollsinn des Wortes. Im Verlauf des 12. Jahrhunderts konnte es darüber hinaus den Alleinanspruch auf die Bischofswahl durchsetzen, das heißt die Mitglieder des Domkapitels waren fortan befugt, die Besetzung des erledigten bischöflichen Stuhls durch freie, allerdings vom Papst zu bestätigende Wahl zu regeln. Zudem oblag ihnen während der Sedisvakanz die eigenverantwortliche Leitung des Stifts, die sie gelegentlich sogar zur Revision missliebiger Maßnahmen des abgelebten Stiftsherrn genutzt haben. Die errungene wirtschaftliche Eigenständigkeit in Verbindung mit der rechtlichen Autonomie und der Befugnis zur Bischofswahl versetzte das Domkapitel schließlich auch in die Lage, sich von der Position eines bloß beratenden Organs zur Mitregierung zu erheben und den Bischof in eine gewisse Abhängigkeit zu bringen. Sprechender Ausdruck dieser gesteigerten Machtstellung war die in Regensburg erstmals 1437 greifbare und dann bis zur Säkularisation geübte Gepflogenheit, den zukünftigen Bischof durch eine sogenannte Wahlkapitulation vertraglich auf die Linie des vom Kapitel gewünschten Regierungsstils festzulegen. Dahinter stand freilich keineswegs nur selbstsüchtiges Machtstreben, sondern zuvorderst das durchaus berechtigte Bedürfnis, der Willkür des jeweiligen Oberhirten durch kollegiales Mitregieren Schranken aufzuerlegen und eine einigermaßen kontinuierliche Amtsführung zu gewährleisten.

In wirtschaftlicher Hinsicht war das Domkapitel völlig unabhängig vom bischöflichen Stuhl. Es besaß nicht nur das Nutzungsrecht am Pfründegut von nahezu 50 Pfarreien, sondern hatte auch – verstreut über das alte Niederbayern und die Oberpfalz – seine eigenen Liegenschaften, Grundholden und Hofmarken. Dieser domkapitelsche Vermögenskomplex diente in erster Linie zur Sicherung der Einkünfte jener 15 Kapitelmitglieder, die Vollkanoniker oder Kapitulare waren und als solche Sitz und Stimme bei den Kapitelberatungen unter der Leitung des infulierten Domdekans hatten. Freigewordene Pfründen wurden gemäß dem Wiener Konkordat von 1448 in den ungeraden Monaten vom Papst, in den geraden vom Kapitel vergeben. Dabei war der Kampf um vakante Pfründen bisweilen recht hart, denn die Domkanonikate stellten eine ideale Versorgungsmöglichkeit für nachgeborene Söhne des Adels dar und verbürgten diesen ein einigermaßen standesgemäßes Leben bei nur geringen Pflichten. Nach den Statuten, die sich das Regensburger Kapitel am Vorabend der Reformation gegeben hatte, mussten wenigstens 10 von 15 Pfründen mit Adeligen besetzt sein. Die übrigen durften an Kleriker bürgerlicher Herkunft vergeben werden, sofern sie den Grad eines Doktors der Theologie oder des kanonischen Rechts vorweisen konnten. Auf den Schultern dieser graduierten, besonders kompetenten Mitglieder des Kapitels lag in aller Regel schon deshalb die Hauptlast der Arbeit, weil die adeligen Domherren häufig mehrfach bepfründet waren, also neben Regensburg noch weitere, meist einträglichere Dompräbenden innehatten und somit ihre Residenzpflicht mit Vorliebe an auswärtigen Stiften ableisteten. Gerade in der Barockzeit wurde es infolge dieser mehrfachen Bepfründung am Regensburger Domstift zunehmend einsamer. Erst in der zweiten Hälfte des 18. Jahrhunderts, als schon die Abendschatten auf die geistlichen Fürstentümer fielen, erwachte bei den hiesigen Domherren mehrheitlich ein neuer Sinn für verantwortungsvolle Mitarbeit an der Bistums- und Hochstiftsverwaltung.

3. Im Strahlbereich der Klosterreformen des 11. und 12. Jahrhunderts

Als der Investiturstreit 1122 endlich beigelegt werden konnte, wehte durch die süddeutsche Kirchen- und Klosterlandschaft bereits seit einem guten Menschenalter ein frischer Wind. Im monastischen Bereich ging der kräftigste Reformimpuls zunächst von der Abtei Hirsau im Schwarzwald aus, die der aus dem Regensburger Kloster St. Emmeram dorthin berufene

Das Exemte Stifft und Closter Priffening nebst Regenspurg von Nidergang anzusehen.

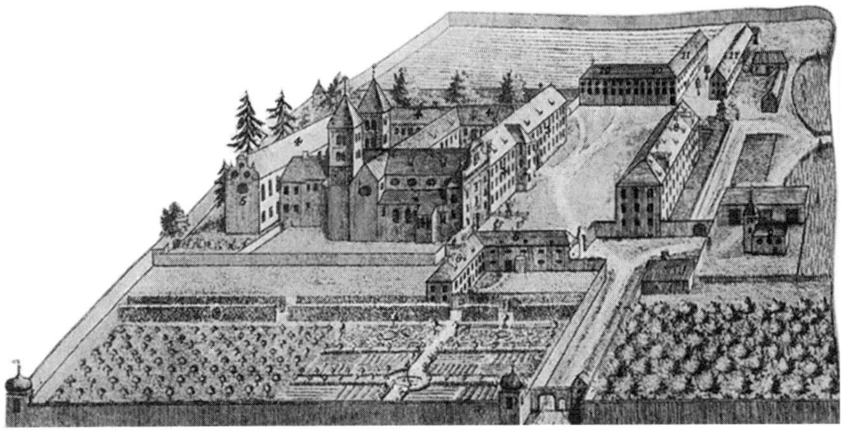

Mönch Wilhelm († 1091), ein Schüler des gelehrten Otloh, 1079 nach dem burgundischen Cluny ausgerichtet und cluniazensisch geprägten Gewohnheiten von außerordentlicher Strenge (Consuetudines Hirsaugienses) unterstellt hatte. Allerdings fand das Gedankengut der Hirsauer Bewegung in Wilhelms bayerischer Heimat erst mit Beginn des 12. Jahrhunderts stärkeren Widerhall, wobei uns hier als entschiedener Förderer der klösterlichen Erneuerungsbestrebungen neben dem einheimischen Adel immer wieder der Bamberger Bischof Otto I. der Heilige entgegentritt, so auch beim bedeutendsten Hirsauer Reformkloster des Bistums Regensburg, das 1109 in Prüfening vor den Toren der Bischofsstadt entstand.

Gegründet von Bischof Otto auf Eigengut der Bamberger Kirche und mit Gütern des Kollegiatstifts zur Alten Kapelle reich dotiert, kamen Prüfenings erste Mönche direkt aus Hirsau und erhielten 1114 in Erminold einen Vorsteher, der im zeitgenössischen Kampf zwischen Kaisertum und Papsttum das Reformprogramm der Gregorianer mit letzter Entschiedenheit verfocht. Folgende zwei Geschehnisse beleuchten dies schlaglichtartig: Als Kaiser Heinrich V. 1118 in Begleitung der Bischöfe von Bamberg und Regensburg vor den Klosterpforten Prüfenings erschien, versagte der Abt dem gebannten Herrscher schroff den Zutritt; drei Jahre später, am Dreikönigsfest 1121, wurde der eifernde Erminold von einem der eigenen Klosterbrüder wegen seiner übertriebenen Strenge kurzerhand erschlagen.

Doch schon unter seinem unmittelbaren Nachfolger, dem langregierenden Abt Erbo (1121–1162) aus St. Georgen im Schwarzwald, schwang sich Prüfening zur höchsten Blüte seiner Geschichte auf. Insbesondere wurde das bambergische Eigenkloster weitum tonangebend mit einer Malschule, die die neue Technik der Federzeichnung zu wahrer Meisterschaft steigerte und auch in ihrem thematischen Erfindungsreichtum die damaligen Zentren süddeutscher Buchmalerei überragte. Darüber hinaus besaß man in Prüfening um die Mitte des 12. Jahrhunderts ein Skriptorium, dem insbesondere die hervorragend gebildeten Mönche Wolfger und Boto zu großem Ansehen verhalfen. In der 1119 geweihten Klosterkirche St. Georg aber steht uns heute noch das erste Münster des Hirsauer Bautyps auf altbayerischem Boden vor Augen: eine steil aufragende Pfeilerbasilika mit Querhaus und zwei Osttürmen, ohne Krypta, das Hauptschiff und die beiden Seitenschiffe ursprünglich flach gedeckt.

Neben Prüfening entstanden im Bistum binnen weniger Jahrzehnte noch fünf weitere Benediktinerabteien der Hirsauer Observanz, meist gestiftet von adeligen Familien unter Mitwirkung des Bamberger Bischofs: so in der Oberpfalz die Klöster Ensdorf im Vilstal und Reichenbach am Regen, in Niederbayern die Abteien Mallersdorf, Münchsmünster und Biburg. Dabei kamen in Mallersdorf und Münchsmünster die Hirsauer Gewohnheiten erst zum Tragen, nachdem Otto von Bamberg den jeweiligen Güterkomplex als bischöfliches Eigentum erworben hatte, während sie in die übrigen Niederlassungen von Anfang an Einzug hielten. Der Hirsauer Bewegung ist es schließlich auch zu verdanken, dass das zum Kanonikerstift herabgesunkene „Urkloster" Metten wieder mit benediktinischem Geist erfüllt wurde, und zwar 1157 durch Mönche aus dem Nordgaukloster Kastl.

Ohne Zusammenhang mit den Reformbewegungen von Gorze-Trier und Cluny-Hirsau hatte sich in Regensburg bereits nach der Mitte des 11. Jahrhunderts eine neue Tradition des irischen Mönchtums gebildet, aus der die bedeutende, selbst die Säkularisation überdauernde Schottenabtei erwuchs. Als Pilger auf das Festland gekommen und teilweise als Inklusen lebend, erhielten die so fremdländisch wirkenden Mönchsgestalten um 1075 vorerst nahe der Obermünsterkirche eine klösterliche Niederlassung, das spätere Priorat Weih St. Peter. Und weil sie bei den Regensburger Kaufleuten, die sie auf ihren Fernhandelsreisen begleiteten, alsbald in hohem Ansehen standen, konnten sie bereits ab 1090 auf einem vom Burggrafen Otto I. und sechzehn Bürgern geschenkten Gelände ein zweites, räumlich wie rechtlich weniger beengtes Kloster vor dem westlichen Stadttor errichten: die Abtei St. Jakob mit ihrer dreischiffigen romanischen Basilika, deren Nordportal eine skulpturenreiche Schmuckwand ziert. Die Tatsache, dass diese rasch aufblühende Abtei bei der Errichtung neuer Niederlassungen der irischen Mönche im deutschsprachigen Raum immer wieder Pate stand, führte auf dem IV. Laterankonzil von 1215 zum kongregationsmäßigen Zusammenschluss aller deutschen „Schottenklöster“ unter der Führung Regensburgs.

Allerdings trat dann auch in der Entwicklung des festländischen irischen Mönchtums ein Phänomen zutage, dem wir in der Ordensgeschichte immer wieder begegnen: Dem hochgemuten Aufschwung folgten die allmähliche Erschlaffung und ein fortschreitender Verfall. Zum fehlenden Nachwuchs aus der Heimat gesellten sich Konflikte mit dem einheimischen Mönchsklerus, so dass im Spätmittelalter mehrere Klöster ganz aufgelassen oder inländischen Benediktinern übergeben werden mussten. In Regensburg selbst kam es nach Überwindung schwerer Krisen erst im Zeitalter der Gegenreformation zu einer nachhaltigeren Konsolidierung der Verhältnisse, und seit dem späten 17. Jahrhundert entwickelte sich die Abtei St. Jakob zu einem wichtigen Stützpunkt der entrechteten katholischen Minderheit in Schottland, mit der Errichtung eines Seminars im frühen 18. Jahrhundert auch zur Ausbildungsstätte für künftige Missionare.

Die erste Blütezeit der Abtei St. Jakob im 12. Jahrhundert ist aufs Engste verbunden mit dem Namen jenes rätselhaften Honorius Augustodunensis,

der seit etwa 1126 in Regensburg lebte – zunächst im Kloster St. Jakob, später als Inkluse in Weih St. Peter – und vermutlich auch mit den gelehrten Prüfeninger Mönchen in Verbindung stand. Obschon es der Forschung bis heute nicht gelungen ist, das Inkognito dieses Mannes zu lüften, geht sie doch darin einig, dass Honorius zu den erfolgreichsten Schriftstellern seines Jahrhunderts zu zählen ist. Die Interessen des vielleicht aus Canterbury gebürtigen und über das Kölner Reformkloster Siegburg nach Regensburg gekommenen Mönchs reichten von der Profan- und Literaturgeschichte über die Philosophie und die Naturwissenschaften bis hin zur Exegese und Homiletik. Ohne sein breitgefächertes literarisches Werk, das weit über 30 Einzelschriften umfasst, auch nur ansatzweise würdigen zu wollen, soll wenigstens die besondere Reverenz nicht unverwähnt bleiben, die er darin der Stadt seines Wirkens erwiesen hat: Regensburg verdient es seiner Ansicht nach, in einem Atemzug mit Athen, Rom und Lyon genannt zu werden, und neben diesen geschichtsträchtigen Metropolen ist für Honorius Augustodunensis die bayerische Bischofsstadt an der Donau der Mittelpunkt der Geschichte schlechthin.

Das strenge Auslegen der benediktinischen Regel durch Gorze, Cluny und Hirsau blieb nicht ohne Rückwirkung auf die Gesamtkirche und ließ in ihrem Schoße neue religiöse Verbände heranreifen, denen bei allen Unterschieden in Ursprung und Zielsetzung die Sorge gemeinsam war, sich nicht an die diesseitige Welt zu verlieren. Dabei drang zum einen die Erinnerung an die weltabgeschiedene Lebensform des frühen Mönchtums auch in die Klöster des traditionellen Benediktinertums ein und führte zum Ausbruch aus den großen Abteien: Das 1098 durch Robert von Molesme gegründete Kloster Cîteaux, das zur Keimzelle des Zisterzienserordens wurde, ist hierfür wohl der folgenreichste Beleg. Zum anderen ließ die Gleichsetzung des Ordenslebens mit dem wahren, am apostolischen Ideal orientierten Christenleben, wie sie im Reformkreis um Papst Gregor VII. propagiert wurde, auch die Lebensgestaltung des Weltklerus nicht unberührt. Hatte man schon im 9. Jahrhundert den an den Reichsstiften tätigen Geistlichen das gemeinschaftliche Leben als verpflichtende Norm vorgeschrieben, allerdings ohne den Verzicht auf Privateigentum, so wurde jetzt gerade ein solcher Verzicht mit Verweis auf die vom hl. Augustinus verlangte Gütergemeinschaft entschieden gefordert. Beim Versuch, diese Forderung in die Tat umzusetzen, kam es in der Folgezeit an den Stiften zu einer Scheidung der reformunwilligen Chorherren (Säkularkanoniker) von denen, die sich neben der Vita communis auch die persönliche Besitzlosigkeit zur Richtschnur machten (Regularkanoniker). Für diese Kommunitäten bot eine damals aus dem geistigen Erbe Augustins zusammengestellte Regel den organisatorischen Rahmen, und just die Berufung auf den großen Bischof von Hippo ließ die regulierten Kanoniker zu „Augustinerchorherren" werden. Neben den alten, bereits in verschiedene Observanzen aufgeteilten Ordo monasticus trat damit der neue Ordo canonicus. Doch es sollte nicht lange dauern, bis auch dieser einen Reformzweig zeitigte, die vom Xantener Kanoniker Norbert im Tal von Prémontré gegründete Gemeinschaft der Prämonstratenser.

Der aus einer Neubesinnung auf das Verhältnis von Mönchtum und Armut hervorgegangene Reformorden der Zisterzienser verdankte seine unerwartete Anziehungskraft und europaweite Verbreitung vor allem der Tatsache, dass 1112 mit Bernhard von Clairvaux das religiöse Genie des Jahrhunderts zu ihm gestoßen war und auf die in der „Charta caritatis" niedergelegten Ordenssatzungen maßgeblichen Einfluss gewann. Einfache Kutten aus ungefärbter Schafwolle, schmucklose Klosteranlagen, Kirchen ohne Bauzier, schlichte Gestaltung der Liturgie, anspruchslose Nahrung, Gewinnung des Lebensunterhalts durch Eigenwirtschaft und weitgehende Abwendung von der laikalen Welt – dies waren die wichtigsten Aspekte der Lebensgestaltung in den einzelnen Zisterzen, die durch das sogenannte Filiationssystem, das heißt durch die enge Bindung zwischen Mutter- und Tochterkloster, einen geschlossenen Verband bildeten.

Da sich die Zisterzienser zumindest anfänglich eifrigst der Rodung und der Verbesserung der Bodenkultur widmeten, wartete für sie im Bistum Regensburg eine große Aufgabe hoch droben auf dem bayerischen Nordgau. Gegen die böhmischen Wälder zu entstand 1133 auf Initiative des Markgrafen Diepold III. von Cham-Vohburg die Abtei Waldsassen und mit ihr das geistliche und kulturelle Zentrum des „Stiftlandes". Besiedelt von Mönchen aus dem thüringischen Kloster Volkenrode, erlangte Waldsassen dank einer ausgedehnten Kolonisationstätigkeit seinerseits große Bedeutung für die Ausbreitung des Ordens in Böhmen. Aber auch im Bistum Regensburg konnte man eine Zisterze aus der Taufe heben, nämlich das Kloster Walderbach bei Roding, eine Stiftung der Regensburger Burggrafen, die zunächst mit Regularkanonikern besetzt war, ehe sie 1146 Mönchen aus Waldsassen übergeben wurde. Mit erheblicher zeitlicher Verzögerung trat 1286 noch eine dritte Niederlassung der „grauen Mönche" in unserem Bistum ins Leben: das Bayerwaldkloster Gotteszell unweit Viechtach. Zunächst ein Priorat von Aldersbach und 1320 zur selbständigen Abtei erhoben, hatte diese jüngste und kleinste der altbayerischen Zisterzen freilich bis tief in die Neuzeit herein beständig mit wirtschaftlichen Schwierigkeiten zu kämpfen, da sie nur schwach dotiert war und der kärgliche Boden ringsum wenig Ertrag abwarf.

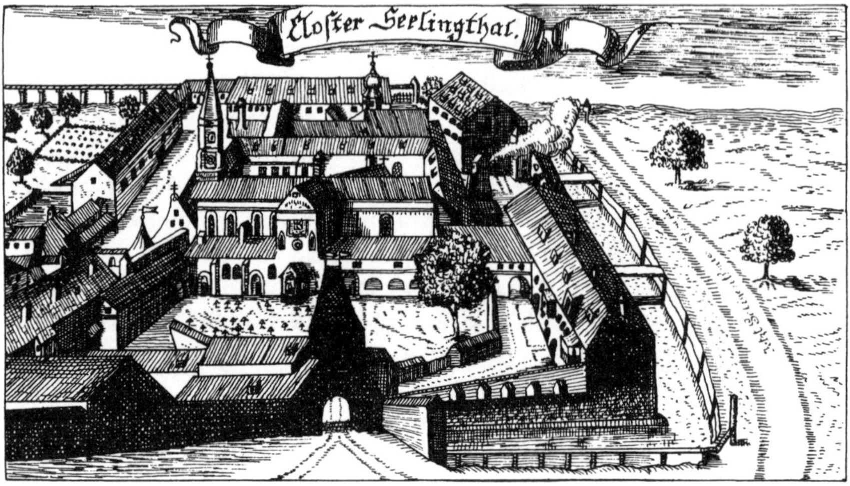

Kupferstich von Anton Wilhelm Ertl, um 1690

Zu den drei zisterziensischen Männerklöstern gesellten sich im Bistumsbereich mit Seligenthal in Landshut und Pielenhofen an der Naab noch zwei Frauenklöster. Für die Errichtung von Seligenthal gab die Sühne für die Kelheimer Mordtat an Bayernherzog Ludwig I. im September 1231 den unmittelbaren Anlass. Schon im Jahr darauf stiftete Ludwigs Gemahlin Ludmilla auf einem zum Landshuter Hl. Geist-Spital jenseits der beiden Isararme gehörigen Gelände ein Gebetskloster mit dem klar formulierten Auftrag, *dass die Nonnen zum Dank gleich wie die Wächter auf den Mauern Jerusalems Tag und Nacht den Herrn lobpreisen und ohne Unterlass seinen Namen anflehen für meine und meiner verstorbenen Ehegatten – Herzogs Ludwigs von Bayern und Graf Adalberts von Bogen – Sünden sowie zum Heil und Wohlergehen meiner Söhne und Nachfahren.* Weithin im Dunkel liegen die Ursprünge des um 1237 erstmals urkundlich fassbaren Zisterzienserinnenklosters Pielenhofen. Doch galt dieses oberpfälzische Stift von Anfang an als Tochtergründung der schwäbischen Zisterze Kaisheim bei Donauwörth. Sie stellte den Pielenhofener Chorfrauen fortan auch Mönche für die seelsorgerliche Betreuung und Laienbrüder für die körperlichen Arbeiten zur Verfügung, ehe es dann um die Mitte des 17. Jahrhunderts zur gänzlichen Inbesitznahme des in der Reformationsepoche säkularisierten Klosterkomplexes durch die Reichsabtei Kaisheim kam.

Die Forderung der Kanonikerreform, wie sie auf römischen Synoden seit 1059 immer wieder erhoben wurde, hat in Bayern früh schon Bischof Altmann von Passau (1065–1091) aufgegriffen. Doch kam die Chorherren-

Kupferstich von Michael Wening, um 1726

bewegung hierzulande so recht erst in Schwung durch den Rottenbucher Kanoniker Gerhoch († 1169), den späteren Propst des Stifts Reichersberg am Inn. Auch im Bistum Regensburg stoßen wir auf seine werbende Tätigkeit, wenngleich die Augustinerchorherren im hiesigen Sprengel nicht annähernd eine mit den Diözesen Passau und Salzburg vergleichbare Verbreitung finden sollten. Vielleicht trug Gerhoch mit dazu bei, dass der reformfreudige Bischof Kuno (Konrad I.) von Raitenbuch (1126–1132), dem als vormaligem Abt des Benediktinerklosters Siegburg bei Köln die Förderung der Mönchs- und Kanonikerreform ein Herzensanliegen war, um 1127 an der alten Taufkirche St. Johann beim Regensburger Dom ein Augustinerchorherrenstift ins Leben rief. Allerdings ging diese erste Regensburger Kanonie der Chorherrenbewegung durch eine stufenweise Umwandlung in das heute noch bestehende Kollegiatstift schon im 13. Jahrhundert wieder verloren. Unter Kunos Nachfolger Heinrich I. von Wolfratshausen (1132–1155) entstanden binnen weniger Jahre vier weitere Augustinerstifte zu Stadtamhof (St. Mang), Rohr, Schamhaupten und Paring. Während die beiden letztgenannten Kanonien den wirtschaftlichen und personellen Niederbruch im 16. Jahrhundert nicht überdauerten, hatten St. Mang und Rohr bis zur großen Säkularisation von 1803 Bestand.

Namentlich das von den Abensberger Babonen reich dotierte Stift Rohr konnte sich über die Jahrhunderte hin auf beachtlicher Höhe halten. Zwar fehlte es im Laufe einer nahezu 700-jährigen Geschichte auch hier nicht an inneren wie äußeren Krisen, doch ließen sich diese in der Regel rasch wieder beheben, so auch im Herbst des Mittelalters, als Rohr nach spürbarem Kräfteverfall Anschluss an die Raudnitz-Indersdorfer Reform fand und vom vorbildlichen Propst Petrus Fries (1438–1455) einer bis dahin nicht erlebten Blütezeit zugeführt wurde.

Die als Reformzweig der Regularkanoniker entstandene Gemeinschaft der Prämonstratenser – sie legte in ihrer deutschen Ausprägung bei aller Askese besonderes Gewicht auf die seelsorgerliche Tätigkeit – konnte im Bistum Regensburg nur zwei Klöster errichten: Windberg in den Vorbergen des Bayerischen Waldes und Speinshart in der nördlichen Oberpfalz. Die Anfänge des auf hauseigenen Gütern der Grafen von Bogen dotierten Klosters Windberg liegen vor 1139, wobei es den Anschein hat, dass dort bereits eine kleine Priestergemeinschaft existierte, die man für den Anschluss an die Prämonstratenserbewegung gewann. 1147 trat in Windberg dem Männerkonvent ein weiblicher Zweig zur Seite, der sich aber schon bald als Gemeinschaft von Tertiarinnen verselbständigte. Das Stift Speinshart wurde 1145 durch den kinderlosen Edelfreien Adelvolk gegründet und von Wilten in Tirol aus besiedelt. Sein exklusiv adeliger Konvent hatte allerdings das ganze Mittelalter hindurch mehr Bindungen an Oberfranken als an die Oberpfalz. Bemerkenswert für beide Stifte ist es, dass in sie nach einer langen Unterbrechung durch die Säkularisation in den zwanziger Jahren des vorigen Jahrhunderts wieder kanonikales Leben nach den Gebräuchen von Prémontré Einzug hielt.

„Wie viele Veränderungen in der Kirche!“, konstatierte der Prämonstratenser Anselm von Havelberg († 1158) im Blick auf die vielgestaltige Klosterlandschaft seiner Zeit voll Staunen. Und ein Idung von Prüfening verfasste um 1155, nachdem er sein hirsauisch geprägtes Kloster verlassen hatte und in ein Zisterzienserstift eingetreten war, gar eine Streitschrift, in der er allein die zisterziensische Lebensweise gelten ließ. Doch mochten die vier großen Ordensfamilien, die sich seit dem 12. Jahrhundert gegenüberstanden, die Wandelbarkeit der monastischen Idee noch so eindrucksvoll bezeugen, in ihrem alltäglichen Leben und Wirken traten bald schon die Gemeinsamkeiten in den Vordergrund, so dass die Betonung von Eigenart und Besonderheit je länger, je mehr zur literarischen Spiegelfechterei verkümmerte. Ob Benediktiner oder Zisterzienser, ob Augustinerchorherren oder Prämonstratenser: Zumindest in bayerischen Landen bezogen nachmals allesamt ihre

Einkünfte aus landwirtschaftlichem Besitz, den sie ihren „Grundholden" in einer Kombination von Pacht- und Erbrechtssystem zur Bewirtschaftung überantworteten. Allen gemeinsam war ferner das Bestreben, auf dem Wege der Inkorporation das Verfügungsrecht (Patronat) über eine mehr oder minder große Zahl von Pfarreien zu erlangen und so in eine quasibischöfliche Position aufzurücken. Im Laufe der Zeit erwirkten die Vorsteher der einzelnen Klöster auch die äußeren Zeichen der bischöflichen Würde, die Pontifikalien, und dieser Aufstieg zu „Prälaten" wiederum verstärkte nicht zuletzt ihre politische Bedeutung im Lande. Als sich nämlich im Bayern des späteren Mittelalters eine landständische Verfassung, die sogenannte Landschaft, bildete, zogen auch die vier Prälatenorden in das ständische gegliederte und periodisch zusammentretende „Parlament" ein. Sie hatten darin eine Mittelstellung zwischen dem ersten Stand der Edelleute und dem dritten Stand der Bürger der Städte und gefreiten Märkte. Bis zum Jahrhundert der Reformation war nach Auskunft des großen Geschichtsschreibers Aventin die Entwicklung dahin gediehen, dass den Prälaten in der Landschaft mehr Gewicht zukam als den beiden anderen Ständen zusammen.

4. Einzug der Bettelorden im 13. Jahrhundert

Das 13. Jahrhundert war nicht nur im politischen Bereich, sondern auch in wirtschaftlicher und sozialer Hinsicht ein Jahrhundert tiefgreifender Wandlungen. Das starke Wachstum der Bevölkerung und das rasche Aufblühen von Handel und Gewerbe führten zu einer Veränderung des gesellschaftlichen Gefüges in einem bis dahin nicht gekannten Ausmaß. Namentlich in den Städten kam es infolge steigender Mobilität der unteren Schichten zu Bevölkerungsverdichtungen großen Stils, die ihrerseits eine kaum vorstellbare Vermehrung der Armut zur Folge hatten und die Seelsorge vor ganz neue Aufgaben stellten. Da die alten Orden gemeinhin auf dem Lande siedelten und sich eng an das feudale Agrarsystem banden, vermochten sie den gewandelten Verhältnissen kaum Rechnung zu tragen. Der Stadt der Bürger, Kaufleute und Handwerker nahmen sich vielmehr die nach 1200 entstehenden Bettelorden an, in Ableitung vom lateinischen Verb „mendicare" (betteln) auch Mendikantenorden genannt. In ihnen tritt uns das kirchliche Ergebnis jener apostolischen Armutsbewegung entgegen, die im fortschreitenden 12. Jahrhundert vornehmlich in Mittelitalien und Südfrankreich aufgebrochen war. Sie verschrieb sich mit ganzer Radikalität der Frohbotschaft des „armen Christus" und konfrontierte die zeitgenössischen

Herrschafts- und Machtstrukturen kompromisslos mit dem apostolischen Armutsideal. Ein Ineinandergreifen geistig-religiöser und sozial-wirtschaftlicher Umbrüche ist dabei unverkennbar, denn diese neuartigen Mönche mit ihrem Bekenntnis zu freiwilliger Armut waren zumindest in ihrer anfänglichen Erscheinungsform ein offenkundiger Protest des christlichen Gewissens gegen die Bereicherung um ihrer selbst willen als Lebensinhalt und Lebensziel. Und weil sie in evangelischer Christusnachfolge lebten und keinen Zehnten forderten, sah die städtische Bevölkerung in ihnen ihre geborenen Seelsorger. Auch und gerade in Regensburg, wo das bürgerliche Selbstbewusstsein soeben dabei war, die Herrschaftsansprüche des Bischofs wie des Herzogs abzuschütteln, wurden die jungen Mendikantenorden mit offenen Armen aufgenommen: die Minoriten des hl. Franz genauso wie die schlichten Predigerbrüder des hl. Dominikus, dazu die weiblichen Zweige der Klarissen und Dominikanerinnen, desgleichen die Augustinereremiten und vorübergehend auch die Karmeliten.

Die ersten „Minderbrüder" hatte Franz von Assisi selbst noch 1221 vom sogenannten Mattenkapitel bei Portiuncula weg über die Alpen geschickt, nach Augsburg und Würzburg, Salzburg und Regensburg. Die franziskanischen Anfänge in der Donaustadt waren recht bescheiden. Man wies der kleinen Schar von Brüdern zunächst die Margarethenkapelle bei der Steinernen Brücke zu, ehe sie 1226 eine Behausung beim Salvatorkirchlein in der östlichen Vorstadt beziehen konnte. Hier erstand dann für die rasch das Vertrauen der Bevölkerung gewinnende Gemeinschaft ein ansehnliches Kloster und in der zweiten Jahrhunderthälfte jener langgestreckte, eindrucksvolle Schlichtheit atmende Kirchenbau, die Minoritenkirche, die als klassisches Beispiel süddeutscher Bettelordensarchitektur gelten kann. Gleichfalls im Stadtosten beim sogenannten schwarzen Burgtor etablierte sich gegen Ende des 13. Jahrhunderts der weibliche Zweite Orden der Franziskaner (Klarissen) dauerhaft, indem sich eine dort schon seit etwa 1228 ansässige Gebetsgemeinschaft bußfertiger Frauen, in den Quellen Reuerinnen oder Magdalenerinnen genannt, für die Befolgung der Regel der hl. Klara entschied.

Zwischenzeitlich hatte sich der benachbarte Minoritenkonvent längst zu einem weitstrahlenden Zentrum franziskanischen Geisteslebens entwickelt. Hierfür stehen insbesondere zwei Namen, die in der mittelalterlichen Geistesgeschichte einen guten Klang haben: David von Augsburg († 1272), der mystisch begabte Novizenmeister mit seinen feinsinnigen Betrachtungen über Sinn und Gestaltung des Ordenslebens, und Berthold von Regensburg († 1272), dem die ungeheuere Macht seines gesprochenen Wortes den nicht ganz unumstrittenen Nachruhm eintrug, der bedeutendste „Volksprediger"

des deutschen Mittelalters gewesen zu sein. Doch wie auch immer: Jedenfalls verkörperte Berthold im Unterschied zu seinem Freund David, der hauptsächlich für den Kreis der Brüder und Novizen wirkte, die nach außen gewandte, in der Ansprache an die Mächtigen und Massen, in Predigtreisen und Bekehrungsunternehmungen sich erfüllende Seite des Minoritentums, war er doch nicht nur ein begnadeter Künder des Evangeliums, sondern ebenso ein Kenner der wissenschaftlichen Theologie, ein Mann, der auch als Visitator zu wirken verstand, als Friedensvermittler bei politischen Zwistigkeiten und als furchtloser Kämpfer gegen die Ketzerei.

Eine ähnlich rasche Ausbreitung wie der Minoritenorden erlebte die Gemeinschaft der Predigerbrüder oder Dominikaner. Bereits im Jahr 1229 kamen die ersten Dominikaner nach Regensburg, wo ihnen Bischof Siegfried in der westlichen Vorstadt das dem Domkapitel gehörende Kirchlein St. Blasius mit einem Haus und angrenzender Hofstatt als Aufenthaltsort zuwies. Binnen weniger Jahre wurden dort die Klosterbauten errichtet mit Einschluss einer eigenen Ordensschule, an der um das Jahr 1237 vorübergehend der berühmteste Dominikaner deutscher Zunge wirkte, der schon andernorts erwähnte Albertus Magnus. In den vierziger Jahren konnte man dann auch die Fundamente für den grandiosen Neubau der St. Blasiuskirche legen, die ein Schlüsselwerk für das Heimischwerden gotischer Architektur in Deutschland darstellt.

Bereits 1233, wiederum auf Betreiben Bischof Siegfrieds, ließ sich im Stadtwesten auch der Zweite Orden für Frauen nieder. Und dieses Dominikanerinnenkloster Hl. Kreuz, das ohne Unterbrechung fortbesteht bis zum heutigen Tag, war das erste seiner Art in Bayern, wenn nicht in Deutschland überhaupt. Donauaufwärts, ein paar Wegstunden von Regensburg entfernt, entstand um 1260 noch eine weitere Niederlassung der Dominikanerinnen: St. Maria in Adlersberg, gestiftet vom Bayernherzog Ludwig II. auf dem Gelände eines älteren, nicht eindeutig fassbaren Frauenklosters und besetzt mit Nonnen des Regensburger Konvents.

Im Unterschied zu den Franziskanern und Dominikanern fehlt den Augustinereremiten die große Gründergestalt. Am Anfang ihrer Geschichte steht vielmehr ein päpstlicher Erlass von 1256, der die kaum noch überschaubare Schar von Einsiedlergenossenschaften den Satzungen der Bettelorden unterstellte. Im Bistum Regensburg befanden sich solche Eremitenansiedlungen seit geraumer Zeit im oberpfälzischen Schönthal bei Waldmünchen und im niederbayerischen Seemannshausen bei Gangkofen. Beide Kommunitäten wandelte der reformeifrige Bischof Leo Tundorfer 1263 in Augustinerkonvente um, nicht ohne Widerstreben seitens der Betroffenen. Komplizierter ist es um die Gründungsgeschichte des Regensburger Augustinerklosters bestellt. Wie die Chronisten vage und nicht ohne Widersprüche berichten, soll sich bereits vor der Mitte des 13. Jahrhunderts eine nach unbekannter Regel lebende Gruppe von Eremiten in der Nähe von Prüll aufgehalten haben. Diese ließ sich offenbar schon bald nach der Union von 1256 in der Stadt nieder und bezog eine kleine Behausung bei der Salvatorkapelle am Judensteg, die 1267 erstmals urkundlich als Augustinerkloster fassbar wird. Mit dem bald danach begonnenen Neubau von Kirche und Konventsgebäuden erstand hier das dritte Mendikantenzentrum Regensburgs, gelegen inmitten des Kaufmannsviertels um den heutigen Neupfarrplatz. Von der Bischofsstadt her erfuhr fortan auch die einzige weibliche Niederlassung der Augustiner in Altbayern besondere Unterstützung, nämlich Niederviehbach bei Dingolfing. Sie ging 1296 aus einer Schenkung des Grafen Berengar von Leonberg hervor, der sein dortiges Jagdschloss den Regensburger Augustinern zur Errichtung eines Klosters für zehn Nonnen und zwei Mönche vermachte.

Auch die vierte große Bettelordensfamilie der „Brüder der Seligsten Jungfrau vom Berge Karmel“, im Volksmund wegen ihrer ausgeprägten Marienverehrung kurz „Frauenbrüder“ oder „Marienbrüder“ genannt, fasste zunächst um 1290 in Regensburg Fuß, und zwar bei der Spitalkirche St. Oswald. Doch die Konkurrenz der vielen anderen Klöster und die ungünstige Lage ihrer Niederlassung an der Donau veranlassten die Kar-

Kupferstich von Michael Wening, um 1726

meliten 1368 zur Übersiedlung in die herzogliche Residenzstadt Straubing, wo ihnen das Wohlwollen des Herzogshofs und die Gunst einer aufstrebenden Kommune gewiss waren. Sprechendes Zeugnis hierfür ist die mächtige gotische Hallenkirche des Straubinger Karmel mit ihren erlesenen Epitaphen. Gegen 1430 stand sie als Werk des berühmten Meisters Hans von Burghausen vollendet da. Mittlerweile waren im Bistumsbereich noch zwei weitere Karmelitenklöster zu Neustadt am Kulm (1413) und in Abensberg (um 1390) errichtet worden. Ersteres kam jedoch bereits in der Reformationszeit zum Erliegen, und das Schicksal des Letzteren hat der Säkularisationssturm besiegelt. Hingegen prägen die Beschuhten Karmeliten das geistliche Antlitz Straubings bis zum heutigen Tag.

Ohne Zweifel boten städtisches Bürgertum und städtische Kultur den Bettelorden die rechte Lebensentfaltung. Davon zeugt schon die Lage ihrer Klöster und mehr noch die bewusste seelsorgerliche Hinwendung zum einfachen Volk, zu den Handwerkerfamilien in den Vorstädten, zu den Kranken und Armen in den Spitälern und Siechenhäusern. Umgekehrt gaben diese jungen Orden auch ihren Lebensräumen eine charakteristische Prägung, vor allem durch die schmucklose Bettelordenskirche, deren hoch aufragendes Mittelschiff das Raumgefühl der Gotik ausmacht. Allerdings sollte man behutsam umgehen mit dem Schlagwort vom alternativen Lebensstil, der mit den Mendikanten in die mittelalterliche Stadt Einzug gehalten habe. Denn obschon sie grundsätzlich keinen mit Herrschaftsrechten verbundenen Besitz annehmen durften, blieben hiervon die für Kirche und Konvent notwendigen Grundstücke ausgenommen, und zu deren Vergrößerung betrieben sie unter Mithilfe von potenten Geldgebern alsbald eine aggressive Erwerbspolitik, wie beispielsweise der von den Regensburger Dominikanern 1243 zur Arealerweiterung getätigte Ankauf von Liegenschaften um die beträchtliche Summe von 150 Pfund Regensburger Pfennige belegt. Ein wichtiger Schritt zur Durchbrechung des Besitzverbots wurde sodann mit der Annahme von „Seelgeräten" getan, womit Gedächtnisse für Verstorbene bezeichnet sind, für die der Stiftungsbegünstigte Einkünfte auf Zeit oder auf Dauer erhielt. Da man diese Einkünfte nicht als Konventsvermögen erachtete, verstießen sie auch nicht gegen das Besitzverbot, ließen aber gleichwohl das „kleinstiftische" mendikantische Besitzkloster entstehen, wie es uns im 15. Jahrhundert allenthalben entgegentritt. Zwischenzeitlich konkurrierten die Bettelordenskonvente längst mit der pfarrlichen Seelsorge, und zwar hauptsächlich in den Bereichen Gottesdienst, Predigt, Beichte und Begräbnis. Vor allem die Kultdienste für Verstorbene ließen die Mendikantenklöster im Herbst des Mittelalters nachgerade zu „Beerdigungsinstituten" werden, da zunehmend breitere Bevölkerungsschichten die Bettelordenskirche als Grablege wählten. Dass diese durch päpstliche Privilegien ermöglichte Durchbrechung des Begräbnisbanns der Pfarreien zu erheblichen Spannungen mit dem Pfarrklerus führte, bezeugen für Regensburg zwei von scharfer Animosität gegen die Bettelorden erfüllte Traktate des hochgebildeten Domherrn Konrad von Megenberg (1309–1374), dem wir – nebenbei bemerkt – eine ganze Reihe gelehrter Abhandlungen verdanken, nicht zuletzt das erste deutschsprachige Kompendium damaligen Wissens über die geschaffene Natur.

Zum Beschluss unseres Streifzugs durch die hochmittelalterliche Epoche soll wenigstens noch angedeutet werden, dass in zeitlicher Parallele zu den Bettelorden auch zwei Zweige der während der Kreuzzüge entstandenen Ritterorden in das Bistum Eingang fanden, nämlich die Johanniter und die Deutschherren. Die Johanniter oder Hospitaliter waren bis zur Säkularisation bei der kleinen romanischen Hallenkirche St. Leonhard in Regensburg und zu Altmühlmünster ansässig. Der Deutsche Orden konnte im Verlauf des 13. Jahrhunderts Niederlassungen (Kommenden) an der Regensburger Kirche St. Ägid und in Gangkofen an der Bina errichten.

III. Kapitel

Erneuerungsbestrebungen ohne dauerhaften Erfolg – das Spätmittelalter

Die um die Mitte des 13. Jahrhunderts anhebende und mit dem Auftreten Martin Luthers endende Epoche, gemeinhin Spätmittelalter genannt, stellt sich insgesamt dar als eine Zeit der Auflösung bestehender Ordnungen, von der auch und gerade das Papsttum nicht verschont blieb. Nach dem erbarmungslosen Vernichtungskampf gegen die Staufer ließ sein Niedergang nicht lange auf sich warten. Der Versuch Bonifaz' VIII., mit der geistlichen Weltregierung ganzen Ernst zu machen, scheiterte 1303 in der Katastrophe von Anagni, bereitet durch den König von Frankreich und seine Helfer. Sie brachte die universalen Ansprüche des hochmittelalterlichen Papsttums jäh zu Fall, und mit dieser Niederlage begann eine neue Epoche päpstlicher Geschichte. Ihre erste Etappe, das Exil zu Avignon (1309–1377), dauerte nahezu 70 Jahre, gefolgt von nicht weniger denkwürdigen Abschnitten, die mit den Stichworten „Abendländisches Schisma" (1378–1417) und „Renaissancepapsttum" (1447–1521) nur angedeutet seien.

Auch der Weg der bayerischen Kirche im vielfarbigen Herbst des Mittelalters und mit ihr der des Bistums Regensburg wurde auf weiten Strecken unmittelbar oder mittelbar durch die großen kirchenpolitischen Ereignisse markiert. Dies gilt nicht nur für den leidenschaftlichen Kampf mit den Avignonpäpsten, den Ludwig der Bayer über Jahrzehnte hin geführt hat, oder für die hussitische Revolution, die über Böhmen hinaus besonders das oberpfälzische Grenzgebiet in Mitleidenschaft zog. Es gilt ebenso für die Endphase des Abendländischen Schismas, in der der Riss des „ungeteilten Leibrocks des Herrn" nicht selten mitten durch die Bistümer ging, und nicht minder für den seit dem Avignonesischen Exil gesteigerten Zentralismus der Kirchenregierung, den man zufolge des neuartigen Stellenbesetzungs- und Finanzsystems als fortwährende „Geldrupferei“ schmerzlich zu spüren bekam. Aber auch die Tatsache, dass die altbayerischen Lande im späteren Mittelalter gleich dreimal das zersetzende Prinzip der Erbteilung erfahren mussten, blieb nicht ohne Auswirkung auf die kirchliche Situation, zumal nicht auf das Bistum Regensburg, das zudem durch den Hausvertrag von Pavia seit 1329 mit einem Großteil seines Zuständigkeitsbereichs auf dem Nordgau der kurpfälzischen Landeshoheit und damit der in Heidelberg residierenden rudolfinischen Linie der Wittelsbacher unterstellt war.

1. Bischöfe im Zwielicht von Reformeifer und fürstlichem Machtgebaren

Das Bild der Regensburger Bischöfe im Spätmittelalter hebt sich von dem der vorausliegenden Epoche deutlich ab. Von wenigen Einzelaktionen abgesehen, stehen die Inhaber der Cathedra des hl. Wolfgang jetzt kaum noch im Dienst der großen Reichspolitik. Umso stärker tritt nun neben das geistliche Oberhirtenamt die Rolle des Territorialherrn, die nicht selten dazu verführte, die religiös-kirchlichen Aufgaben hintanzustellen und einzig dem Anspruch eines Reichsfürsten zu genügen. Allerdings setzte das bescheidene Hochstift der Verwirklichung dieses Anspruchs enge Grenzen. Hinzu kam, dass Regensburg angesichts der reichsstädtischen Konkurrenz und drei weiterer geistlicher Reichsstände (St. Emmeram, Ober- und Niedermünster) in seinen Mauern wenig Spielraum für die fürstliche Selbstdarstellung bot. Vor allem die Rivalität mit der Reichsstadt Regensburg zieht sich wie ein roter Faden durch die spätmittelalterliche Epoche und führte hauptsächlich wegen der Steuerfreiheit des Klerus stets aufs Neue zu Konflikten. Sie hier im Detail zu skizzieren, lässt der vorgegebene Rahmen ebenso wenig zu wie eine Porträtierung aller Bischöfe des Spätmittelalters. Wir müssen uns vielmehr darauf beschränken, das Ineinander von Bistums- und Fürstenpolitik an ausgewählten Beispielen zu verdeutlichen.

Kaum dass man mit dem Ende der staufischen Epoche der Pflicht zur Königsgastung ledig war, stand für die Regensburger Bischöfe ein neues kostspieliges Problem zur Lösung an: die Finanzierung des Dombaus. Wie schon erwähnt, hatte Bischof Leo Tundorfer, der aus einer Regensburger Patrizierfamilie mit Wohnsitz im Goliathhaus am Watmarkt stammte, 1274 am II. Konzil von Lyon teilgenommen. Diese Reise gab vermutlich den entscheidenden Ausschlag, dass der im Jahr zuvor durch Brand schwer beschädigte romanische Dom seiner Heimatstadt nicht wie bei früheren

Zustand des Domes um 1310

Bränden nur repariert wurde, sondern einem ehrgeizigen Neubauprojekt nach dem Vorbild französischer Kathedralen weichen musste. Zur Finanzierung des kostspieligen Projekts hat von Anfang an das Patriziat maßgeblich beigetragen, was unter anderem das Wappen der Familie Tundorfer am Chor des Neubaus bekräftigt. Aber auch für den Wohltätigkeitssinn von Leos unmittelbaren Nachfolgern Heinrich II. von Rotteneck (1277–1296) und Konrad V. von Lupburg (1296–1313) legt der rasche Baufortschritt der Kathedrale beredtes Zeugnis ab. Ersterer, ein glühender Verehrer des Apostelfürsten Petrus, hat die inhaltliche und formale Konzeption des Doms maßgeblich beeinflusst, und Letzterem, während dessen Amtszeit der Südchor eingewölbt werden konnte, verdanken wir die ältesten gotischen Glasfenster. Eine Scheibe davon stellt Konrad V. mit seinem Vorgänger Heinrich II. dar, wie sie beide eine Burg als Schenkung übergeben. Das geschah nicht von ungefähr, denn beide waren sie die letzten Vertreter ihres Geschlechts und haben ihr väterliches Erbteil der Regensburger Kirche vermacht. Mit Konrads Nachfolger, Nikolaus von Ybbs (1313–1340), sollte jedoch die Reihe jener Bischöfe, die den Dombau gezielt vorangetrieben haben, bereits enden. Er stiftete das große Glasfenster für den Hauptchor in der Mittelachse über dem Hochaltar und auch die älteste noch erhaltene Glocke, die zunächst Marien- oder Frauenglocke, später Predigtglocke hieß.

Von enormer Bedeutung für die Bistumsbelange war es, dass Nikolaus von Ybbs, ein graduierter Jurist und vormals königlicher Notar, eine straff organisierte und gut funktionierende bischöfliche Kanzlei schuf, indem er einen Teil seiner oberhirtlichen Befugnisse an zwei in ihren Grundzügen heute noch bestehende Behörden delegierte, nämlich an das mit der Verwaltung beauftragte Generalvikariat und das mit der kirchlichen Rechtspflege befasste Offizialat. Zudem ließ dieser Verwaltungsfachmann ersten Ranges ein Handbuch der bischöflichen Kanzlei anlegen, das als eines der frühesten Zeugnisse eines geordneten Kanzlei- und Registerwesens außerhalb der Reichskanzlei und der päpstlichen Kurie gilt. Zähe Energie und energischen Reformwillen bewies Nikolaus auch bei seinen verschiedenen Eingriffen ins klösterliche Leben sowie bei der Neustrukturierung einiger Spitäler.

Hingegen trug er eine Auseinandersetzung mit der Regensburger Bürgerschaft in übergroßer Heftigkeit aus. Den konkreten Anlass, gegen verschiedene Ratsbeschlüsse, die die privilegierte Stellung der Geistlichkeit einschränkten, im Juni 1321 energisch zu protestieren, bot ihm ein Ereignis vom Vorjahr, bei dem die Stadtväter seiner Ansicht nach das kirchliche Asylrecht missachtet hatten. Als die Kommune auf seine Beschwerdeschrift nicht reagierte, exkommunizierte Nikolaus zunächst einzelne Räte und Bürger und verhängte schließlich über die Stadt das Interdikt. Die in der gesamten Kirchenprovinz verkündeten Sanktionen beeinträchtigten den Regensburger Handel derart, dass sich die Stadt zum Einlenken gezwungen sah, Schadenersatz zu leisten versprach und das Weinschankverbot für den Klerus aufhob. Damit hatte sich der Bischof zwar vordergründig durchgesetzt, jedoch sein eigentliches Ziel mitnichten erreicht. Dieses bestand nämlich eindeutig darin, die Stadtherrschaft zurückzugewinnen, denn in seinem Protestschreiben ignorierte er schlichtweg die stadtrechtliche Entwicklung seit 1245 mit der unhaltbaren Behauptung, die Bürgerschaft sei nicht befugt, Selbstverwaltungsorgane zu wählen.

Bischöfe vom Zuschnitt eines Leo Tundorfer oder Nikolaus von Ybbs machen augenscheinlich, dass auch im späteren Mittelalter Persönlichkeiten auf dem Stuhl des hl. Wolfgang saßen, die ihrer Doppelfunktion mit großem Engagement gerecht zu werden versuchten. Daneben gab es freilich auch den phlegmatisch unfähigen Pfründenbesitzer und zügellos lebenden „Junker Gottes“, gab es jetzt häufiger als früher jenen Bischofstyp, der den kirchlichen Aufgabenbereich gänzlich vernachlässigte und einzig dem reichsfürstlichen Anspruch lebte. Friedrich von Zollern (1340–1365) aus dem Nürnberger Burggrafengeschlecht hat den traurigen Reigen dieses Typs eröffnet. Mit ihm setzte sich nach einem über fünf Jahre dauernden Schisma, ausgelöst durch die strittige Wahl von 1340, ein Mann durch, der sich um die geistlichen Belange seines Amtes so gut wie überhaupt nicht kümmerte und die weltlichen Interessen der Regensburger Kirche massiv beeinträchtigte. Trotz des materiellen Schadens, den das Hochstift aus dem Schisma davongetragen hatte, veräußerte er nämlich in den folgenden Jahren weitere Liegenschaften, inkorporierte dem bischöflichen Tafelgut Pfarreien und besteuerte den Klerus über Gebühr. Schließlich wollte er zur Finanzierung seines luxuriösen Lebenswandels sogar die Festung Donaustauf an Kaiser Karl IV. veräußern, was das erboste Domkapitel durch ein Protestschreiben an den Papst im letzten Augenblick noch verhindern konnte.

Kaum anders verhielt sich der gleichfalls nach einer strittigen Wahl durch landesfürstliche Unterstützung auf die Regensburger Cathedra gelangte Johann I. von Moosburg (1384–1409), ein unehelicher Sohn Herzog Stephans III. von Bayern-Ingolstadt. Auch er betrachtete das Bischofsamt lediglich als Pfründe zur Finanzierung seiner aufwändigen Hofhaltung. Wie vormals für Friedrich von Zollern waren auch für ihn die jüdischen Geldverleiher die alles vermögenden Nothelfer, wenn die Besteuerung des verarmten Klerus, die Gewährung von Ablässen und ähnliche Praktiken als

Finanzquellen versiegten. Und auch von ihm sind keinerlei seelsorgerliche Impulse ausgegangen. Ganz im Gegenteil: Sein Generalvikar, Peter von Remagen († 1400), erfand sogar eine neue Steuer, die die Geistlichen für die Erteilung und jährliche Verlängerung der Seelsorgevollmacht (Cura animarum) zu entrichten hatten, wobei er anscheinend einen beträchtlichen Teil der Einnahmen für seine eigenen Bedürfnisse abzweigte. Zudem ließ er zugunsten des Dombaus in den Pfarreien des Bistums alljährlich eine mit päpstlichen Ablassbriefen versehene Kollekte durchführen. Die Verbitterung des Klerus über diese und andere Machenschaften wuchs schließlich so sehr, dass sich Johann von Moosburg gezwungen sah, seinen engsten Mitarbeiter zu enteignen und einzukerkern, obschon er ihm zuvor mit Brief und Siegel Straflosigkeit und Sicherheit gegen alle Beschuldigungen verbürgt hatte.

Nur selten war das Bistum derart von den Auswirkungen gesamtkirchlicher Entscheidungsprozesse betroffen wie in den ersten Jahrzehnten des 15. Jahrhunderts, zunächst vom Ringen um die Beilegung des Papstschismas und danach von den revolutionären Ereignissen, die das auf dem Konzil von Konstanz (1414–1418) gefällte Todesurteil über den böhmischen Theologen Jan Hus heraufbeschwor. Was die seit dem Konzil von Pisa (1409) bestehende „verfluchte Dreiheit" der Päpste angeht, so wechselte die Regensburger Kirche unter dem neuen Oberhirten Albert III. von Stauffenberg (1409–1421) unverzüglich von der römischen zur Pisaner Obedienz. Die Entscheidung für das Unionskonzil und dem von ihm gewählten Papst trug dem Bistum jedoch selbst eine Spaltung ein, weil der Landesherr für den oberpfälzischen Bereich, König Ruprecht von der Pfalz, vom Klerus unter Androhung des Amts- und Pfründeverlusts den Verbleib bei der römischen Obedienz verlangte.

Einen noch schärferen Kurs steuerten ab 1410 seine Söhne, indem sie den Verkehr der oberpfälzischen Geistlichkeit mit Regensburg unterbanden, die Entrichtung von Abgaben an den Bischof verweigerten und eigenmächtig Pfründen an Anhänger des „römischen" Papstes Gregor XII. verliehen. Ein solcher war auch der aus Hessen stammende Titularbischof Hermann, der seit etwa 1410 in Amberg, dem Vorort der pfälzischen Herrschaft auf dem Nordgau, bischöfliche oder bischofsähnliche Funktionen ausübte. Seit Anfang 1413 hielt sich der spätere Regensburger Bischof Konrad VII. von Soest (1428–1437) als Legat Gregors XII. in Amberg auf und warb unter Einsatz aller verfügbaren kirchenrechtlichen Sanktionen für dessen Anerkennung. Allerdings neigte sich das oberpfälzische Schisma, das wohl kein „kurzlebiges Zwergbistum Amberg" entstehen ließ, damals bereits dem Ende zu, denn Konrad von Soest wirkte ab Januar 1415 als einer der angesehensten deutschen Theologen auf dem Konstanzer Konzil unentwegt für die kirchliche Einheit, die im November 1417 mit der Wahl Martins V. wiederhergestellt werden konnte.

Auch Bischof Albert von Stauffenberg nahm seit 1415 mit Unterbrechungen am Konzil teil, wobei sein Hauptaugenmerk wegen der geographischen Lage Regensburgs offenbar der Hussitenfrage galt. 1420 ließ er einen ersten Anhänger der neuen Lehre unter dem Regensburger Klerus, den Kaplan Ulrich Grünsleder aus Vohenstrauß, wegen Verbreitung ketzerischer Schriften gefangen setzen und im Jahr darauf wegen wiederholter Verweigerung des Widerrufs gleich Jan Hus zum Feuertod verurteilen. In unmittelbarem Zusammenhang damit erging ein oberhirtlicher Erlass, der allen Einwohnern Regensburgs, die über zwölf Jahre alt waren, einen „Antihussiteneid" abverlangte, verbunden mit der Verpflichtung, jeden der Ketzerei Verdächtigen unverzüglich anzuzeigen.

Dass diese Maßnahmen wenig Wirkung zeigten, musste sein Nachfolger Johann II. von Streitberg (1421–1428) schmerzlich erfahren. Seine kurze Amtszeit war zudem ununterbrochen von den mit brutaler Gewalt geführten Hussitenkriegen überschattet, die bis in die dreißiger Jahre hinauf in immer neuen Schüben das oberpfälzische Grenzgebiet von Waldsassen bis herunter nach Cham und Kötzing verheerten. Erst die Ratifikation der „Prager Kompaktaten" durch das Baseler Konzil brachte im Januar 1437 den lang ersehnten Frieden.

Auf diesem Konzil spielte wiederum der westfälische Theologe Konrad von Soest eine bedeutsame Rolle, der vormals von Amberg aus den Inhaber der Regensburger Cathedra heftig befehdet hatte, auf der er jetzt – Ironie des Schicksals! – selbst saß. Als einer der drei Vorsitzenden der Glaubenskommission war Konrad in Basel nicht zuletzt maßgeblich an den Verhandlungen mit den Hussiten beteiligt, hatte er doch bereits 1421 mit seinem „Tractatus contra Hussitas" eine Widerlegung der vier Prager Artikel – Laienkelch, Predigtfreiheit, Priesterarmut und Wiederherstellung der böhmischen Nationalehre – vorgelegt, die seit April 1420 das einigende Band der revolutionären Bewegung bildeten.

Wie Konrad von Soest, den die Chronisten übereinstimmend als pflichtbewussten Bischof schildern, der für seinen Sprengel viel Gutes geleistet habe, bemühten sich auch seine unmittelbaren Nachfolger Friedrich II. von Parsberg (1437–1449) und Friedrich III. von Plankenfels (1450–1457), den Anforderungen ihres Amtes nach Kräften gerecht zu werden und die Geschicke der Regensburger Kirche zu deren Wohlergehen zu lenken. Doch was sie mühsam aufbauten oder aufrechtzuerhalten versuchten, war in der Folgezeit vor allem deshalb besonderer Gefährdung ausgesetzt, weil das Bistum immer wieder ins Schlepptau der bayerischen oder pfälzischen Hausmachtpolitik geriet.

Aber selbst dann, wenn kein nachgeborener Wittelsbacher Prinz den Regensburger Hirtenstab führte, lasteten die vom Renaissancepapsttum privilegierten Hände der bayerischen Herzöge schwer auf dem Sprengel, was insbesondere Heinrich IV. von Absberg (1465–1492), einer der reformeifrigsten Regensburger Bischöfe des Spätmittelalters, zu spüren bekam. Vor allem Albrecht IV. von Bayern-München beeinträchtigte seine Rechte in Bistum und Hochstift massiv und verfolgte dabei letztlich das Ziel, die Regensburger Kirche ganz der landesfürstlichen Botmäßigkeit zu unterwerfen. Dies wurde zum einen im Bereich der Personalpolitik offenkundig, insofern eine beträchtliche Anzahl hoher Regensburger Kleriker in den Ratsdienst des Herzogs trat, zum anderen auf sachpolitischer Ebene, etwa in dem kraft päpstlicher Privilegierung zeitweise völlig selbständigen Vorgehen des Landesherrn bei der Visitation der Klöster. So beispielsweise willigte Sixtus IV. 1483 in die vom Herzog beantragte Umwandlung des vor den Toren Regensburgs gelegenen Benediktinerklosters Prüll in eine Kartause ein, ohne die bischöflichen Gegenvorstellungen zu berücksichtigen. Dabei stand Heinrich von Absberg einer Reform des Klosterwesens durchaus aufgeschlossen gegenüber; kränken musste ihn jedoch das fortwährende Eindringen des weltlichen Arms in den kirchlichen Bereich unter weitgehender Missachtung der oberhirtlichen Gerechtsame.

Heinrichs Wahl zum Bischof war übrigens bereits 1457 erfolgt, aber damals von Rom verworfen worden, und zwar aufgrund skrupelloser Machenschaften Herzog Ludwigs des Reichen von Bayern-Landshut, der die Regensburger Bischofspfründe einem seiner Neffen, dem Pfalzgrafen Ruprecht I. (1457–1464), zuspielte. Dieser war dann lediglich Administrator der Diözese, desgleichen sein dritter Nachfolger Pfalzgraf Johann III. (1507–1538). Mag sein, dass beim minderjährigen Ruprecht der frühzeitige Tod den Empfang der Bischofsweihe verhindert hat. Johann III. indes erhielt anlässlich seiner Bestätigung durch den Papst ausdrücklich die Erlaubnis, schon mit 27 Jahren zum Bischof konsekriert werden zu können. Doch bar jeder theologischen Bildung und ohne tieferen Kirchenbegriff, lehnte er es zeitlebens ab, sich auch nur die höheren Weihen spenden zu lassen. Er blieb über dreißig von religiösen Krisen und Glaubenswirren erfüllte Jahre bloßer Verwalter des Bistums, wobei seine Maßnahmen zur Abwehr der um sich greifenden reformatorischen Bewegung einen ebenso kläglichen Eindruck machen wie seine Bemühungen um eine innerkirchliche Reform. Was konnte es angesichts des ungeistlichen Lebensstils, den er selbst pflegte, schon bewirken, wenn er 1512 unter Androhung von empfindlichen

Strafen kostspielige Primizfeiern untersagte oder wenn ein oberhirtliches Mandat von 1531 mit scharfen Worten Missstände der klerikalen Lebensführung anprangerte, namentlich den Konkubinat, das Zechen und Spielen in Wirtshäusern und standeswidrige Kleidungssitten.

Nur gut, dass im Herbst des Mittelalters das Weihbischofsamt zu einer dauerhaften Einrichtung geworden war, denn damit blieb unter „Oberhirten" vom Schlage des genannten Pfalzgrafen wenigstens die Verrichtung der wichtigsten Pontifikalfunktionen gewährleistet. Der seinerzeitige Weihbischof Peter Krafft (1501–1530) übte dieses Amt nach Ausweis seines hierüber geführten Tagebuchs mit hohem persönlichem Einsatz aus und unternahm sogar mehrere Pontifikalreisen ins benachbarte Erzbistum Prag. Ihm, nicht seinem Vorgesetzten im Reichsfürstenrang, ist es in erster Linie zu verdanken, dass die Verwaltung der Regensburger Kirche in einer Zeit schwerster Verstörung einigermaßen aufrechterhalten werden konnte, und sein alleiniges Verdienst ist es, dass damals die Vornahme der dem Bischof reservierten liturgischen Handlungen nicht zum Erliegen kam.

Gewiss wird man auch einem Johann III. Pflichtbewusstsein im Rahmen des Herkömmlichen nicht absprechen dürfen. Aber was ihm mit den meisten Standesgenossen und Amtsbrüdern der Epoche fehlte, war die klare Erkenntnis der Erfordernisse von Zeit und Stunde und erst recht der Wille, die Hand an die Axt zu legen.

2. Klösterliches Leben zwischen Erschlaffung, Reform und erneutem Verfall

Es war keineswegs nur der natürliche Lebensrhythmus von Jugend und Alter, der das Mönchtum nach dem grandiosen Aufbruch im hohen Mittelalter seit dem ausgehenden 13. Jahrhundert von den erklommenen Höhen geistig-geistlichen Schaffens in die breiten Täler der Erschlaffung hinabführte. Stillstand und Niedergang, wie sie insbesondere für die meisten Konvente der älteren Mönchs- und Kanonikerorden zu verzeichnen sind, hatten durchaus konkrete Ursachen, die in den einzelnen Klöstern und bei den verschiedenen Ordensfamilien freilich in unterschiedlicher Heftigkeit wirksam wurden. Da waren zunächst die Einwirkungen von außen, die mit folgendenden Stichworten benannt sind: Ausbeutung durch die Vögte, Versorgungsstätten für den nachgeborenen Adel, Besteuerung durch geistliche und weltliche Herren, Veränderung der wirtschaftlichen Strukturen, Verheerung durch Kriegsereignisse, personelle Verminderung infolge von

Seuchen. Hinzu kamen die sattsam bekannten Verfestigungen im Innern wie der mechanische Vollzug althergebrachter Gewohnheiten, der Mangel geschmeidiger Anpassung an neue Zeitverhältnisse, der Verlust geistlicher Zielsetzungen und das erneute Aufkommen des Eigenbesitzes der Mönche. Auch die Konkurrenz der Bettelorden, deren frischer religiöser Schwung die Jugend anzog, trug zum Nachlassen der Blüte bei, und nicht zuletzt wirkte sich die relative Selbständigkeit der Prälatenklöster nachteilig aus. Bei ihr handelte es sich um ein hausgemachtes Strukturproblem, das besonders in Krisenzeiten zum Tragen kam und dem erst in Umsetzung der Reformimpulse des Konzils von Trient durch die Bildung von Kongregationen allmählich abgeholfen wurde.

Dabei ging der Niedergang der einzelnen Stifte keineswegs zeitgleich vor sich, wie auch das Ausmaß des wirtschaftlichen und disziplinären Verfalls recht unterschiedlich war. Zudem brach sich bei einigen Ordenszweigen gerade im Spätmittelalter auf regionaler Ebene ein bemerkenswerter Reformwille die Bahn, mitgetragen, nicht selten auch angestoßen von Bischöfen, Synoden und weltlichen Fürsten. So etwa gerieten im Verlauf des 15. Jahrhunderts viele bayerische Augustinerchorherrenstifte in den Sog der Erneuerungsbewegung, die von der böhmischen Kanonie Raudnitz ausging, im Bistum Regensburg, wie schon erwähnt, besonders nachhaltig das Stift Rohr. In den meisten der zahlreichen Benediktinerabteien der Diözese aber fasste die Reform des oberpfälzischen Klosters Kastl Fuß, da und dort durch die Vermittlung von Kloster Tegernsee auch die Melker Reform.

Betrachten wir die Kastler Reform, die den Hauptakzent auf die Liturgie und die asketisch-mystische Grundhaltung des Mönches legte, dann ist für den Bistumsbereich zuvorderst die Abtei Reichenbach am Regen zu nennen, der seit Anfang des 15. Jahrhunderts unter dem aus Kastl berufenen Abt Johannes Strolenfelser nachgerade die Rolle eines Reformzentrums zuwuchs. Reichenbacher Mönche haben die Kastler Consuetudines unter anderem an die Klöster Weltenburg, Mallersdorf, Prüfening, Frauenzell, Prüll, Metten und Biburg weitergegeben; ihr Heimatkloster im Regental aber präsentierte sich das ganze Jahrhundert hindurch als Stätte ernsten geistlichen Strebens und fruchtbarer wissenschaftlicher Betätigung. Nach Ausweis des Bücherbestandes wirkten damals in Reichenbachs Klosterschule und Skriptorium Astronomen und Mathematiker von Rang, und auch die Kartographie wurde hier besonders gepflegt. Freilich, aufs Ganze gesehen war der Kastler Reform kein dauerhafter Erfolg beschieden, hauptsächlich deshalb nicht, weil ihr der organisatorische Zusammenschluss fehlte. In Prüfening und in Biburg zum Beispiel hat sich die in die Einführung der Kastler Gewohnheiten gesetzte Hoffnung auf Hebung der Klosterzucht nie so recht erfüllt.

Dass die Wirksamkeit der spätmittelalterlichen Reformbestrebungen im Vergleich mit den klösterlichen Aufbrüchen des hohen Mittelalters eher bescheiden blieb, lag zum Teil auch an den schweren äußeren Bedrückungen, wie sie für die Klöster des Bistums Regensburg die jahrelangen Raubzüge der Hussiten (1419–1436) und der verheerende Landshuter Erbfolgekrieg (1503/04) mit sich brachten. Sie machten vieles wieder zunichte, was man zuvor mühsam aufgebaut hatte. Jedenfalls konnten die alten Orden nachmals der lutherischen Herausforderung kaum innere Kraft entgegensetzen, so dass die Reformation für nicht wenige ihrer Klöster zur Katastrophe wurde. In der Regel erwiesen sich die kleinen, wirtschaftlich schwach fundierten Stifte als besonders gefährdet. Beispiele hierfür sind bei den Augustinerchorherren im Bistumsbereich die Kanonien Paring und Schamhaupten, deren Schicksal die Reformationsepoche besiegelt hat, bei den Benediktinern die Klöster Biburg und Münchsmünster, die beide um die Mitte des 16. Jahrhunderts unter landesherrliche Verwaltung kamen und schließlich zugunsten der Ingolstädter Jesuiten aufgehoben wurden. Aber auch zahlreiche andere Abteien wie Prüfening, Mallersdorf, Oberaltaich, Metten, Frauenzell und Weltenburg gerieten damals hart an den Rand der Existenz, während die Oberpfalzklöster ohnedies der Säkularisation ihrer protestantischen Landesherren zum Opfer fielen. Einzig die Regensburger Reichsabtei St. Emmeram konnte sich im 16. Jahrhundert in solider Ordnung halten. Für die übrigen Konvente begann eine Phase der Konsolidierung, häufig noch bescheiden und von mancherlei Rückschlägen begleitet, erst mit dem Wirksamwerden der Katholischen Reform an der Wende zum 17. Jahrhundert.

3. Wesenszüge und Ausdrucksformen der Frömmigkeit

Das späte Mittelalter war eine Periode ganz ungewöhnlichen religiösen Eifers, geprägt durch eine Fülle verschiedenster, teilweise bis zum Widerspruch gegensätzlicher Ausdrucksformen, die nicht selten aus den Bahnen der hierarchischen und sakramentalen Ordnung drängten. Entscheidende Anregungen hierfür gingen von der Kreuzzugsbewegung und der stark mystisch geprägten Spiritualität der Bettelorden aus. Darüber hinaus haben Erschütterungen aller Art wie Kriege, Hungersnöte, Naturkatastrophen und Seuchen das allgemeine Streben nach Heilssicherung in einer bis dahin nicht erlebten Weise gesteigert. Man denke nur an die furchtbare Pestepidemie, die seit 1348 ihren Verheerungszug durch Europa hielt und im Jahr darauf auch für Bayern „das große Sterben“ bedeutete. Keine drei Generationen später sprengte mit den Hussitenkriegen ein neuer Apokalyptischer Reiter durch die Lande und hielt die Menschen über lange Jahre in Angst und Schrecken. Was Wunder, wenn der sich ohnmächtig fühlende Mensch intensiver denn je an Religion und Kirche Halt zu finden suchte, um Not und Elend zu wenden. Jetzt blüht die Volksfrömmigkeit allenthalben mächtig auf; jetzt werden die frommen Stiftungen für das eigene Seelenheil und das ganzer Sippen und Zünfte zahlreich wie nie zuvor; jetzt steigt die Heiligenverehrung in steiler Kurve an, vor allem der Kult jener Heiligen, die vor einem jähen Tod bewahren können oder im Sterben Beistand leisten. Denn hinter dem Tod – das war die ernste, schier erdrückende Gewissheit des damaligen Menschen – steht unausweichlich das strenge Gericht, stehen die argen Qualen der Läuterung. „Weh was werd' ich Armer sagen, welchen Anwalt werd' ich fragen, wenn Gerechte selbst verzagen?“ In diesen düsteren Worten der Totensequenz hat sich die religiöse Grundstimmung einer ganzen Epoche niedergeschlagen, die flackernde Unruhe und unglaubliche Jenseitsangst der späten Gotik, die schließlich ein Augustinermönch zu Wittenberg in die bange Frage kleiden wird: „Wie kriege ich einen gnädigen Gott?“

Die lebendige Verwurzelung des Religiösen im breiten Volk demonstriert allein schon das Weichbild der spätmittelalterlichen Städte mit der meist mächtig aufragenden Kirche im Mittelpunkt, um die sich im engen Gewinkel der Gassen die Bürgerhäuser ducken, als suchten sie Geborgenheit in ihrem Schatten. Und diese Stadtmünster, nicht selten umgeben von einem Kranz kleinerer Kirchen und Kapellen, sind zumeist Hallenkirchen, nicht mehr gekennzeichnet durch das steile Aufragen des Mittelschiffs über niedrigen Seitenschiffen, sondern durch das Nebeneinander dreier gleich hoher Schiffe, das Innenräume schuf voll gleitendem Licht und verschwebender Stille. Raumgefühl und Ausstattung dieser Kirchen aber waren weniger auf die zum Gottesdienst versammelte Gemeinde ausgerichtet als vielmehr auf den einzelnen Gläubigen oder bestimmte Gruppen. Zwar gab es nach wie vor den Hochaltar und den Pfarrgottesdienst, der bis dahin den Kern des christlichen Kults gebildet hatte, doch das gemeinschaftliche Tun wurde mehr und mehr zurückgedrängt durch private oder ständische Formen der Liturgie. Dass nunmehr jede Patrizierfamilie, jede Bruderschaft und Handwerkerzunft Anspruch auf ihren eigenen Gottesdienst erhob, spiegelt sich wider in der Vielzahl der Kapellen und Nebenaltäre sowie in den ungezählten Messstiftungen und Benefizien. Mit anderen Worten: Religion umfing alle Lebensäußerungen und Lebensbereiche des spätmittelalterlichen Menschen. Aber seine Gläubigkeit hatte nicht nur einen unverkennbaren Drang zum Schauen und Greifen, sondern ebenso einen Hang zum Subjektivismus und zur Vereinzelung. An drei zentralen Aspekten soll dies nachfolgend verdeutlicht werden, nämlich an der Christusfrömmigkeit, an der Heiligen- und Reliquienverehrung und am Wallfahrtswesen.

Die Christusfrömmigkeit hatte bezüglich der eucharistischen Verehrung des Herrn bereits an der Wende vom 12. zum 13. Jahrhundert einen grundlegenden Wandel erfahren. War man bis dahin darauf bedacht, die vom Herrenmahl verbliebenen Brotgaben für die Darreichung an Kranke und Sterbende möglichst zu verhüllen und in geschlossenen Gefäßen aufzubewahren, so wurde jetzt gleichsam der „Vorhang des Tempels" aufgetan und das Allerheiligste zur Schau dargeboten. Seinen charakteristischen Ausdruck fand dieser Wandel in der Erhebung der Gestalten von Brot und Wein im Anschluss an die Konsekrationsworte der hl. Messe, ein Gestus, der nach 1200 im ganzen Abendland Brauch wurde und sich gleichzeitig verband mit dem Glauben der Menschen an die heilende Wunderkraft des Geschauten. Nicht mehr der Empfang, sondern das Zeigen der eucharistischen Gaben galt fortan als Höhepunkt der liturgischen Feier. In den größeren Gemeinwesen bietet sich im fortschreitenden Mittelalter allenthalben dasselbe Bild: „Große Scharen von Altaristen singen oder lesen täglich ihre Messe in den Kirchen der Stadt. Nur wenige kommen zur Kommunion. Aber vor der Wandlung hebt ein gewaltiges Laufen an. Die Leute kommen aus ihren Geschäftslauben und Handwerksstuben, aus den Gärten und benachbarten Feldern in die Kirche, drängen sich nach vorne, möglichst nahe zum Altar, und recken die Köpfe, um die nach der Konsekration jetzt hocherhobenen Gestalten zu sehen." (Hermann Tüchle)

Wie von selber mussten aus einem solchen Verständnis der Eucharistie neue Formen der Andacht entstehen. Die eucharistische Brotsgestalt wird nun in den gotischen Kirchenräumen deutlich sichtbar aufbewahrt, im „Sakramentshäuschen" oder in einem dem Altartisch aufgesetzten „Tabernakel", vor dem das „Ewige Licht" brennt. Aus den geschlossenen Behältnissen aber werden Schau- oder Zeigegefäße, werden „Monstranzen", in denen die Hostie zur Verehrung dargeboten wird. In dem Wunsch, den Menschensohn wenigstens in seiner unter Brotsgestalt verborgenen Gottheit zu schauen und anzubeten, lagen auch die eigentlichen Wurzeln des Fronleichnamsfestes, das 1264 kirchenamtlich vorgeschrieben wurde. Für Regensburg ist uns seine liturgische Feier erstmals um 1325 bezeugt, und wie in anderen größeren Städten verband sich dieses Fest auch hier noch im ausgehenden 14. Jahrhundert mit einem Umgang, der sogenannten

Fronleichnamsprozession. Neben dem Fronleichnamsfest dienten die zahlreichen Ewiglichtstiftungen der eucharistischen Verehrung, sodann die am Donnerstag zu Ehren des Altarsakramentes abgehaltenen sogenannten Engelmessen und ebenso die sehr beliebten Donnerstagsprozessionen. Für Letztere ist uns unter anderem aus Straubing ein Stiftungsbrief von 1423 erhalten, demzufolge der Pfarrer jeden Donnerstag das Allerheiligste in der Monstranz vom Hochaltar zum Kreuzaltar zu tragen hatte, begleitet von vier Geistlichen und vier Ministranten.

Dass sich mittlerweile, und zwar schon im 13. Jahrhundert, in der Christusfrömmigkeit ein entscheidender Umbruch vollzogen hatte, der seinerseits eine tiefgreifende Veränderung des Lebensgefühls der Menschen von damals signalisiert, lässt sich nirgendwo besser nachvollziehen als an der darstellenden Kunst. Das Bild des selbst noch am Kreuz majestätisch thronenden Christus der romanischen Epoche wurde abgelöst von dem des gequälten, zerschundenen Körpers, der Kronreif des Gekreuzigten wandelte sich zur Dornenkrone. Anstatt zur Majestas Domini schaute man jetzt empor zum erbarmungswürdigen Menschensohn, wie auch die Motive der neuen Volksandachten hauptsächlich um das Leben Jesu kreisten und hier wieder zuvorderst um seine Menschwerdung und Passion. Mit der Umprägung des überkommenen Christusbildes aber begann das Ideal des Mitleidens (Compassio) die Frömmigkeitspraxis zu bestimmen. „Der am Kreuz leidende und getötete Gott wurde in die Wirklichkeit der Gegenwart hinabgezerrt; er verkörperte die Schmerzen und Unsicherheit des Alltags, legitimierte das Leiden und forderte zur Nachfolge auf, im übertragenen wie im gegenständlichen Sinne." (Christoph Daxelmüller) Dass sich auf ihn eine leidenschaftliche, bisweilen erotisch erlebte Liebe richtete, bezeugt eine in der Regensburger Stadtchronik für das Jahr 1248 verzeichnete Episode, wonach die Mystikerin Kunegund von Uttenhofen nach dem Brand im Niedermünster vor einem Kruzifix, das die Verwüstung überstanden hatte, betete und in visionärer Schau erlebte, wie sich eine Hand des Bildes vom Kreuz löste und sich Jesus ihr zuneigte. Ein weiteres sprechendes Beispiel für die Mitleidensmystik haben wir im völlig ausgezehrten „Crucifixus dolorosus" der Regensburger Cäcilienkirche aus der ersten Hälfte des 14. Jahrhunderts, der ehedem in der Kreuzkapelle an der alten Augustinerkirche beim Judensteg aufbewahrt wurde und sich nachmals auch als Andachtsbild inniger Verehrung erfreute.

Mit dem leidenden Christus trat auch die Verehrung seiner Mutter stärker ins Blickfeld. Den Ausgangspunkt markiert in der ersten Hälfte des 14. Jahrhunderts nicht von ungefähr das „Vesperbild" der deutschen Mystik, die Pietà, die den toten Herrn in den Armen seiner Mutter darstellt.

Um 1400 entstanden dann mit der verschwebenden Raumstille der bürgerlichen Hallenkirchen die „Schönen Madonnen", die ähnlich wie bald danach die ergreifenden Schutzmantel- und Rosenkranzmadonnen zu Gegenständen liebevoller Verehrung wurden. Und wie beim Herrn selbst griff die Andacht des Volkes auch bei Maria jedes einzelne Ereignis ihres Lebens auf, um sich darin zu versenken. Besonders begehrt waren daneben marianische Reliquien, ein Stückchen vom Schleier Mariens beispielsweise oder von ihrem Hemd. In der zweiten Hälfte des 15. Jahrhunderts zeitigte die Verehrung der Gottesmutter schließlich eine gänzlich neue Andachtsform: das von den Dominikanern nachhaltig geförderte Rosenkranzgebet. Nach rascher und weiter Verbreitung durch die ins Leben gerufenen Rosenkranzbruderschaften wurde es zum Gebet des einfachen Volkes schlechthin, vor allem auch deshalb, weil die Meditation der Heilsgeheimnisse und die fürbittende Hingabe an Maria die Todes- und Heilsangst überwinden half. Man beachte nur, dass dem Gruß des Engels Gabriel erst damals der zweite Teil des „Ave Maria" beigefügt wurde: „Heilige Maria, Mutter Gottes, bitte für uns Sünder, jetzt und in der *Stunde unseres Todes*!"

Auch das geistliche Schauspiel nahm sich der besonders eindrucksvollen Begebenheiten aus dem Leben Mariens an und setzte sie in Szene. So führte das Regensburger Domkapitel auf Wunsch des Bischofs Heinrich von Absberg 1482 den Brauch ein, Mariä Lichtmess mit einer „Historia", das heißt einer szenischen Gestaltung des Festgeheimnisses, zu begehen. Und aus Eggenfelden hören wir von einem Verkündigungsspiel, das der Pfarrer Georg Kolberger gestiftet hatte und das jeweils am 25. März nach dem Credo des Hochamtes aufgeführt wurde. Leider ist uns der Text des Spiels nicht überliefert, wohl aber die Ausgabenliste, wonach die als Gottvater, Maria und Engel Gabriel agierenden Personen je zehn Kreuzer, die acht Schüler, „die Unser Lieben Frauen und den Engel tragen", offenbar in einer Prozession, je einen Kreuzer erhielten. „Man soll auch", so die aufschlussreiche Quelle, „da haben eine weiße Taubn, die der Priester bei dem Vater in den Schoß Mariae leite unter dem Gesang des: Pater misit filium."

Zum spätmittelalterlichen Marienkult trat bald auch der der ganzen „Heiligen Sippe": das Jesuskind mit Maria und Joseph, dazu Joachim und Anna, die Eltern Mariens, nicht selten auch die zahlreichen Basen und Vettern des Herrn, wie sie sich aus der Legende vom „Trinubium" der Mutter Anna, ihrer angeblichen dreimaligen Vermählung mit Joachim, Kleophas und Salomas, ergaben. Daneben besaß schier jede Kirche ein Bild der Anna „selbdritt", das sie mit Maria und Jesus darstellte, wobei die Gruppierung der drei Gestalten vielfach wechselte.

Überhaupt erreichte parallel zum Marienkult die Verehrung der Mutter

Anna im Spätmittelalter einen unüberbietbaren Höhepunkt. Am Vorabend der Reformation war sie fast zu einer „Modeheiligen" geworden. Alle namhaften Künstler der Zeit kündeten ihre Verherrlichung in Bildern, Albrecht Dürer genauso wie Albrecht Altdorfer, dessen Kupferstich „Sankt Anna an der Wiege" als Andachtsbild eine unglaubliche Popularität erlangte. Aber nicht nur die darstellende Kunst, auch eine Vielzahl von Patronaten zeugt von Annas volkstümlicher Beliebtheit. Insbesondere dem weiblichen Geschlecht galt sie in allen Anliegen des Kindersegens, der Schwangerschaft und des Mutterseins als die große Fürsprecherin. Wie Maria der Samstag und ihrem Bräutigam Joseph der Mittwoch so wurde der hl. Anna der Dienstag gewidmet, weil sie an einem Dienstag zur Welt gekommen sein soll. Das unbegrenzte Vertrauen, das man ihr entgegenbrachte, ließ sie nicht zuletzt zur Patronin zahlreicher Kirchen und Kapellen werden. Für den Regensburger Dom ist uns schon um 1355 eine Annakapelle bezeugt. Im mittleren Bayerischen Wald wurde die Kirche der Zisterzienserabtei Gotteszell um 1500 zum Zentrum einer weit ausstrahlenden Annaverehrung. Und eine ähnliche Bedeutung dürfte im südlichen Bistumsbereich die spätgotische Annakapelle neben der Pfarrkirche von Eggenfelden erlangt haben, deren Fresken zudem in einzigartiger Weise die Vielgestaltigkeit damaliger Heiligenverehrung dokumentieren.

Die reiche Ausgestaltung, die die Heiligenverehrung im steigenden Mittelalter erfahren hat, ihre zunehmende Intensivierung genauso wie ihre außerordentlich starke Privatisierung, war nicht zuletzt eine Folge des schon in der Spätantike einsetzenden Reliquien- und Bilderkultes in Verbindung mit der Entfaltung des Patronatsgedankens. Seit dem frühen Mittelalter hatte jede Kirche und jede Gemeinde ihren Schutzheiligen (Patronus), dessen Reliquien eine Vertiefung des Altares barg, um den man sich zum Gottesdienst versammelte. Auch der mehr und mehr sich einbürgende Brauch, dem Täufling bei seiner Aufnahme in die Glaubensgemeinschaft den Namen eines Heiligen beizulegen, wollte dem Bedürfnis nach Schutz und Fürsprache Rechnung tragen. Im hohen und insbesondere im späten Mittelalter, der eigentlichen Blütezeit der Zünfte, wurde es dann zur selbstverständlichen Gepflogenheit, dass sich jeder Stand und jede Berufsgruppe unter die Obhut eines bestimmten Heiligen stellte, wobei die Wahl dieser Standes- und Berufspatrone häufig aufgrund rein äußerer, nicht selten kurioser Anknüpfung an die historische Quelle oder die üppig blühende legendäre Überlieferung erfolgte. So beispielsweise wurde Florian, ein Märtyrer der letzten großen Christenverfolgung im Jahr 304, wegen seines Wassertodes nicht nur zum Schutzheiligen gegen Feuersgefahr und Wassernöte erkoren, sondern auch zum Patron der Bierbrauer, Fassbinder und Schornsteinfeger. Solche Zuweisungen ließen neben den großen Katastrophen der Zeit vor allem individuelle Bedrängnisse wie Krankheiten, Unfälle, Kindersterben oder Viehseuchen stets aus Neue tätigen. Da eine natürliche Abwendung der kollektiven und persönlichen Nöte angesichts des niedrigen technischen und hygienischen Niveaus kaum möglich war, suchte die menschliche Ohnmacht sich ihrer durch die Inanspruchnahme heiliger Fürbitter zu erwehren.

Zu dem in der Patronatsidee wurzelnden religiösen Subjektivismus gesellte sich als weiterer charakteristischer Zug des spätmittelalterlichen Heiligenkults ein ausgesprochen quantitatives Denken. Nicht nur dass für jede Not und jedes Gebrechen ein bestimmter Heiliger als besonders zuständig erachtet wurde: Das quantitative Denken, das heißt die Vorstellung, dass die Fürsprache eines Heiligen viel vermag, vieler Heiliger aber mehr, führte wie von selbst zur Kumulation, zum „Bündeln" von verehrungswürdigen Gestalten. So erfreuten sich seit dem 14. Jahrhundert namentlich die drei heiligen Jungfrauen Barbara, Katharina und Margaretha hoher Wertschätzung. Wenn der Regensburger Bischof Konrad von Haimburg auf der Diözesansynode von 1377 die Verehrung seiner Lieblingsheiligen Barbara anordnete und zugleich vorschrieb, dass man ihren Festtag künftighin genauso begehen solle wie den der beiden Heiligen Katharina und Margaretha, so stoßen wir damit auf ein wichtiges Wegzeichen für die Entstehung des nachmals so beliebten Gruppenkults, den der Volksmund in die Worte kleidete: „St. Margaretha mit dem Wurm, St. Barbara mit dem Turm, St. Katharina mit dem Radl – das sind die heiligen drei Madl."

Doch die „heiligen drei Madl" gehörten ihrerseits zu einer anderen Gruppierung, mit der sich die Tendenz zur Kumulation noch deutlicher ausspricht, nämlich zu den Vierzehn Nothelfern, als da sind: Achatius, Ägidius, Barbara, Blasius, Christophorus, Cyriakus, Dionysius, Erasmus, Eustachius, Georg, Katharina, Margaretha, Pantaleon und Vitus. Sie alle haben das Martyrium oder ein schweres Sterben gemeinsam, was den Schluss nahe legt, dass sie hauptsächlich als Sterbepatrone angerufen wurden. Wiederum gibt es in Regensburg schon frühe Zeugnisse des Nothelferkults, so zunächst das um 1310 entstandene ältere Nothelferfenster in der südlichen Chorschräge des Domes, zwanzig Jahre später gefolgt von Fresken zur gleichen Thematik in den Kirchen der Dominikaner und Minoriten. Und nicht von ungefähr bildet St. Christophorus auf dem Wandgemälde der Dominikanerkirche St. Blasius den Abschluss der Nothelfergruppe, alle seine Gefährten um Hauptеslänge überragend, war er doch der Patron, der vor einem plötzlichen Tod bewahren konnte. Wer immer den „Christusträger" am Morgen schaut, so der Glaube der späten Gotik, der bleibt bis in die Nacht hinein von einem jähen Hinscheiden verschont. Darum wurde Christophorus allenthalben in überragender, gleichsam zum beschützenden Anblick herausfordernder Größe dargestellt, an Burgen, Brücken und Stadtmauern genauso wie an den Außen- und Innenwänden von Kirchen.

Neben dem „Christusträger" aus der Nothelfergruppe nahmen vor allem die Schutzpatrone für menschliche Hinfälligkeiten eine bevorzugte Stellung im spätmittelalterlichen Heiligenhimmel ein, z. B. der von Pfeilen durchbohrte römische Soldatenheilige Sebastian, der in den Jahren des „großen Sterbens" zum eigentlichen Pestpatron geworden war, oder St. Valentin, den man in arg vergröberter Namensdeutung bei allen Erscheinungsformen der „Fallsucht", der Epilepsie, anrief. Er brachte es an der Südgrenze des Regensburger Bistums, in Diepoltskirchen bei Eggenfelden, sogar zu einer Verehrung, die alle Merkmale einer Wallfahrt an sich trug. Bis ins frühe 14. Jahrhundert zurückreichende Votivbilder legen davon ebenso Zeugnis ab wie das 1420 einsetzende und für die vorreformatorische Zeit weit über hundert wundersame Begebenheiten verzeichnende Mirakelbuch. Vor allem die „Frais" und das „vallende Siechtum" ließen die Menschen aus der näheren und weiteren Umgebung nach Diepoltskirchen pilgern. Aber auch Taubstumme, Bresthafte, Besessene und an Unterleibserkrankungen Leidende fanden sich in diesem Valentinsheiligtum ein. Bezeichnend schon der erste Eintrag in dem anfänglich mit vergoldeten Initialen geschriebenen Mirakelbuch: *Im 1420.sten Jahr da kame ain knab von massing here, der hat denn Harmstain, und rueffet an den heilligen sannd valtan, von stund an ward er gesund.* Bei den Votivgaben, die man dem hilfreichen Diepoltskirchener Patron darbrachte, überwogen kleine Haustiere, besonders schwarze Hennen; daneben sind Textilien, geformtes wie ungeformtes Wachs im Gewicht des Spenders und mit Getreide gefüllte Tonköpfe als Opfergaben überliefert.

Unweit von Diepoltskirchen, in Altenkirchen bei Frontenhausen, in Bubach bei Mamming und in Staudach bei Massing, erfreute sich eine legendenumwobene frühchristliche Blutzeugin besonderer Verehrung, nämlich die hl. Corona. Reliquien von ihr hatte Kaiser Karl IV. 1355 aus Italien nach Prag gebracht, und durch böhmische Vermittlung fand ihr Kult dann vornehmlich im ostbayerischen Raum Verbreitung. Dabei dürfte es vor allem das Schauerliche des Martyriums gewesen sein, was dieser Heiligen Popularität verschaffte. Sie wurde nämlich laut Legende während einer Christenverfolgungswelle um 170 als Sechzehnjährige dergestalt zu Tode gebracht, dass man sie mit Händen und Füßen zwischen zwei niedergebogene Palmbäume einspannte und diese dann hochschnellen ließ, so dass ihr Körper buchstäblich zerfetzt wurde. Angerufen als Spenderin von Reichtum und zur Offenbarung verborgener Schätze, wofür wohl die Gedankenverbindung zwischen dem Namen der Heiligen und der Währungsbezeichnung „Krone“ ausschlaggebend war, wurde manche Stätte ihrer Verehrung zu einem nicht unbedeutenden Wallfahrtsort. Zumindest für den kleinen Ort Staudach dürfen wir dies mit Grund annehmen, denn anders findet der dortige stattliche Kirchenbau, errichtet nach 1480 und ein Kleinod in Ausführung wie Ausstattung, schwerlich eine Erklärung.

Der mehrfach erwähnte Kult der Vierzehn Nothelfer ist aber nicht nur ein markantes Beispiel für den spätmittelalterlichen Hang zum Bündeln von verehrungswürdigen Gestalten. Er macht auch deutlich, dass die Heiligen vom gläubigen Volk primär nicht mehr als Vorbilder für das eigene Leben gesehen wurden, sondern als Helfer, und dass demzufolge ihre Nachahmung hinter ihre Anrufung zurücktrat. Diese weithin antitheologische Entwicklung schuf sich zudem Ausdruck in der Anhäufung von Reliquien, im üppig blühenden Ablasswesen und in einer Wundersucht, die nicht selten dem Bereich des Abergläubisch-Magischen mehr verhaftet war als dem des Religiösen. Gewiss, die Theologen hatten die allein Gott zukommende Anbetung und die den Heiligen geschuldete Verehrung stets auseinandergehalten, aber in der religiösen Praxis waren die Unterschiede von „Adoratio“ und „Veneratio“ weithin verwischt. So musste gerade die Tatsache, dass das gläubige Volk die Heiligen über ihre Mittlerrolle hinaus gemeinhin als die unmittelbaren Spender der erbetenen Wohltaten erachtete, zu einem Zentralpunkt der reformatorischen Kritik an der Heiligenverehrung werden.

Noch massiver wandte sich diese Kritik bekanntlich gegen den Reliquienkult und den mit ihm verschwisterten Ablasswesen. Bereits in der Spätantike war es Sitte geworden, sterbliche Überreste von Heiligen – Körperreliquien, aber auch Gegenstände aller Art, die mit diesen in Berührung gebracht worden waren – für die Bergung im Altar und zum privaten Gebrauch gleich Amuletten als Schutz vor Ungemach zu sammeln. Als sich dann dem Abendland im Zeitalter der Kreuzzüge der Orient als Reliquienschatzkammer auftat und sich die Reliquienverehrung mit dem Ablasswesen zu verbinden begann, konnte kein bedeutender Wallfahrtsort und keine größere Bischofsstadt ohne eigene Reliquiensammlung auskommen. Auch einzelne Herrscher haben weder Kosten noch Mühen gescheut, in den Besitz solcher Gegenstände zu gelangen, Kaiser Karl IV. beispielsweise oder Kurfürst Friedrich der Weise von Sachsen, nachmals Luthers Protektor. Er verfügte über sage und schreibe 18 970 Stücke „Heiltum“, so die gängige Bezeichnung für diese Sammlungen. Das gläubige Volk vermochte an den Reliquienschätzen seiner geistlichen und weltlichen Gebieter durchaus Anteil zu nehmen, denn mit der Schaufrömmigkeit der beginnenden

Gotik wurden auch beim Reliquienkult die Devotionsgebärden von Kuss und Berührung durch das Schauen ersetzt. Die feste Hoffnung auf seine Heilswirkung, wie sie die Menschen damals erfüllte, tritt uns nirgendwo drastischer entgegen als bei den sogenannten Heiltumsweisungen, sprich beim Zeigen der in Gold und Silber kostbar gefassten Reliquienschätze, das regelmäßig mit Ablässen verbunden war und deshalb die Leute in Scharen herbeiströmen ließ.

Im Vergleich mit anderen Bischofsstädten wurde in Regensburg die Heiltumsweisung verhältnismäßig spät zu einer festen Einrichtung. Gewiss hatte man schon früher von Zeit zu Zeit eine Ausstellung von Reliquien veranstaltet. Zu Heiltumsweisungen im eigentlichen Sinne kam es aber erst, nachdem die Stadt 1486 in die Hände Herzog Albrechts IV. von Bayern-München gelangt war. Bereits im Juni des darauffolgenden Jahres konnte der auf seinen finanziellen Vorteil bedachte neue Stadtherr die päpstliche Erlaubnis zur Weisung des Regensburger Heiltums erwirken. Am 24. September 1487 fand die erste Veranstaltung dieser Art statt, die dann alljährlich durchgeführt wurde, ehe sie in den zwanziger Jahren des 16. Jahrhunderts mit dem Vordringen reformatorischen Gedankenguts zum Erliegen kam. Ort der Präsentation war jedes Mal ein vor der Kathedrale aufgezimmertes Holzgerüst, um das sich das Volk scharte. Nach einer Ansprache des Dompredigers wiesen zwei Geistliche das Heiltum. Zwar verfügte Regensburg nicht über so zahlreiche und kostbare Reliquien wie beispielsweise das oberbayerische Kloster Andechs, aber es besaß nach dem aus dem Jahr 1496 erhaltenen Verzeichnis doch eine stattliche Anzahl von Monstranzen und anderen Gerätschaften, die man dem Volk vor Augen führen konnte. Sie bargen Heiltümer aller Art wie Holzsplitter vom Kreuz Christi, Dornen von der Dornenkrone, Reliquien der Apostel, Mariens, der Bistumspatrone und vieler anderer verehrungswürdiger Gestalten. Lassen wir den Priester, der die verschiedenen Pretiosen vorzustellen hatte, kurz selber zu Wort kommen!

Er eröffnete die fromme Schau mit den Worten: *Von erst werden euer lieb gezeigt siben creuz und ein monstranz nach einander, darin und in iedem besunder verslosen ist ein merklich stuck von dem holz des heiligen kreuz, daran Christus [gehangen]. Aber in dem funften kreuz neben dem heiligen holz ist verslossen ein zand von sand Stefan und ein zand von der heiligen jungfrauen sand Agneten und sonst mer wirdigs heiltum, das der heilig keiser Heinrich von Roma hergebracht und bei der keiserlichen stift Alten kapellen gelassen hat. Darnach in disem sechsten kreuz ist auch außerhalb des holz des heiligen kreuz begriffen ein zand von sand Clementen, ein zand des heiligen bischoves sand Erhart, ein zand der heiligen puesserin Marie Magdalene und ander mer heiltumb von den heiligen patronen des gotz-*

haus hie sand Haimeran ... Nachdem dann an die sechzig weitere Einzelgefäße unterschiedlichsten Inhalts präsentiert worden waren, gab der Bischof mit einem Reliquienkreuz, aus dem „sunder gnad und ablas" zu empfangen war, den Segen. Anschließend schlugen der städtischen Gastronomie lukrative Stunden, da Tausende von Menschen aus der Umgebung herbeigeeilt waren, um diese einzigartige Chance zum Erwerb geistlicher Gnaden zu nutzen.

Neben der Heiligen- und Reliquienverehrung erfreute sich das „Kirchfahrtlaufen" im Herbst des Mittelalters besonderer Beliebtheit und bescherte dem Bistum eine Fülle neuer Wallfahrtsorte. Eucharistische Gnadenstätten, die wie in Deggendorf und Bettbrunn auf einen legendären Hostienfrevel oder ein Hostienwunder zurückgehen, gehören großenteils noch dem 14. Jahrhundert an und stehen in Verbindung mit theologischen Auseinandersetzungen um die wirkliche Gegenwart Christi in der Hostie. Im 15. Jahrhundert wurde sodann die Verehrung bestimmter Darstellungen Mariens, die man als „Gnadenbilder" ansprach, zum alles beherrschenden Kennzeichen des Wallfahrtswesens. Jetzt hatten meist auch ältere Wallfahrtsorte nur dann eine Chance, ihre Anziehungskraft beizubehalten, wenn sie ein wundertätiges Bild vorweisen konnten. Aufgrund dieser Entwicklung vollzog sich nicht selten eine Verlagerung des Verehrungsschwerpunktes, die manche Christus- und Heiligenwallfahrt unversehens zu einer Marienwallfahrt werden ließ.

Ein Beispiel hierfür bietet der Bogenberg, der heute noch zu den bedeutendsten Gnadenorten Bayerns zählt. Sein marianischer Kult wird gelegentlich als der älteste im Lande überhaupt bezeichnet, doch liegen auch hier wie so oft die Ursprünge im Dunkel. Bei der Entstehungslegende handelt es sich um den in der Wallfahrtsgeschichte weit verbreiteten Typ einer „Anschwemmungslegende", die berichtet: Das Gnadenbild, eine Sandsteinfigur der Gottesmutter, ist im Jahre 1104 auf der Donau stromaufwärts geschwommen und am „Frauenstein" unterhalb des Bogenbergs hängen geblieben. Graf Aswin von Bogen ließ das Bild in seiner Burgkapelle aufstellen, und der bald einsetzende starke Pilgerstrom veranlasste ihn, die ganze Bergkrone samt Burg und Kapelle den Benediktinern von Oberaltaich zu schenken. Soweit die Legende! Zu den geschichtlichen Hintergründen der Wallfahrt bleibt festzuhalten, dass nach dem Aussterben der Grafen von Bogen im Jahr 1242 deren Stammburg allmählich verfiel, bis sich 1295 die Benediktiner von Oberaltaich entschlossen, aus dem ruinösen Gemäuer eine Kirche zu bauen. Da dieses erste Gotteshaus dem hl. Kreuz geweiht war, hat wohl zunächst nicht ein Marienbild, sondern ein Kreuzpartikel die Pilger auf den Bogenberg gelockt. Mit dem Beginn der maria-

Das Bogenberger Gnadenbild der Maria gravida
Kupferstich von J. A. Zimmermann, um 1750

nischen Wallfahrt ist erst um 1400 zu rechnen, und aus dieser Zeit stammt auch das heutige Gnadenbild, das im altbayerischen Raum konkurrenzlos dasteht. Bei der etwa einen Meter hohen Sandsteinfigur handelt es sich nämlich um eine vorwiegend in Osteuropa beheimatete Darstellung der „Maria gravida", der „schwangeren Maria" oder der „Maria in der guten Hoffnung". Sie zeigt unter dem Herzen der in früheren Zeiten unbekleideten Madonna eine rechteckige, mit Strahlen umgebene Öffnung, in der das Christuskind ursprünglich aufrecht stand.

Mit der Darstellung der Schwangerschaft wurde nicht nur das Mysterium der Menschwerdung Christi sinnenfällig zum Ausdruck gebracht, sondern zugleich Maria als Gottesgebärerin verherrlicht. Das gläubige Volk hat denn auch die Gottesmutter vom Bogenberg hauptsächlich in mütterlichen Anliegen angerufen. Nach einer um 1520 im Kloster Oberaltaich entstandenen Beschreibung stand die Wallfahrt schon im 15. Jahrhundert in voller Blüte. Jährlich sollen zahlreiche Bittprozessionen vornehmlich aus Niederbayern, aber auch aus dem oberpfälzischen und oberbayerischen Raum zum Bogenberg gekommen sein. Besonders bemerkenswert ist der heute noch geübte Brauch der Gemeinde Holzkirchen bei Ortenburg, alljährlich zu Pfingsten eine über zehn Meter lange und mehr als einen Zentner schwere Kerze aufrecht stehend auf den Bogenberg zu tragen. Er geht auf ein Gelübde des Jahres 1492 zurück, das die Holzkirchener Bevölkerung abgelegt hat, als Borkenkäfer und Unwetter ihre Wälder und Felder gänzlich zu vernichten drohten.

Die Frömmigkeitswelt des späten Mittelalters wäre unzureichend charakterisiert, würde man nicht erwähnen, dass ihr auch eine ausgesprochen altruistische Komponente eignete, nämlich ein vom Geist christlicher Nächstenliebe getragenes sozial-karitatives Engagement, das sich zuvorderst auf die Kranken- und Armenbetreuung in Spitälern und ähnlichen Einrichtungen konzentrierte und sich zumeist in testamentarischen Verfügungen niederschlug. Die Notwendigkeit solcher Einrichtungen lag in der tiefgreifenden Umstrukturierung begründet, die das gesellschaftliche und soziale Gefüge seit dem 13. Jahrhundert erfahren hatte. Das Hauptmotiv dieser Stiftungen aber war der Glaube an die Heilsverdienstlichkeit guter Werke. Derselbe religiöse Wurzelgrund, der die zahlreichen Kirchen und Kapellen der spätmittelalterlichen Städte und Märkte entstehen ließ, hat auch jenes dichte Netz sozial-karitativer Einrichtungen geknüpft, in dem sich der Wohltätigkeitssinn und die fromme Barmherzigkeit der Zeit spiegeln: „Heiliggeistspitäler" und „Bruderhäuser" für die Fremden und Pilger, für Kranke und Findelkinder, für Alte und Bresthafte; Leprosenhäuser für die Aussätzigen und „Sundersiechen". Dabei reicht die Bandbreite der Stifterpersönlichkeiten vom Landesherrn wie etwa in Amberg, dessen Spital eine Stiftung Ludwigs des Bayern aus dem Jahr 1317 darstellt, bis hin zu Privatpersonen wie in Eggenfelden, wo das 1492 errichtete Heiliggeistspital im wesentlichen auf eine Stiftung der Maria Lengfelder zurückgeht. In größeren Kommunen entstanden sogar mehrere Einrichtungen dieser Art, so beispielsweise in der Herzogsstadt Straubing. Dort wurde das ältere Heiliggeistspital (äußeres Spital) mit großer Wahrscheinlichkeit vom Augsburger Domkapitel gegründet, während es sich beim Dreifaltigkeitsspital (inneres Spital) um eine landesherrliche Stiftung handelt.

4. Krisenerscheinungen, Missstände und vergebliche Reformhoffnungen

Die bisherigen Darlegungen machen deutlich, dass der Ausgang des Mittelalters eine der kirchenfrömmsten Zeiten überhaupt war. Besonders das landauf, landab üppig blühende Wallfahrtswesen legt dafür beredtes Zeugnis ab. Doch gerade an diesem zentralen Aspekt damaliger Frömmigkeit tritt auch die innere Gefährdung der Epoche klar zutage, besonders ausdrucksstark an den makabren Vorgängen um die Wallfahrt „Zur Schönen Maria" in Regensburg. Sie verdienen hier eine eingehendere Schilderung, weil sie bereits in die Anfangsjahre der Reformation fallen und aufs engste verflochten sind mit den spätmittelalterlichen Judenaustreibungen großen Stils.

Lange Zeit hatte die Reichsstadt Regensburg verfolgten Juden des Umlandes Schutz geboten. Erst seit der Mitte des 15. Jahrhunderts, als die Kommune in enorme finanzielle Schwierigkeiten geriet, machte sich auf dem schlüpfrigen Boden sozialer Verbitterung und revolutionärer Tumultbereitschaft in weiten Bevölkerungskreisen eine Judenfeindlichkeit breit, die durch antijüdische Magistratsverordnungen und seitens des Klerus kräftig geschürt wurde. Vor allem die mit den unteren Bevölkerungsschichten eng verbundenen Dominikaner und Minoriten wurden nicht müde, in ihren Predigten die gängigen Bilder vom „falschen" und „verstockten" Juden auszumalen und das jüdische Geschäftsgebaren, insbesondere die mit der Geldleihe verbundene Zinsnahme, als eigentliche Ursache des wirtschaftlichen Niedergangs der Stadt anzuprangern. Die dräuenden Gewitterwolken über dem Regensburger Judenviertel ballten sich vollends zusammen, als der Administrator des bischöflichen Stuhls 1512 durch ein Diözesanmandat über das wucherische Zinsnehmen die antijüdische Stimmung kräftig anzuheizen begann und 1516 mit Dr. Balthasar Hubmaier ein Mann die Regensburger Domkanzel bestiegen hatte, der mit äußerstem Fanatismus gegen die Juden vom Leder zog. Noch konnten die bedrängten Juden auf den Schutz des Kaisers rechnen, doch als Maximilian I. im Januar 1519 starb, nahm die Stadt die günstige Gelegenheit der Reichsvakanz zu raschem Handeln wahr.

Bereits am 21. Februar beschloss der Magistrat auf Antrag der Handwerkerzünfte die Ausweisung sämtlicher Juden. Noch am gleichen Tag teilte ihnen eine Ratskommission mit, dass sie binnen fünf Tagen ihre Häuser ohne Hab und Gut verlassen müssten. Nach Ablauf der Frist haben die Bürger von Regensburg „di armen juden und jüdinen, etlich krank, lam, kindtpetterin, da es über die mass vast gewaet und gschneydt hat, on menschliche erbarmbt verachtlich vertriben, etlich auf das wasser, etlich auf landt, deshalben etlich, als zwo khindtpetterin darundter, sind gestorben". In ihrem Beschwerdebrief an das Reichsregiment führten die Betroffenen, zwischen 500 und 600 an der Zahl, des Weiteren aus, dass der Magistrat wider allen Rechts die Pfänder und Schuldurkunden beschlagnahmte, dass er ihre Häuser abbrechen und die Grabsteine auf dem Friedhof, „so vil tausend gulden wert sein", demolieren ließ, „auch die todten leich [hat] ausgraben lassen, dieselben umbschlayfen, darein hauen, stechen, das wider alle gessatz und natur ist". Alles in allem war es das barbarische Ende der traditionsreichsten jüdischen Glaubensgemeinschaft in Südostdeutschland und zugleich der Anfang einer von Hysterie und Fanatismus geprägten Wallfahrtsbewegung an der Stätte des Gräuels auf dem heutigen Neupfarrplatz.

Schon seit langem war es Sitte, anstelle von zerstörten Synagogen Marienkirchen zu erbauen, da nach verbreiteter theologischer Ansicht in einem Marienheiligtum am nachhaltigsten Sühne geleistet werden konnte für die von den Juden der Gottesmutter angeblich zugefügten Schmähungen. So ging man mit großem Eifer an den Abbruch der Synagoge, um hier eine Marienkapelle aufzurichten. Die Sache erhielt gleich zu Beginn dadurch besonderes Ansehen, dass einer der Bauleute, der Steinmetz Jakob Kern, bei den Abbruchsarbeiten in die Tiefe stürzte und vom zusammenkrachenden Gewölbe verschüttet wurde, aber, wiewohl halbtot abtransportiert, nicht nur mit dem Leben davonkam, sondern bereits am anderen Tag wieder an der Arbeitsstätte erschien. Ein „Wunder" hatte sich ereignet, und jedermann mochte glauben, dass Maria selbst die Urheberin dieses absonderlichen Geschehens war und so dem zu ihren Ehren unternommenen Werk die Zustimmung gab. Den Regensburger Stadtvätern kam der Vorfall mehr als gelegen, denn das erste Mirakel ließ auf weitere hoffen. Mit einemmal hatte man einen neuen Gnadenort, der zur Sanierung der heillos zerrütte-

Grabstein des M'nachem bar Ja'akov von 1349; später als Baumaterial verwendet

ten Finanzen Erkleckliches abzuwerfen versprach. In einer Art kollektiven Frömmigkeitsleistung der gesamten Bürgerschaft wurde nun binnen weniger Wochen eine Kapelle aufgezimmert, die nach Hubmaiers Vorschlag den Titel „Zur Schönen Maria“ erhielt und schon Anfang April 1519 konsekriert werden konnte.

„Maria rastet zu Regensburg in der Kapelle“, so ging es jetzt von Mund zu Mund. Die Kunde von der wundertätigen Errettung des Baumeisters Kern, der allerdings bald darauf seinen Verletzungen erlag, drang rasch durch die Lande und ließ eine Wallfahrt entstehen, die, ausgestattet mit einem von 25 Kardinälen gesiegelten Ablassbrief, an Intensität wohl nur von wenigen spätmittelalterlichen Gnadenstätten übertroffen wurde. Bereits im September 1519 konnte man angesichts der überaus zahlreichen Opfergaben den Grundstein für den Bau einer großen steinernen Kirche legen, und noch für das erste Jahr verzeichnet das amtliche Mirakelbuch, das im Druck erschien, über 200 Wunder. Bemerkenswert auch, wie ungeheuer rasch das Verbreitungsgebiet der Wallfahrt angewachsen war: Schon das dritte Mirakel wurde aus Amberg gemeldet, das sechste aus Breslau, das achte gar aus Ungarn.

Unterschied sich die Regensburger Gnadenstätte von anderen Wallfahrten zunächst nur durch den ungewöhnlich starken Pilgerstrom, so kam es 1520 zu einem ausgesprochenen Wallfahrtsfieber, das die Menschenscharen wie unter unerklärlichem Zwang in die Reichsstadt trieb und das spätmittelalterliche Kirchfahrtlaufen zum wahren Rausch werden ließ. Zeitgenössische Darstellungen aus Künstlerhand, etwa der bekannte Holzschnitt des Altdorfer-Schülers Michael Ostendorfer, vermitteln das Bild eines Wallfahrtstreibens, das eindeutig pathologische Züge trug. Sie bestätigen auch Berichte, wonach in der Pfingstwoche 1520 viele Pilger mit ausgespannten Armen vor der steinernen Marienstatue in der Mitte des Kapellplatzes niederfielen und vorgaben, Maria sei ihnen erschienen und habe sie hingeworfen. Wenig später nahm man eine nochmalige Steigerung des absonderlichen Treibens gewahr: Die Wallfahrer tanzten unter irrsinnigem Geschrei um das Marienbildnis und fielen dann wie ohnmächtig nieder. Auch etliche Zuschauer wurden in dieser Situation von der Tanzwut gepackt. Als Hubmaier tadelnd eingriff, erklärten sie, eine plötzliche Erhitzung des Blutes habe sie dazu angetrieben.

Der Rat der Stadt und die kirchliche Obrigkeit beobachteten das hysterische Gebaren nicht ohne Besorgnis. Es war allerdings nur von kurzer Dauer. Bereits im Spätjahr 1520 schien der Kulminationspunkt der Wallfahrt überschritten; seit 1522 gingen die Einkünfte erheblich zurück, 1525 näherte sich die Pilgerstatistik dem Nullpunkt. Eine entscheidende Ursache

Wallfahrt zur Schönen Maria in Regensburg
Holzschnitt von Michael Ostendorfer, um 1519

dafür war zweifellos die reformatorische Kritik am Wallfahrtswesen im Allgemeinen und seinen Auswüchsen zu Regensburg im Besonderen. Zudem schwelte seit 1520 ein heftiger Streit zwischen dem Magistrat und dem Bischof um das Patronatsrecht über die Wallfahrtsstätte, genauer gesagt um deren Einkünfte. Diese wollte der pfalzgräfliche Administrator zu einem Drittel für sich beanspruchen, während der reichsstädtische Magistrat die ungeschmälerte Verwaltung der Opfergaben forderte und schließlich 1522 gegen eine Abfindungssumme an die kirchliche Seite tatsächlich durchsetzen konnte. Mit dem Abebben des Pilgerstroms gerieten 1524 auch die Bauarbeiten an der Kirche ins Stocken. Erst in den dreißiger Jahren wurde der Längschor, an den sich ein sechseckiger Zentralbau hätte anfügen sollen, durch eine Mauer abgeschlossen. Am 15. Oktober 1542 hat man dann in dem vormals so großartig geplanten Gotteshaus, das Stückwerk geblieben ist, die erste lutherische Abendmahlsfeier abgehalten; die „Neue Pfarr“, wie sie von jetzt an hieß, wurde die erste evangelische Kirche Regensburgs.

Angesichts der erschütternden Vorgänge um die Wallfahrt zur Schönen Maria drängt sich die Frage nach dem Zustand der Kirche am Vorabend der Reformation von selber auf. Mit Blick auf die Hochblüte kirchlicher Kunst und Bautätigkeit, auf die zahlreichen geistlichen Stiftungen und Werke frommer Barmherzigkeit liegt es nahe, die Jahrzehnte vor dem Ausbruch der Reformation als „eine Periode eines auch im Rahmen des Mittelalters ganz ungewöhnlichen Frömmigkeitseifers“ zu bezeichnen (Bernd Moeller). Aber der eindrucksvollen Schauseite eignete eine tiefe Doppeldeutigkeit, geprägt von der Subjektivität des religiösen Erlebens einerseits und der sicherheitsspendenden Funktion der Amtskirche andererseits. Und zweigesichtig war auch das Bild des kirchlichen Bewusstseins: edle Frömmigkeit neben dumpfem Volksglauben, mystische Hingabe neben äußerer Organisationsform, Missstände neben Reformhoffnungen. Seit dem ausgehenden 15. Jahrhundert gewann die Kritik an der Kirche an Eindringlichkeit, nicht so sehr eine theologisch grundsätzliche, als vielmehr eine an ihrem äußeren Erscheinungsbild Anstoß nehmende Kritik. Sie betraf vor allem den Klerus. So sehr man sich diesbezüglich vor Verallgemeinerung hüten muss, weil es auch damals in allen Rängen eifrige Seelenhirten gab, waren doch die Klagen über den religiösen, sittlichen und wissenschaftlichen Tiefstand der Geistlichkeit ebenso allgemein wie anhaltend. Vor allem in den Städten und Märkten gab es ob der vielen Messstiftungen eine viel zu zahlreiche Klerikerschaft, ein geistliches Proletariat, das häufig durch Unbildung und Müßiggang, Spielwut und Trunksucht, unpassenden Nebenerwerb und öffentlichen Konkubinat schweres Ärgernis erregte. Hinzu kam, dass der hohe Klerus, den eine tiefe soziale Kluft vom niederen trennte, in aller

Regel mit schlechtem Beispiel voranging. Die Domkanonikate und Bischofsstühle dienten seit geraumer Zeit nur noch zur Versorgung nachgeborener Söhne des Adels, die in ihrer Mehrheit einen Lebensstil pflegten, der dem geistlichen Stand unangemessen war.

Gewiss hat man den vielfältigen Krisensymptomen der Zeit zu steuern versucht, wie die skizzierten Reformbestrebungen einzelner Persönlichkeiten und ganzer Klostergemeinschaften deutlich werden lassen. Aber all diese Bestrebungen erwiesen sich letztlich als unzureichend, da es bei örtlich begrenzten Maßnahmen verblieb, eine Gesamtreform der Kirche jedoch vergeblich auf sich warten ließ. Sie kam erst in Gang, nachdem jene ungeheuere, die mittelalterliche Welt bis in ihre Grundfesten erschütternde Sturmflut hereingebrochen war, die sich mit dem Namen des Augustinermönchs Martin Luther verbindet.

In seinem volkstümlichen Erbauungsbuch „Schimpf und Ernst", niedergeschrieben in den Jahren 1518/19, also kurz nach Luthers öffentlichem Auftreten im Herbst 1517, erzählt der Elsässer Franziskaner Johannes Pauli folgende Geschichte: *Es ritt ein Bischof über Feld mit vierzig Pferden, der sah einen Bauern, der ließ den Pflug stehen, lehnt sich auf ein Stecken und sah den Reitern zu. Der Bischof ritt zu ihm und sprach: ‚Lieber, sag mir die Wahrheit, was hast du gedacht, da du mich mit meinem Zug sahest reiten?' Der Bauer sprach: ‚Herr, ich hab gedacht, ob Sankt Kilian zu Würzburg auch sei also geritten mit vierzig Pferden.' Der Bischof, der sprach: ‚Ich bin nit allein ein Bischof, sondern auch ein weltlicher Fürst. Jetzt siehst du ein weltlichen Fürsten; willst du ein Bischof sehen, so komm am Marienfest nach Würzburg, so wirst du ihn sehen.' Da fing der Bauer an zu lachen. Der Bischof sprach: ‚Was lacht er?' Der Bauer sprach: ‚Wann der Fürst des Teufels wird – was tut der Bischof darzu?' Da ritt der Bischof von ihm und hätt sein genug.*

Der ungebildete Bauer als der eigentliche Christ demaskiert die Schutzreden des Fürsten-Bischofs mit einem Lachen. Das Histörchen spricht in seiner Hintergründigkeit und zupackenden Drastik für sich selbst.

IV. Kapitel

Das Jahrhundert der Glaubensspaltung

Die Krise, in der sich die spätmittelalterliche Kirche befand, wurde offenbar, als der Wittenberger Augustinermönch Martin Luther mit dem Ablassstreit im Jahr 1517 den Kampf gegen sie eröffnete. Luthers Botschaft von der Freiheit eines Christenmenschen und der vertrauensvollen Hingabe an das reine, lautere Gotteswort, das zur Erlangung des Heils genüge, ließ die deutsche Reformation binnen weniger Jahre zu einer begeisternden Volksbewegung werden, von der man sich weithin nicht nur eine Veränderung der religiösen, sondern auch der sozialen Verhältnisse erwartete. Aber bald schon, im Wesentlichen mit dem Ende der Bauernkriege von 1524/25, wurde das ursprünglich rein religiöse Anliegen Luthers der Politik dienstbar gemacht und somit stark verdunkelt. Da eine Einigung über die Lösung des religiösen Zwiespalts auf Reichsebene nicht erzielt werden konnte, überantwortete man die Sache des Glaubens den Händen der deutschen Territorialfürsten. Kraft des von ihnen beanspruchten und im Augsburger Religionsfrieden von 1555 auch reichsrechtlich verankerten obrigkeitlichen Kirchenregiments, des sogenannten Summepiskopats, sollte künftighin allein die formelle Zugehörigkeit zu diesem oder jenem Herrschaftsgebiet für das jeweilige konfessionelle Bekenntnis der Untertanen ausschlaggebend sein.

In kaum einem anderen Kirchensprengel hatte dieses Prinzip des obrigkeitlichen Bekenntniszwangs derart verhängnisvolle Wirkungen wie im territorialstaatlich arg zerklüfteten Bistum Regensburg. Katholisch blieben neben den hochstiftischen und einigen anderen kleineren Territorien nur jene Diözesangebiete, die dem Herzogtum Bayern angehörten und das Kernstück des alten Niederbayern ausmachten. Hingegen bekam die seit 1329 von den Heidelberger Wittelsbachern als Nebenland der Rheinpfalz regierte Oberpfalz den Rechtsgrundsatz, dass der Landesherr das Bekenntnis seiner Untertanen zu bestimmen habe, in leidvoller Deutlichkeit zu spüren. Dabei darf man aber die Oberpfalz des konfessionellen Zeitalters nicht mit dem geschlossenen Regierungsbezirk von heute gleichsetzen. Nicht nur, dass das Herzogtum Bayern mit einigen Gerichten (Stadtamhof, Haidau, Mitterfels, Riedenburg, Altmannstein, Dietfurt) in die Oberpfalz hineingriff und das Land selbst von etlichen reichsfreien Territorien durchbrochen wurde: Seit dem „Kölner Schiedsspruch" von 1505, der den Bayerischen Erbfolgekrieg beendete, gab es auch das wittelsbachisch-pfälzische Fürstentum Neuburg, die sogenannte Junge Pfalz, mit einer ganz eigenen Konfessionsgeschichte. Wieder anders verlief die konfessionelle Entwicklung im Fichtelgebirge und im Egerland, im nachmaligen Herzogtum Sulzbach und im neuburgisch-kurpfälzischen Gemeinschaftsamt Parkstein-Weiden; ganz zu schweigen schließlich von der Bischofsstadt, die sich wie die meisten Reichsstädte endgültig dem lutherischen Bekenntnis zuwandte.

1. Konfessionelle Entwicklung unter territorialstaatlichem Aspekt

Was zunächst die Situation im *Herzogtum Bayern* betrifft, so standen dessen Gebieter im konfessionellen Zeitalter von Anfang an auf der Seite der altgläubigen Gegner Luthers und wurden bald zu anerkannten Führern der katholischen Sache im Reich. Eine erste evangelische Bewegung der zwanziger Jahre, die im Bereich des Bistums Regensburg vor allem in Straubing Wellen schlug, hatte unter Herzog Wilhelm IV. und seinem Ersten Rat Leonhard von Eck weder die Chance einer weiten Ausbreitung noch einer festen Gemeindebildung. Gefährlich und verunsichernd für die herzogliche Politik ausschließlicher Katholizität erwies sich indes die zweite große Welle des Sympathisierens mit dem neugläubigen Kirchenwesen nach der Mitte des Jahrhunderts. Sie ging in erster Linie vom Adel aus und fand mit ihrer Forderung nach dem Laienkelch großen Anklang, nicht zuletzt deshalb, weil jetzt die altgläubige Kirche – nach Jahrzehnten von Angriffen und einer zunehmenden Verwahrlosung infolge der lange verzögerten Reform – weit stärker ausgeblutet war als in den Anfangsjahren der Reformation. Erneut erwies sich der katholische Glaube innerhalb des Regensburger Diözesangebiets in der Stadt Straubing als besonders gefährdet, und zwar dermaßen stark, dass Herzog Albrecht V. im Oktober 1561 eine Sonderkommission mit der Untersuchung der dortigen religiösen Verhältnisse betraute und im Jahr darauf neun angesehene Patrizierfamilien, die unbeugsam an ihrer evangelischen Glaubensüberzeugung festhielten, der Stadt und des Landes verwies. Nach einer nochmaligen Visitation im März 1570 mussten dann weitere zwanzig Bürger und Bürgerinnen Straubings samt ihren Angehörigen des Glaubens wegen auswandern.

Dass aber auch andernorts bis zu Anfang der siebziger Jahre immer wieder Anhänger der lutherischen Lehre aufgespürt wurden, belegt ein vierzehn Namen enthaltendes „Verzaichnus der zu Teckhendorf in Religionssachen widerwärtigen Personen" vom Juni 1572 oder ein Brief des Eggenfeldener Marktschreibers Christoph Kobrer an den Magistrat von Regensburg vom 21. Februar 1571, in dem er vielsagend mitteilte: *Was für ein Abfall und was für Veränderung ... Denn auch meine Herren zu Eggenfelden samt der ganzen ehrsamen Gemeinde sowohl als andere Flecken, Städte und Märkte in Bayern haben sich den 11. und 12. dieses Monats unter das greulich antichristliche und papistische Joch leider begeben, sind vom rechten Gebrauch des hl. Sakraments abgetreten und haben alle papistischen Cäremonien, die zum Teil abgekommen waren, wiederum zu halten angenommen und zugesagt.* Derartige Quellenzeugnisse stützen die Glaubwürdigkeit eines Berichts aus der Feder des Jesuiten Martin Stevordian, der 1564 über die religiösen Verhältnisse im niederbayerischen Rottal unter anderem schrieb, man bediene sich hier mit größter Freiheit häretischer Bücher und nenne Luther „den heiligen Dr. Martinus und edlen Mann Gottes". Seit etwa 1570 darf jedoch die ausschließliche Katholizität der altbayerischen Lande wieder als sichergestellt gelten. Am Münchener Hof war man fortan darauf bedacht, die religionspolitischen Maßnahmen an den Beschlüssen des Konzils von Trient zu orientieren. Hand in Hand mit der Katholischen Reform liefen gezielte gegenreformatorische Aktionen, die Bayern für zwei Generationen zur Führungsmacht und zum Bollwerk des Katholizismus im Reich werden ließen, beispielsweise die Erringung des Kölner Erzstuhls für Herzog Albrechts Sohn Ernst 1583 oder die aufsehenerregende Konversion des Pfalzgrafen Wolfgang Wilhelm von Neuburg im Jahr 1613.

Das 1505 geschaffene *Fürstentum Pfalz-Neuburg* unterstand in seinem oberpfälzischen Territorialanteil weithin der geistlichen Hoheit des Regensburger Fürstbischofs, so alles Land an der Schwarzen Laaber, am Unterlauf der Naab und des Regen. Sein erster Regent Ottheinrich zeigte schon früh Sympathien für das Luthertum, zögerte aber noch geraume Zeit, es offiziell einzuführen. Erst unter dem Eindruck des gescheiterten Regensburger Religionsgesprächs von 1541 befahl er im Jahr darauf die Predigt des „reinen Gotteswortes" und verbot den katholischen Kult. Unter seinen streng lutherisch gesinnten Nachfolgern gewann die neue Lehre an innerer Festigkeit und blieb in Pfalz-Neuburg in Geltung bis zur erwähnten Münchener Konversion des Regenten Wolfgang Wilhelm. Dieser setzte schon bald nach dem Tod seines Vaters im August 1614 eine schrittweise Rückführung seiner Lande zum katholischen Glauben ins Werk. Zunächst erfolgte durch den Erlass des Religionsmandats vom 24. Dezember 1615 die rechtliche Gleichstellung der katholischen Kirche mit der lutherischen. Anschließend begann die eigentliche Rekatholisierung durch die Jesuiten. Im Sommer 1617 wurde sodann der katholische Kult zum allein zugelassenen erklärt und die protestantische Geistlichkeit des Landes verwiesen. Zuletzt ging man gegen Leute, die besonders zäh am hergebrachten Glauben festhielten, wie allenthalben in dieser Zeit, mit Zwangsmaßnahmen vor. So verließen in den Jahren 1621 bis 1625 die letzten unbeugsamen Protestanten, etliche Hundert an der Zahl, das rekatholisierte Fürstentum.

Nach der Wiederherstellung des katholischen Kirchenwesens in den pfalzneuburgischen Landen dehnte Wolfgang Wilhelm seine gegenreformatorischen Maßnahmen auf die sogenannten Erbämter seiner beiden jüngeren Brüder aus, die diesen kraft väterlicher Verfügung lediglich als „Apanage", das heißt als Grundlage standesgemäßer Lebenshaltung, zugewiesen waren, während die Landeshoheit beim älteren Bruder in Neuburg verblieb. Auf solcher Rechtsbasis hatte Pfalzgraf August die im Bistum Regensburg gelegenen Ämter Sulzbach und Flossenbürg, die Märkte Floß und Vohenstrauß sowie den neuburgischen Anteil am gemeinsam mit der Kurpfalz besessenen Amt Parkstein-Weiden erhalten, Pfalzgraf Johann Friedrich die Ämter Heideck, Hilpoltstein und Allersberg. Unter Berufung auf das ihm als obersten Territorialherrn durch den Augsburger Religionsfrieden garantierte „Reformationsrecht" ließ Wolfgang Wilhelm in den Jahren 1627/28 auch in den Herrschaften seiner Brüder die Gegenreformation durchführen, dabei tatkräftig unterstützt von seinem Vizekanzler Simon Ritter von Labricq und von seinem Münchener Schwager Maximilian I., dem Liga-Führer und neuen Landesherrn der Kuroberpfalz. So eroberte, um nur Sulzbach als Beispiel anzuführen, eine von bayerischen Truppen begleitete Glaubenskommission im Sommer 1627 alle 57 Kirchen dieses Erbamtes binnen weniger Wochen für den Katholizismus zurück. Zwar kam es hier dann im Auf und Ab des Dreißigjährigen Krieges nochmals zu einem evangelischen Zwischenspiel, doch zu einer grundlegenden Änderung der konfessionellen Gegebenheiten führte erst der Westfälische Frieden von 1648, indem er das „Normaljahr" zur Wiederherstellung eines im Krieg gewaltsam veränderten konfessionellen Zustandes auf 1624 festlegte, als die Sulzbacher Lande noch lutherisch gewesen waren.

Ebenso langdauernde wie schwierige Verhandlungen über die Umsetzung dieser Bestimmung für *Pfalz-Sulzbach* mündeten schließlich in den „Kölner Vergleich" vom 22. Februar 1652. In ihm ging der damalige Neuburger Fürst Philipp Wilhelm die Verpflichtung ein, sich in die „Oberherrlichkeiten" seines Vetters Christian August in Sulzbach künftighin nicht einzumischen und die Vertretung des Gesamtfürstentums auf wenige übergreifende Funktionen zu beschränken. Im Gegenzug stimmte Christian August für sein Territorium der Einführung des „Simultaneum religionis exercitium" zu, das die gemeinsame Kirchenbenutzung und die Teilung der Kirchengüter zwischen den beiden Konfessionen vorsah. Ungeachtet heftigen Protests der protestantischen Geistlichkeit und des landsässigen Adels wurden die in Köln vereinbarten Bestimmungen vier Jahre später, nach vorausgegangenem Übertritt des Sulzbacher Regenten zum Katholizismus, durch den Neuburger Hauptvergleich vom 15. Januar 1656 zur grundsätzlichen Bedeutung erhoben: Das Simultaneum sollte in den vormaligen Erbämtern Sulzbach und Weiden dauernde Geltung haben. Christian August bekam für seine Lande die uneingeschränkte Hoheit zugesprochen, solange er und seine Nachkommen bei der katholischen Religion verbleiben würden. Damit trat noch einmal ein wittelsbachisches Landesfürstentum, das Herzogtum Sulzbach, für nahezu anderthalb Jahrhunderte als selbständiges Territorium des Reiches ins Leben, in dem sich fortan evangelische und katholische Konfession gleichberechtigt gegenüberstanden oder, besser gesagt, gleichberechtigt gegenüberstehen sollten. Denn die tatsächliche Entwicklung trug dem Paritätsstatus keineswegs immer Rechnung.

Obschon die getroffene Regelung der Religionsverhältnisse – übrigens einmalig für das Sulzbacher Territorium im ganzen Reich – beide Konfessionen auf gleiches Recht stellte und ihnen die freie Ausübung ihres Kults gewährleistete, erwies sie sich mitnichten als ideale Lösung jener Probleme, um derentwillen der Dreißigjährige Krieg geführt worden war. Anstatt, wie beabsichtigt, den konfessionellen Frieden zu fördern, wurde das Simultaneum vielmehr zur Quelle ungezählter, meist recht kleinlicher Querelen und Streitigkeiten. Die Aufteilung des Kirchenvermögens, zudem mancherorts in ziemlich ungleicher Weise durchgeführt, brachte eine erhebliche Schmälerung des pfarrlichen Einkommens mit sich und trug dazu bei, dass der Streit um die Pfarrrechte kein Ende nahm. Private und offiziöse Reibereien, meist ausgelöst durch ein allzu eiferndes Gebaren der Pfarrer und Prädikanten, beherrschten für lange Generationen das Feld. Man war eben auf beiden Seiten, bei Katholiken wie Protestanten, von einer christlichen Toleranz noch weit entfernt, ja empfand sie als Widerspruch in sich, gründeten doch beide Konfessionen ihre Berechtigung auf den Anspruch, im Besitz der allein seligmachenden Wahrheit zu sein. Selbstredend übte dieser Anspruch auf das Zusammenleben im Alltag eine ausgesprochen polarisierende Wirkung aus: Er ermunterte, die äußeren Unterscheidungsmerkmale zwischen Katholiken und Protestanten nicht nur aufrechtzuerhalten, sondern besonders nachdrücklich herauszustellen, und machte die Zugehörigkeit zu der einen oder anderen Konfession zum wesentlichen Bestandteil der öffentlichen Identität eines jeden Sulzbacher Bürgers. Auch wird man kaum bestreiten können, dass sich das katholische Bekenntnis durch die ihm selbst anhängenden Sulzbacher Regenten im allgemeinen einer bevorzugten Förderung erfreute, was verständlicherweise der benachteiligten und auf den Gleichheitsgrundsatz pochenden evangelischen Seite immer wieder zu Beschwerden Anlass gab.

In der *nördlichen Oberpfalz*, auch und gerade soweit sie nicht kurpfälzischer oder pfalzneuburgischer Landeshoheit unterstand, hat die konfessionelle Entwicklung einen recht unterschiedlichen Verlauf genommen. Die Pfarreien des 1433 für den Fichtelgebirgsraum eingerichteten Dekanates Wunsiedel wurden durch den Markgrafen Georg den Frommen von Ansbach-Kulmbach schon in den zwanziger Jahren des 16. Jahrhunderts dem Luthertum zugeführt; erst im Verlauf des 19. Jahrhunderts sollte dort allmählich wieder katholisches Glaubensleben Einzug halten. In der fürstbischöflich-bambergischen Exklave Vilseck kam es zur Einführung der Reformation, als diese geistliche Herrschaft in den entscheidungsreichen Jahren 1554 bis 1559 an die protestantische Reichsstadt Nürnberg verpfändet war; rekatholisiert wurde sie im Jahr 1615. Kleinere weltliche Territorien, in denen die reformatorische Bewegung nur vorübergehend Fuß fassen konnte, waren die Landgrafschaft Leuchtenberg mit ihren verbliebenen Besitzungen um Pfreimd und die Herrschaft Störnstein mit dem Gebietsmittelpunkt Neustadt an der Waldnaab; Letztere gelangte 1562 in den Besitz des streng katholischen böhmischen Adelsgeschlechts von Lobkowitz. Die Zisterzienserabtei Waldsassen schließlich hatte bereits am Vorabend der Reformation die Reichsunmittelbarkeit für das sie umgebende Territorium zugunsten der Kurpfalz eingebüßt, so dass das Stiftland das gleiche konfessionelle Schicksal erlitt wie die Kuroberpfalz. Das Kloster Waldsassen selbst stand seit 1537 nicht mehr unter der Leitung von Äbten, sondern von landesherrlich eingesetzten Administratoren, und wurde 1571 aufgehoben.

Eine Konfessionsentwicklung ganz eigener Art erlebte das seit dem 14. Jahrhundert an Böhmen verpfändete *Egerland*. Dort hatte man schon mit Rücksicht auf die Pfandherren, nämlich die katholischen Habsburger, geraume Zeit alles unternommen, was für die Erhaltung und Förderung des alten Glaubens zweckdienlich erschien. Erst nach dem Augsburger Religionsfrieden von 1555 drang auf dem Hintergrund arg zerrütteter Verhältnisse in den Klöstern und eines katastrophalen Priestermangels auch im Bezirk Eger die evangelische Lehre nachhaltiger vor, um dann in den sechziger Jahren den Siegeszug anzutreten. Der Prozess der Rekatholisierung begann im Egerland wie andernorts in den für die katholische Seite recht günstigen Kriegsjahren 1627/28 unter Zuhilfenahme der Jesuiten, nahm hier jedoch ob des Widerstandes, den namentlich der Adel leistete, Jahrzehnte in Anspruch. Noch ein Visitationsbericht vom Oktober 1656 führt beredte Klage darüber, dass die adeligen Grund- und Kirchenherren „meist lutherisch oder doch nur dem Namen nach katholisch" seien und ihre Untertanen dazu anstifteten, Gottesdienste im benachbarten Sachsen zu besuchen.

In dem der kurpfälzischen Landeshoheit unterstehenden größten Teil der Oberpfalz heutigen Sprachgebrauchs, dem *Fürstentum Obere Pfalz* – es umfasste damals die Landesteile Amberg, Nabburg, Kemnath, Neumarkt und Neunburg vorm Wald sowie die bayerische Pfandschaft Cham, das Stiftland Waldsassen und die Hälfte des gemeinsam mit Pfalz-Neuburg verwalteten Amtes Parkstein-Weiden –, fand Luthers Lehre bereits seit den zwanziger Jahren zahlreiche Anhänger, vor allem in den Städten, und gewann derart an Bedeutung, dass in den vierziger Jahren die altgläubige Position nur noch geduldet wurde. Gleichwohl kam es ob der schwankenden Haltung des Kurfürsten Friedrich II. von der Pfalz in der Religionsfrage bis über die Jahrhundertmitte hinaus zu keiner grundlegenden Neuordnung des Kirchenwesens. Die Lage änderte sich jedoch schlagartig, als 1556 mit dem Pfalzgrafen Ottheinrich ein entschieden evangelischer Souverän die Regierung in Heidelberg übernahm. Er erließ noch im Jahr seines Amtsantritts eine Kirchenordnung im Sinne der lutherischen Glaubensneuerung und griff 1557 zum bewährten Mittel einer großangelegten Kirchenvisitation, um die evangelische Lehre nicht nur in der Kurpfalz, sondern auch in den fernen oberpfälzischen Landen vollends durchzusetzen.

Aber schon Ottheinrichs Nachfolger Friedrich III. vollzog Schritt für Schritt den Übergang zum Kalvinismus. Beim Versuch freilich, das reformierte Bekenntnis ab 1563 auch seinen Landen aufzuzwingen, stieß er in der Oberpfalz allenthalben auf heftigen Widerstand, nicht zuletzt deshalb, weil sein in Amberg als Statthalter amtierender Sohn und Nachfolger Ludwig VI. zeitlebens eine streng lutherische Haltung einnahm. Dieser ließ denn auch nach dem Regierungswechsel von 1576 nichts unversucht, dem Luthertum wieder überall und ausschließlich Geltung zu verschaffen. Gleichwohl kam es auch jetzt zu keiner wirklichen Stabilisierung der religiösen Verhältnisse, denn Ludwigs Bruder Johann Kasimir führte ab 1583 als Vormund für den minderjährigen Friedrich IV. durch entsprechende Organisation und Visitation erneut das reformierte Bekenntnis ein. Wieder wurde der Kuroberpfalz der radikale Protestantismus kalvinischer Prägung mit seiner Bilderfeindlichkeit und seinem straffen obrigkeitlichen Regiment aufgezwungen. Er sollte nun ungeachtet des geleisteten Widerstands herrschende Glaubensform bleiben, bis der politische Traum Friedrichs V., des „Winterkönigs“, im November 1620 in der katastrophalen Niederlage am Weißen Berg bei Prag ein jähes Ende nahm.

Trotz des Fortgangs der kriegerischen Auseinandersetzungen leitete nun der bayerische Herzog Maximilian I. als designierter Landesherr des Fürstentums Obere Pfalz alsbald eine umfassende Rekatholisierung in die Wege, die mit Umsicht, Ausdauer und gewiss auch Härte, aber ohne maßlose Gewalttätigkeit zum Ziel geführt wurde. Der gegenreformatorische Druck begann unter geschickter Ausnützung der Spannungen zwischen Lutheranern und Reformierten und durch gezielten Einsatz der kirchlichen Reformorden bereits 1623, nachdem Maximilian die versprochene pfälzische Kurwürde erhalten hatte. 1628 dann definitiv zum Gebieter der Oberpfalz geworden, erging am 27. April jenes entscheidende kurfürstliche Mandat, das alle Untertanen vor die Wahl stellte, die katholische Religion anzunehmen oder binnen sechs Monaten auszuwandern. Der landsässige Adel und das vermögende Bürgertum haben in großer Zahl die Emigration dem Glaubenswechsel vorgezogen.

Bleibt schließlich noch, die konfessionelle Entwicklung in der *Reichsstadt Regensburg* zu skizzieren. Dass in ihr ein fruchtbarer Nährboden für die Ausbreitung der reformatorischen Bewegung vorhanden war, ließ bereits das von einer ungemeinen Sensibilisierung der Menschen für religiöse Belange zeugende Phänomen der Wallfahrt zur Schönen Maria deutlich werden. Doch wiewohl sich in der Bevölkerung Regensburgs evangelische Tendenzen schon seit 1522 bemerkbar machten, die von der Druckerei Kohl verlegten Schriften Luthers regen Absatz fanden und auch einige Mitglieder des Magistrats deutliche Sympathien für die neue Lehre bekundeten, zuvorderst der Almosenpfleger Hans Portner und der Ratskonsulent Dr. Johann Hiltner, geriet hier die Reformation als Volksbewegung alsbald ins Stocken. Den entscheidenden Ausschlag dafür gaben ohne Zweifel die Drohungen Habsburgs und Bayerns, die sich 1524 auf dem „Regensburger Konvent“ mit anderen Mächten, auch dem Ortsbischof, zu einem Vorgehen gegen das Luthertum verständigt hatten. Diese Drohungen veranlassten die Stadtväter in der Folgezeit wiederholt zur Ausweisung von lutherisch gesinnten Predigern und ließen es ihnen geraten erscheinen, sich weder dem Protest der evangelischen Stände auf dem Speyerer Reichstag von 1529 noch der Confessio Augustana von 1530 anzuschließen oder gar dem Schmalkaldischen Bund beizutreten.

Obgleich der Nuntius Vergerio bereits 1535 den Eindruck gewonnen hatte, in Regensburg sei man großenteils lutherisch gesinnt, wurde die neue Lehre für die reichsstädtische Bevölkerung doch erst anlässlich des im Frühjahr 1541 in der Neuen Waag am Haidplatz durchgeführten Religionsgesprächs so recht „gesellschaftsfähig". Wie die Chronisten berichten, stürmte sie jetzt förmlich die Herbergen der protestantischen Stände, um den Predigten und Abendmahlsfeiern beizuwohnen, während sie für den zum Religionsgespräch anreisenden päpstlichen Gesandten Kardinal Contarini nur Hohn und Spott übrig hatte. Als dann im Sommer 1542 das Fürstentum Pfalz-Neuburg durch Ottheinrich dem Luthertum zugeführt wurde und dadurch der altgläubige Ring um Regensburg aufzuweichen begann, wagte auch die reichsstädtische Kommune auf Drängen des Ratskonsulenten Hiltner und evangelisch gesinnter Bürger wenige Monate später die Einführung der Reformation. Nach einem abendlichen Beichtgottesdienst in der Dominikanerkirche am 14. Oktober 1542 hielt tags darauf der aus Nürnberg gerufene Dr. Johann Forster die erste Abendmahlsfeier unter beiderlei Gestalten in der dem Rat unterstehenden „Neuen Pfarr". Unmittelbar danach ging man, wieder in enger Zusammenarbeit mit der Reichsstadt Nürnberg, an den Aufbau eines lutherisch geprägten Kirchenwesens.

Allerdings gab der Ratsbeschluss vom Herbst 1542 nicht wie in anderen Reichsstädten das Signal zur Verdrängung oder Unterdrückung des katholischen Glaubens und der katholischen Einrichtungen; in Regensburg konnte das katholische Kirchenwesen vielmehr kontinuierlich fortbestehen. Die vier geistlichen Reichsstände innerhalb der Stadtmauern – den Fürstbischof, die Abtei St. Emmeram und die adeligen Damenstifte Ober- und Niedermünster – ließ die Reformation ebenso unangetastet wie die zahlreichen klösterlichen Niederlassungen, die beiden Kollegiatstifte und die zwei Kommenden der Ritterorden, mochten sich auch einige dieser Institute in einem höchst beklagenswerten Zustand befinden und nur langsam von ihrem Tiefstand erholen. Zudem erfuhr das katholische Element Regensburgs schon wenige Jahrzehnte später eine spürbare Stärkung dadurch, dass Herzog Wilhelm V. 1589 gegen den Widerstand des Magistrats wie des Domkapitels die Jesuiten in die Stadt holte und ihnen das desolate Kanonissenstift Mittelmünster übertrug. In der ersten Hälfte des 17. Jahrhunderts hielten dann dank kaiserlicher Unterstützung auch noch die Reformorden der Kapuziner und Unbeschuhten Karmeliten in Regensburg Einzug. Dies alles führte zu der eigenartigen, den Besucher der alten „evangelischen" Reichsstadt gewiss überraschenden Tatsache, dass den drei protestantischen Kirchen – der Neupfarre, St. Oswald und der 1631 vollendeten Dreieinigkeitskirche – fünfmal soviel katholische Gotteshäuser

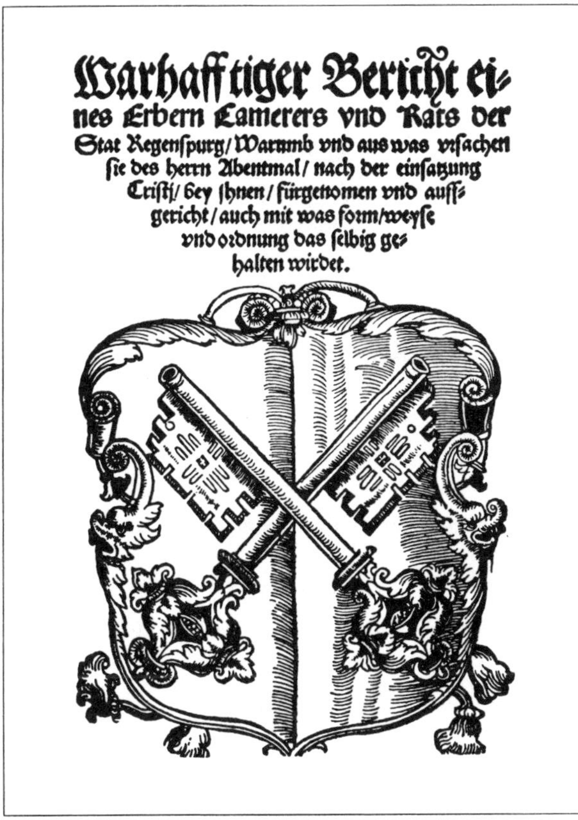
Warhafftiger Bericht ei-
nes Erbern Camerers vnd Rats der
Stat Regenspurg/ Warumb vnd aus was vrsachen
sie des herrn Abentmal/ nach der einsatzung
Cristi/ bey jhnen/ fürgenomen vnd auff-
gericht/ auch mit was form/weyse
vnd ordnung das selbig ge-
halten wirdet.

Rechtfertigung des Rats der Reichsstadt Regensburg zur Einführung der Reformation 1542

gegenüberstanden und somit Regensburg nach außen hin das Erscheinungsbild einer katholischen Stadt bot.

„Dieses Nebeneinander von Gotteshäusern beider Konfessionen begünstigte zweifellos den Aufstieg der Stadt zum Sitz des Reichstags, denn dadurch waren den Teilnehmern der Reichsversammlungen ausreichend Möglichkeiten zur unbehinderten Ausübung ihrer jeweiligen Religion geboten. Auch die Bevölkerung der Stadt wies einen zwar wechselnden, aber dennoch relativ hohen Prozentsatz von Katholiken auf. Nach 1552 dürfte der Anteil der Katholiken auf dem dem Magistrat unterstehenden Terrain etwa 5–6%, innerhalb des gesamten Stadtgebiets unter Einbeziehung der reichsstiftischen Bevölkerung ca. 25% betragen haben. 1650 war die Zahl der Katholiken unter der gesamten Stadtbevölkerung auf 1710 (ca. 8,5%) abgesunken. Danach setzte aber wieder eine Trendwende ein, so daß bereits gegen Ende des 17. Jahrhunderts der katholische Teil der Gesamtbevölkerung der Stadt überwog. Innerhalb der Bürgerschaft freilich dominierte das protestantische Element klar; um 1650 bekannten sich nur mehr drei Bürgerfamilien zur katholischen Kirche. Die Dominanz der Evangelischen im Bürgertum sollte durch den Ratsbeschluß vom 28. 4. 1651 gesichert werden, wonach in Zukunft nur noch Protestanten das Bürgerrecht verliehen werden durfte. Angesichts dieser besonderen Regensburger Umstände fällt die Entscheidung, ob Regensburg als paritätische oder pur evangelische Reichsstadt zu bezeichnen ist, schwer. Die Stadt beteuerte wiederholt dem Kaiser gegenüber ihren paritätischen Charakter im Sinne des Städteartikels des Augsburger Religionsfriedens, ließ sich dadurch aber nicht daran hindern, seit der Mitte des 16. Jahrhunderts die Schlüsselpositionen nahezu ausschließlich mit Evangelischen zu besetzen und 1651 das Recht auf Erwerbung des Bürgerrechts Protestanten vorzubehalten. Insofern kann Regensburg als evangelische Reichsstadt bezeichnet werden.“ (P. Schmid)

2. Allmählicher Durchbruch der Katholischen Reform

In den langen Jahrzehnten, da der Ansturm der Reformatoren zum Orkan anwuchs und alle Dämme zu brechen schien, war die Stimmung auf altgläubiger, also katholischer Seite im Allgemeinen durch Resignation gekennzeichnet, auch und gerade bei den Bischöfen dieser Epoche. Zwar kamen in der Kirchenprovinz Salzburg, zu der das Bistum Regensburg gehörte, die Erneuerungsbestrebungen nie völlig zum Erliegen. Doch all die verschiedenen Anstrengungen auf metropolitaner und diözesaner Ebene blieben vornehmlich deshalb weithin wirkungslos, weil es den kirchlichen Führungskräften an entschlossener Bereitschaft zur Selbstreform mangelte. Dabei mochte so mancher Bischof dieser Epoche seinen oberhirtlichen Pflichten mit nicht minderem Einsatz entsprochen haben als im „Herbst des Mittelalters“. Aber die außerordentliche Zeit hätte mehr als das bloße Mittelmaß erfordert, hätte nach herausragenden religiösen Persönlichkeiten verlangt, die bis auf wenige Ausnahmen fehlten. Allerdings darf man bei der Beurteilung der Amtsführung der Bischöfe im Jahrhundert der Glaubensspaltung nicht die überpersönlichen Hemmnisse einer tatkräftigen Antwort auf die Erfordernisse von Amt und Stunde außer Acht lassen. Das waren hauptsächlich die ziemlich schwache Position des Episkopats gegenüber den weltlichen Territorialherren, sodann das Selbstverständnis der vorkonfessionellen adeligen Reichskirche, die vor allem Herrschaft verwaltete, außerdem die Abhängigkeit der Bischöfe von den gleichfalls feudal zusammengesetzten Domkapiteln und der allgemeine Niedergang des katholischen Kirchenwesens.

Betrachtet man die konkrete Situation in Regensburg, so werden diese generellen Feststellungen mehr als bestätigt. Hier sahen sich die Bischöfe des fortschreitenden 16. Jahrhunderts stärksten Belastungsproben ausgesetzt, weil sie es nicht verhindern konnten, dass sich ein großer Teil der Reichsstadtbewohner unter Leitung der führenden Ratsbürgerfamilien der neuen Lehre zuwandte. Außerdem mussten sie es hinnehmen, dass das unter pfälzisch-wittelsbachischer Landeshoheit stehende Diözesangebiet „auf dem Nordgau" – etwa die Hälfte des mittelalterlichen Bistums – gleichfalls für mehrere Generationen dem neuen Glauben und Kirchenbrauch lutherischen oder kalvinischen Gepräges zufiel.

Als die reformatorische Bewegung in weiten Teilen des Bistums um sich zu greifen begann, saß auf dem Stuhl des hl. Wolfgang der pfalzgräfliche Administrator Johann, dessen Aktivitäten sich im Wesentlichen darauf beschränkten, Reformmaßnahmen der bayerischen Herzöge als unberechtigte Eingriffe in die bischöflichen Gerechtsame abzuwehren und der vom Regensburger Magistrat intendierten Beseitigung der Steuerfreiheit des Klerus entgegenzutreten. Da es in seinen letzten Regierungsjahren zu allem Überdruss auch noch zu einem heftigen Zerwürfnis mit dem Domkapitel gekommen war, einigte sich dieses bei der Wahl des Nachfolgers auf einen Kandidaten aus den eigenen Reihen, nämlich auf den Domdekan Pankraz von Sinzenhofen (1538–1548). Er erlitt jedoch bereits wenige Wochen nach der Wahl einen schweren Tobsuchtsanfall. Fortan wechselte seine geistig-seelische Verfassung, von den Ärzten als „Melancholia" diagnostiziert, zwischen lichten Augenblicken und Phasen tiefer Verworrenheit, sehr zum Schaden seiner Amtsführung in einer Zeit, da sich neben der Reichsstadt Regensburg auch die zum Fürstentum Pfalz-Neuburg gehörigen Landstriche des Bistums der lutherischen Bewegung anschlossen. Am Willen, der Reformation Einhalt zu gebieten, hat es dem auch physisch mehr und mehr verfallenden Oberhirten gewiss nicht gefehlt, wohl aber an der Kraft, ihn erfolgreich durchzusetzen.

Ähnliches gilt für seinen Nachfolger Georg Marschalk von Pappenheim (1548–1563), der zwar anfänglich eine bemerkenswerte Aktivität entfaltete, um dem Vordringen des Protestantismus zu wehren, dessen diesbezüglicher Eifer aber gegen Ende der fünfziger Jahre sichtlich erlahmte, offenbar wiederum hauptsächlich aus gesundheitlichen Gründen.

Nicht ohne Sarkasmus schildert uns nämlich der zeitgenössische Chronist und Regensburger Domherr Lorenz Hochwart († 1570) den alternden Bischof als „feisten Menschen", der sich wegen schwerster Behäbigkeit öffentliche Auftritte weithin versagen müsse und sich fast nur noch in seinem Schlafgemach aufhalte.

Zu dem Zeitpunkt, da Marschalk von Pappenheim im Dezember 1563 nach längerer Krankheit die Augen schloss, ging in der Reichsstadt Trient die letzte Tagungsperiode jener langdauernden Kirchenversammlung (1545–1563) zu Ende, die dem katholischen Glaubensbewusstsein in scharfer Abgrenzung zur reformatorischen Lehre klaren Ausdruck verlieh und darüber hinaus durch ihre an den seelsorgerlichen Erfordernissen orientierten Reformdekrete dem innerkirchlichen Leben neue Impulse gab. Einig in dem Ziel, den toten Buchstaben der Trienter Dekrete mit Leben zu erfüllen, erwiesen sich die Päpste der Folgezeit als kraftvolle Förderer der Katholischen Reform, indem sie die zu treffenden Maßnahmen an der konkreten Not der Kirche in den einzelnen Ländern orientierten. Dabei ging es im Bereich der Kirchenprovinz Salzburg zunächst darum, im Klerus aller Ränge die Bereitschaft zur Selbstreform zu wecken und mit Hilfe der neuen Orden eine dem tridentinischen Ideal des Seelenhirten nacheifernde Führungsschicht heranzubilden.

Auch wenn sich der Erneuerungsprozess im Geiste des Trienter Konzils insgesamt ebenso langwierig wie mühsam gestaltete, setzte er im Bistum Regensburg schon früh ein. Während die kurze Amtszeit des Fürstbischofs Veit von Fraunberg (1564–1567) noch im Zwielicht des Übergangs vom spätmittelalterlichen zum tridentinischen Katholizismus stand, ist sein Nachfolger, der aus einer in Tirol begüterten Adelsfamilie stammende David Kölderer von Burgstall (1567–1579), bereits zu den reformwilligen Oberhirten der ersten nachtridentinischen Bischofsgeneration zu zählen. Der unmittelbare Erfolg seiner Bemühungen blieb mangels adäquater rechtlicher Mittel zur Durchführung der Reform und angesichts einer weithin verbreiteten Mutlosigkeit allerdings bescheiden. Von der Ernsthaftigkeit seines Wollens zeugen allein schon die vier Diözesansynoden von 1569, 1571, 1576 und 1577, die er als einziger Bischof der Kirchenprovinz in solcher Anzahl abhielt, um die Beschlüsse der Salzburger Provinzialkonzilien von 1569, 1573 und 1576 für seinen Sprengel fruchtbar zu machen. Darüber hinaus lässt sich Bischof Kölderers reformerischer Elan daran ablesen, dass er mit Dr. Caspar Macer und Dr. Johann Gallus als Dompfarrer sowie Dr. Johann Deublinger und Dr. Johann Baptist Pichlmair als Weihbischöfe Persönlichkeiten von solider Bildung und wahrhaft geistlichem Streben in seine Umgebung holte. Gewiss hatte sich am Ende seines Pontifikats noch keine deutlich spürbare Besserung der Verhältnisse eingestellt; doch lag dies vor allem an zeitbedingten Faktoren wie dem permanenten Gegensatz zwischen Bischof und Domkapitel, der durch personelle Veränderungen in Letzterem nur allmählich abgebaut werden konnte, und dem Widerstreit der kirchlichen und landesherrlichen Reforminteressen, den erst das Konkordat von 1583 für beide Seiten einigermaßen zufriedenstellend bereinigt hat. So ist beispielsweise auch der von Kölderer über Jahre hin eifrigst verfolgte Plan, in Regensburg eine Ausbildungsstätte für künftige Priester zu errichten, letztendlich daran gescheitert, dass sich das selbstbewusste Gremium der Domherren weigerte, die versprochene finanzielle Unterstützung zu leisten.

Es war dann primär dem von päpstlicher und landesfürstlicher Seite tatkräftig unterstütztem Wirken der Reformorden, allen voran der Gesellschaft Jesu, zu verdanken, wenn in den bayerischen Domkapiteln noch vor der Jahrhundertwende eine reformwillige Minderheit mehr und mehr die Oberhand gewann. Nicht selten führten dabei Männer den entscheidenden Umbruch herbei, die ihre Ausbildung an dem von Jesuiten geleiteten Collegium Germanicum in Rom erhalten hatten. Für Regensburg war dies der Schwabe Dr. Jakob Miller, der von 1587 bis 1597 als Bistumsverweser für den minderjährigen Wittelsbacher Prinzen Philipp Wilhelm (1579–1598) zum eigentlichen Bahnbrecher der tridentinischen Erneuerung wurde. In enger Zusammenarbeit mit Herzog Wilhelm V. gelang es ihm, alle Widerstände des Domkapitels gegen die Errichtung eines Jesuitenkollegs zu brechen. Seine 1588 verfassten und immer wieder eingeschärften Reformkonstitutionen wie auch sein vielgerühmter „Ornatus ecclesiasticus" von 1591, eine Handreichung für die würdevolle Ausstattung der Kirchen, sollten den Dekreten von Trient auch auf der Ebene der Pfarreien und Dekanate allmählich Geltung verschaffen. Daneben zeichnete sich Miller bis zu seinem frühen Tod im Spätjahr 1597 durch einen rastlosen persönlichen Einsatz für die Erneuerung aus, der sich keineswegs nur auf die Verwaltungstätigkeit an der bischöflichen Kurie beschränkte, sondern zur Visitation alljährlich hinausführte in die entlegensten Dörfer der weiten Diözese.

Dass in das Domkapitel gegen Ende des 16. Jahrhunderts ein reformfreudiger Geist Einzug gehalten hatte, lässt sich deutlich an der Wahlkapitulation vom Spätjahr 1600 ablesen. Denn sie verpflichtete den künftigen Bischof Wolfgang II. von Hausen (1600–1613) ausdrücklich zur Reinerhaltung des Glaubens, zur Bestellung tüchtiger Priester und zur Errichtung einer geistlichen Gerichts- und Verwaltungsbehörde. Mit dem vormaligen Fürstpropst von Ellwangen sollte Regensburg in der Tat den ersten Oberhirten tridentinischen Zuschnitts erhalten. Unterstützt von gleichgestimmten Mitarbeitern in den Ämtern des Generalvikars und Weihbischofs, setzte er den begonnenen Erneuerungsprozess in den katholisch verbliebenen Landstrichen des Bistums mit Tatkraft fort. Wenn sich Wolfgang von Hausen nach Ausweis des Romberichts von 1609 alljährlich auf Visitations- und Firmungsreisen begab, wenn er seinen Klerikern selbst die hl. Weihen spendete und in seiner Kathedrale häufig Gottesdienst hielt, gelegentlich sogar die Kanzel bestieg, wenn er Kranke besuchte und Sterbenden die hl. Wegzehrung brachte, so wird in alledem ein tiefgreifender Gestaltwandel des Bischofsbildes erkennbar, ein Sieg des Seelsorgers über den Fürsten, der auch auf den Klerus in Stadt und Land prägend wirkte musste. Darüber hinaus ergingen im Auftrag dieses Oberhirten wiederholt strenge Mandate, die die Landdechanten zur regelmäßigen Visitation der Pfarreien mit sorgfältiger Berichterstattung hierüber verpflichteten, besonderes Gewicht auf die religiöse Unterweisung der Gläubigen legten und den Seelsorgern eine Gestaltung der Liturgie nach den tridentinischen Normen vorschrieben.

Nicht zuletzt ließ sich Wolfgang von Hausen in seinem Handeln von gegenreformatorischen Absichten leiten. Als sich die Protestanten nach der Sprengung des Regensburger Reichstags von 1608 zur „Union" zusammenschlossen, warb er mit gleicher Entschlossenheit wie der bayerische Herzog Maximilian für die Gründung eines Defensivbündnisses der katholischen Stände, das im Sommer 1609 in der „Liga" Wirklichkeit wurde. Jetzt sei die Zeit des Zuwartens vorbei, hatte er schon vor dem unglücklich verlaufenen Reichstag an seine Amtsbrüder geschrieben, nun müssten die Katholiken zur Verteidigung ihrer Religion wie eine Mauer zusammenstehen, und er selber wolle hierfür nötigenfalls auch Leib und Leben dransetzen. Den furchtbaren Religionskrieg, der sich auf dem Hintergrund der konfessionellen Bündnisbildung von 1608/09 anbahnte, hat der ebenso kämpferische wie seeleneifrige Oberhirte allerdings nicht mehr erlebt. Ihn mit allen Konsequenzen durchstehen zu müssen, bis hin zu monatelanger schmachvoller Haft auf der Feste Marienberg ob Würzburg (1634/35), war seinem Nachfolger Albert von Törring (1613–1649) beschieden.

Auch Törring fehlte es zunächst nicht an Tatkraft, die Erneuerung des Bistums gemäß den Trienter Richtlinien fortzuführen und besonders die Rekatholisierung in den pfalzneuburgischen Bistumsanteilen sowie in der 1628 definitiv bayerisch gewordenen Oberpfalz zu unterstützen, soweit dies der arge Priestermangel ermöglichte. Nur hatte er das schwere Los gezogen, die ausgedehnte Diözese durch eine der notvollsten Epochen ihrer Geschichte steuern zu müssen. Bis auf wenige Jahre war seine Regierungszeit überschattet vom Dreißigjährigen Krieg (1618–1648), der den bischöflichen Aktivitäten schmerzliche Grenzen setzte. So ist es in erster Linie der Ungunst der Zeit zuzuschreiben, wenn Törrings anfänglicher Tatendrang und Unternehmungsgeist allmählich einer Haltung des lässigen Treibenlassens und zuletzt verbitterter Resignation wichen. Und so lag es gleichfalls hauptsächlich an den misslichen Zeitläuften, dass der endgültige und tragende Durchbruch der Katholischen Reform bis zur Jahrhundertmitte auf sich warten ließ.

Jetzt erst konnte die in Trient eingeleitete Erneuerungsbewegung in einer zweiten Welle übers Land gehen und auf breiter Ebene Wurzel fassen, konnten sich die nie völlig untergegangenen religiösen Lebensformen des späten Mittelalters nach Jahrzehnten der Mutlosigkeit und tiefer Verstörung zu barockem Reichtum entfalten. In Regensburg verbindet sich diese epochale Wende mit dem Namen eines Oberhirten, der ob seiner Tatkraft im geistlichen wie politischen Bereich zu den bedeutendsten Reichsbischöfen des 17. Jahrhunderts gehört: mit dem Germaniker Franz Wilhelm von Wartenberg (1649–1661) aus einer Nebenlinie des bayerischen Herrscherhauses.

Schon in jungen Jahren mit zahlreichen kirchlichen Ämtern und Würden ausgestattet, hatte Wartenberg während des Dreißigjährigen Krieges in lebhafter kirchenpolitischer Aktivität den kompromisslosen Flügel der katholischen Partei angeführt und bei den westfälischen Friedensverhandlungen in zähem Einsatz durchgesetzt, dass ihm von seinen verschiedenen Pfründen wenigstens das Hochstift Osnabrück zurückerstattet wurde. Mit ernster Hirtensorge und ungebrochenem Eifer, aber ohne die in früheren Jahren geübte Härte ging er nach dem Friedensschluss an den Wiederaufbau des katholischen Kirchenwesens in Osnabrück und im Bistum Regensburg, dessen Leitung ihm seit April 1649 anvertraut war. Die geistliche Erneuerung in seiner vom Krieg arg heimgesuchten bayerischen Diözese setzte er 1650 auf einer großen Synode in Gang und trieb sie sodann durch Visitationen und Mandate energisch voran. Seine Bemühungen um die Reform des Welt- und Ordensklerus, um die Hebung der Seelsorge und eine religiös bestimmte Volksbildung zeitigten alsbald schöne Früchte, zumal der spätere Kardinal gegen heftige Widerstände auch ein Priesterseminar errichten konnte und bei der Wahl seiner engsten Mitarbeiter eine äußerst glückliche Hand bewies. Allen voran ist diesbezüglich Dr. Sebastian Denich (1596–1671) zu nennen, der schon unter Törring das Amt des Domdekans bekleidet hatte und in der Regierungszeit Wartenbergs als Generalvikar, Konsistorialpräsident und Weihbischof fungierte. Namentlich in den Jahren 1651/52 und 1655 bis 1659, in denen Wartenberg in Wahrnehmung seiner Aufgaben als Fürstbischof von Osnabrück und Apostolischer Vikar für Bremen in Niederdeutschland weilte, lag die Hauptlast der

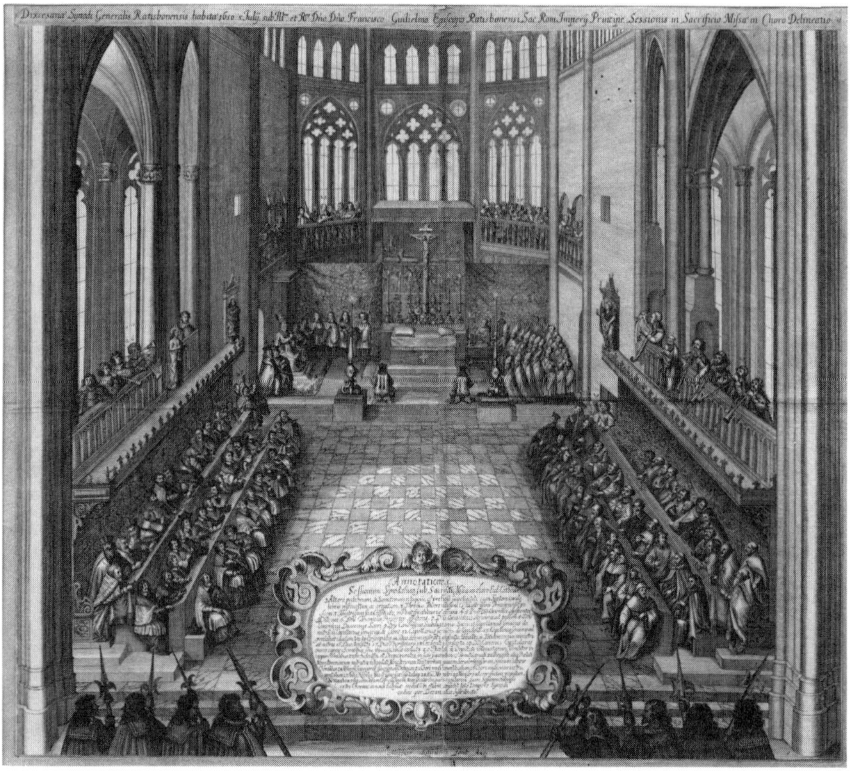

Bistumssynode von 1650 im Regensburger Dom;
Kupferstich von Melchior Küsell

Bistumsverwaltung auf Denichs Schultern. Mit welcher Rührigkeit er aber das ihm im Oktober 1650 anvertraute Weihbischofsamt ausübte, zeigt die bloße Statistik. Als er in Wartenbergs Auftrag vier Jahre später zur „Visitatio liminum“ nach Rom aufbrach, hatte er bereits 15 000 Personen gefirmt, 300 Kandidaten niedere und höhere Weihen gespendet sowie zahlreiche Kirchen und Altäre konsekriert oder im Krieg entweihte rekonziliiert. Und kaum aus der Ewigen Stadt zurückgekehrt, unternahm er im Spätherbst 1655 eine weitere große Firmungs- und Visitationsreise durch die ganze Oberpfalz bis hinauf ins Egerland.

3. Eine verjüngte Klosterlandschaft als Träger der Reform

So vielfältig und unterschiedlich die Kräfte und Träger der Katholischen Reform auch waren: Stärkste Impulse empfing sie zweifelsohne von jenen neuen Orden, deren Wiege im romanischen Süden stand, in Spanien und Italien, wo die kirchlichen Erneuerungsbestrebungen des späten Mittelalters ohne Unterbrechung durch die Glaubensspaltung lebendig geblieben waren und weiterwirken konnten. Die junge, von kraftvollem Elan getragene Gesellschaft Jesu formte der baskische Edelmann Ignatius von Loyola zum Abbild seines Wesens, gab ihr die vollendete Willenszucht und eine unermüdliche Tatkraft im Dienste Gottes und der Kirche. Die Kapuziner, der zweite große Reformorden des 16. Jahrhunderts, wuchsen heraus aus der geistigen Auseinandersetzung um die Auslegung der franziskanischen Regel im Sinne der ursprünglichen Einfachheit. Zur selben Zeit, da sie ihr Wirken über Italiens Grenzen hinweg auszuweiten begannen, reifte im katholischen Spanien das große karmelitanische Reformwerk heran, angestoßen von Teresa von Avila und Johannes vom Kreuz.

Konnten die Jesuiten bereits in der zweiten Hälfte des 16. Jahrhunderts eine fruchtbare Tätigkeit in Altbayern entfalten, so fanden die Unbeschuhten Karmeliten und vor allem die Kapuziner im Herzog und Kurfürsten Maximilian ihren großen Gönner. Er führte seit 1620 auch die bayerischen Franziskanerklöster der Reform zu, und sein Sohn Ferdinand Maria holte noch die neuen weiblichen Erziehungsorden der Ursulinen und Salesianerinnen ins Land. Von nicht zu unterschätzender Bedeutung für den endlichen Sieg der Katholischen Reform und das Werden des bayerischen Kirchenbarock war es schließlich auch, dass die alten Prälatenorden im Verlauf des 17. Jahrhunderts ihre ursprüngliche Stoßkraft wiedererlangten.

Kaum dass die Jesuiten nach der Mitte des 16. Jahrhunderts in Ingolstadt und München definitiv Fuß gefasst hatten, wurde das höhere Schulwesen zu ihrer eigentlichen Domäne, erkannte man doch in der Formung einer neuen geistlichen und weltlichen Elite das vordringlichste Reformanliegen. Dabei ging es ihnen in ihren Bildungsanstalten keineswegs um bloße Wissenschaft und Lehrtätigkeit, vielmehr um ein zutiefst seelsorgerliches Bemühen, wie man an den allenthalben ins Leben gerufenen „Marianischen Kongregationen“ mit ihrem Streben nach Selbstheiligung und ihrem apostolischen Eifer ablesen kann. In der Diözese Regensburg entstand die erste Niederlassung der Jesuiten 1589 in der Bischofsstadt selbst. Sie übernahmen hier das aufgehobene Kanonissenstift Mittelmünster bei St. Paul und eröffneten noch im gleichen Jahr ein vierklassiges Gymnasium, das als

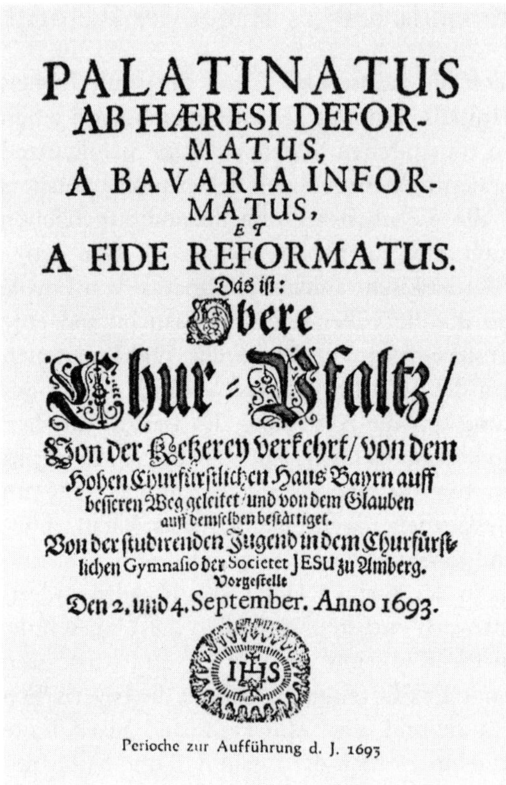
PALATINATUS
AB HÆRESI DEFORMATUS,
A BAVARIA INFORMATUS,
ET
A FIDE REFORMATUS.
Das ist:
Obere
Chur-Pfaltz/
Von der Ketzerey verkehrt/ von dem
Hohen Churfürstlichen Haus Bayrn auff
besseren Weg geleitet/ und von dem Glauben
auff demselben bestättiget.
Von der studirenden Jugend in dem Churfürstlichen Gymnasio der Societet JESU zu Amberg.
Vorgestellt
Den 2. und 4. September. Anno 1693.

Perioche zur Aufführung d. J. 1693

Titelblatt zum Textheft eines Schauspiels, das in lateinischen Versen den Triumph des wahren Glaubens und des Jesuiten-Ordens über die „Ketzerey" in der Oberpfalz verherrlicht.

katholisches Pendant zum reichsstädtischen „Gymnasium Poeticum" regen Zuspruch fand und 1593 mit der Angliederung einer Rhetorikklasse zum Vollgymnasium ausgebaut werden konnte; zu ihm gesellte sich in den Jahren 1615/16 ein Lyzeum für die philosophisch-theologische Ausbildung. Im Zusammenhang mit dem Übergang der Oberpfalz an Bayern berief Maximilian I. die Söhne des hl. Ignatius in den zwanziger Jahren des 17. Jahrhunderts in die oberpfälzische Hauptstadt Amberg. Auch hier ging ihr eifrig betriebenes Rekatholisierungswerk Hand in Hand mit dem Aufbau eines Kollegs und der Errichtung von höheren Unterrichtsanstalten beim Gotteshaus St. Georg. 1631 schließlich nahm die Straubinger Jesuitenniederlassung ihren Anfang, kam aber so recht erst zur Blüte nach den Wirren des großen Religionskriegs.

Konzentrierte sich das Wirken der Gesellschaft Jesu vornehmlich auf die höheren Stände, so wurden die Kapuziner zu den Seelsorgern des breiten Volkes. Wieder machte innerhalb der Diözese Regensburg die Bischofsstadt den Anfang, indem 1613 durch kaiserliche Unterstützung auf einem Gelände des Damenstifts Niedermünster nahe dem Ostentor der Grundstein für das Kloster St. Matthias gelegt werden konnte. Im Jahr darauf stiftete Herzog Maximilian eine Kapuzinerniederlassung in Straubing. 1625 begann man mit dem Bau des St. Michaelsklosters in Deggendorf, das gleichfalls hauptsächlich landesherrlicher Initiative sein Entstehen verdankte. Nach dem Dreißigjährigen Krieg wurden die Kapuziner von Fürstbischof Wartenberg angesichts des argen Priestermangels zur Ausübung der Pfarrseelsorge nach Parkstein, Vohenstrauß und Weiden berufen. Die zunächst im Simultaneum verstreut wirkenden Patres erhielten 1687 einen zentralen klösterlichen Stützpunkt in Schwandorf. Eine neuerliche Expansionswelle erlebte der Orden in den ersten Jahrzehnten des 18. Jahrhunderts. Teils zur Betreuung von Wallfahrtsstätten, teils zur Mithilfe in der Pfarrseelsorge, insbesondere auf der Kanzel und im Beichtstuhl, entstanden damals Hospize oder kleinere Konvente in Vilsbiburg, Burglengenfeld, Neustadt an der Waldnaab, Vilseck, Wolnzach, Sulzbach und auf dem Kreuzberg bei Schwandorf.

In ihrer Spiritualität und Wirksamkeit trafen sich die Kapuziner mit den Franziskanern des Landes, deren mittelalterliche Niederlassungen sich auf Drängen Maximilians I. ab 1620 nacheinander den „Riformati" anschlossen, einem in Italien entstandenen Ordenszweig strengerer Observanz. Einzig das Franziskanerkloster im reichsstädtischen Regensburg blieb bis zuletzt bei seinen eigenen, den minoritischen Gewohnheiten. In alle Neugründungen der Folgezeit hielt das reformierte Franziskanertum Einzug, so in Amberg (1626/27), Cham (1631), Stadtamhof (1638), Dingolfing (1642), Eggenfelden (1648), Kemnath (1658), Neukirchen bei hl. Blut (1658), Straubing (1702), Neunburg vorm Wald (1722) und Vohburg (1726). Diese verschiedenen Niederlassungen machen deutlich, dass sich die reformierten Franziskaner nicht mehr wie einst die Jünger des Poverello von Assisi nur die großen Städte als Wirkungsbereich erkoren, sondern dass sie gleich den Kapuzinern auch auf die Bauernmärkte hinausgingen. Und bei aller Rivalität, mit der sich fortan Kapuziner und Franziskanerreformaten begegnen mochten, war es im Grunde doch die gleiche, typisch franziskanische Frömmigkeitshaltung, die ihnen die Sympathie des Volkes gewann. Dabei meint franziskanische Spiritualität – im Unterschied zum willensmäßigen Aktivismus der Jesuiten – vor allem betonte Innerlichkeit und kindliches Vertrauen. Beides rückte wie schon im Spätmittelalter noch einmal das Leiden Christi in den Mittelpunkt aller religiösen Anmutungen und prägte auch ikongraphisch einen neuen Andachtstyp: den „Herrn im Kerker" nach dem Verhör im Hause des Hohenpriesters Kajafas und den „Christus mit der Schulterwunde". Aus gleicher Wurzel entstanden die malerischen Kalvarienberge, die bei Hoch und Nieder so beliebten Karfreitagsprozessionen und nicht zuletzt die Kreuzwegandacht, zu deren Schrittmachern die Franziskaner wurden, seit 1729 der Kreuzweg zur festen Vorschrift für jedes ihrer Klöster geworden war.

Gemessen an den Kapuzinern und Franziskanern hielt sich die Ausstrahlung eines weiteren franziskanischen Reformzweigs, des durch Franz von Paula begründeten „Ordo fratrum minimorum“, in bescheidenen Grenzen. Im Bistum Regensburg konnten die Paulaner nur einen einzigen Stützpunkt gewinnen, und zwar im oberpfälzischen Amberg, wohin sie auf dem Umweg über Neunburg vorm Wald 1652 gelangt waren. Hier übernahmen sie hauptsächlich die Militärseelsorge. Noch während des Dreißigjährigen Krieges hielt ein anderer Mendikantenorden, der reformierte Zweig der „Unbeschuhten“ oder „Barfüßigen“ Karmeliten, ins reichsstädtische Regensburg Einzug. Vornehmlich kaiserlicher Protektion war es zu verdanken, wenn es den Karmeliten nach schwierigen Anfängen 1641 gelang, ein größeres Areal beim Stift Niedermünster zu erwerben und in den folgenden Jahrzehnten einen ansehnlichen Konventbau und die Klosterkirche St. Joseph zu errichten.

Im späten 17. Jahrhundert erfuhr die bunte Klosterlandschaft des Bistums eine nochmalige Bereicherung durch die weiblichen Erziehungsorden der Ursulinen und Salesianerinnen. Die Ursulinen kamen 1691 über ihre erste bayerische Niederlassung in Landshut nach Straubing und etablierten in der dortigen Burggasse eine Mädchenschule mit Internat, die dankbar angenommen wurde. Die „Schwestern von der Heimsuchung Mariä“ oder „Salesianerinnen“ errichteten 1692 von München her ein rasch aufblühendes Kloster in Amberg, und zwar auf die dringliche Vorstellung des Magistrats hin, dass bei *Personen weiblichen Geschlechts Verführungen und Unglücksfällen vorzubeugen wäre, wenn in hiesiger Stadt etwelche Klosterfrauen und zwar solche Ordenspersonen wären, so die Jugend in anständiger, künstlicher Arbeit, guten Tugenden und in der Furcht Gottes unterrichten würden.* Die finanziell wie personell gut ausgestattete Niederlassung konnte 1753 sogar eine Filiale in Sulzbach eröffnen. Dass aber die Amberger Bürger ihre Töchter gerne den Salesianerinnen anvertrauten, bezeugt ein Bericht von 1782, wonach die vierklassige Schule von insgesamt 147 Mädchen besucht wurde. Besonderer Beliebtheit bei der Amberger Bevölkerung erfreute sich zudem die 1725 an die Kirche der Salesianerinnen gestiftete Andacht zu Ehren des Heiligsten Herzens Jesu. Sie gab schon wenige Jahre später den Anstoß zur Errichtung einer gleichnamigen Bruderschaft, die fortan mit ihren farbenprächtig gestalteten Festen wesentlich dazu beitrug, den grauen Alltag in der oberpfälzischen Hauptstadt zu überhöhen.

Wie schon angedeutet, führten die tridentinischen Reformorden auch dem alten Mönchtum, dessen Klöster der lutherischen Herausforderung großenteils wenig Widerstand zu leisten wussten, neue Kräfte zu. Namentlich der religiöse Tatendrang der Jesuiten wirkte der antimonastischen Propaganda mächtig entgegen und bahnte nach jahrzehntelanger Schmähung wieder einer Wertschätzung des klösterlichen Lebens den Weg. Schon gegen Ende des 16. Jahrhunderts wird in den meisten Stiften der Benediktiner, Zisterzienser, Augustinerchorherren und Prämonstratenser, soweit sie die Reformationsepoche überhaupt durchstehen konnten, eine erste Festigung spürbar, vornehmlich getragen von jener neuen Mönchsgeneration, die bei den Jesuiten in Ingolstadt oder Dillingen ihre wissenschaftliche Ausbildung und geistliche Prägung erfahren hatte. Wenn gleichwohl die Prälatenklöster erst in der zweiten Hälfte des 17. Jahrhunderts ihre eigentliche Stoßkraft wiedererlangten, so lag dies hauptsächlich an den widrigen Zeitläufen, am großen Krieg, der seit 1632 mit Raub, Brand und Mord über Kurbayern hereinbrach, gefolgt vom grausigen Wüten der Pest 1634 und 1648/49.

Doch gerade angesichts der tiefen Spuren der Zerrüttung, die das langdauernde Kriegstheater hinterlassen hatte, erscheint die rasche Konsolidierung fast aller Prälatenklöster in der zweiten Hälfte des 17. Jahrhunderts um so bemerkenswerter. Einmal abgesehen von der regen Bautätigkeit, die die alten Orden zum Hauptträger der sich ausformenden Barockkultur werden ließ, kann man diese Konsolidierung an zwei folgenreichen Vorgängen in aller Deutlichkeit ablesen: an der Wiederherstellung der im Zuge der Reformation säkularisierten Oberpfalzklöster und an der Gründung der „Bayerischen Benediktinerkongregation von den heiligen Schutzengeln". Die Bemühungen des Prälatenstandes um Rückgabe der Besitzungen der aufgehobenen oberpfälzischen Stifte, deren Nutzungsrecht kraft päpstlichen Indults für die Dauer des Krieges und die Jahre danach dem Landesherrn übertragen worden war, liefen am Münchener Hof lange Zeit ins Leere. Erst im Spätjahr 1661, nachdem die römische Kurie den Antrag auf eine nochmalige Verlängerung der Nutzungsfrist abgelehnt hatte, fand sich Kurfürst Ferdinand Maria zur Rückgabe bereit. Die nun unverzüglich in Angriff genommene und 1669 zum formellen Abschluss gekommene Erneuerung der oberpfälzischen Klöster erfolgte, indem vermögende Klöster im Altbayerischen jeweils eine Niederlassung ihres Ordens in der Oberpfalz in ihre Obhut nahmen. So wurden im Regensburger Bistumsbereich die Benediktinerstifte Ensdorf und Reichenbach durch Mönche aus Prüfening beziehungsweise St. Emmeram wiederhergestellt; den Zisterzienserklöstern Waldsassen und Walderbach standen die Abteien Fürstenfeld und Aldersbach Pate, dem Prämonstratenserkloster Speinshart das Stift Steingaden.

Die Wiederherstellung der Oberpfalzklöster glückte auf der ganzen Linie. Noch vor der Jahrhundertwende waren die restituierten Konvente dermaßen gekräftigt, dass sie ihre altbayerischen „Schirmherren" erübrigen konnten und Selbständigkeit erlangten. Mittlerweile hatten sich die meisten Benediktinerstifte des Landes unter der Präsidentschaft des St. Emmeramer

Prälaten Coelestin Vogl zu einer Kongregation zusammengeschlossen und für ihren Nachwuchs ein gemeinsames Noviziat in Prüfening sowie ein gemeinsames Studium in Scheyern eingerichtet. Im päpstlichen Bestätigungsschreiben dieser Initiative vom 26. August 1684, das achtzehn Abteien namentlich aufführt, fehlen aus dem Bistum Regensburg die Klöster Metten, Oberaltaich und Weltenburg. Während Metten der Kongregation stets fernblieb, traten Weltenburg 1686 und Oberaltaich 1687 nachträglich einem Unternehmen bei, das den einzelnen Klöstern einen wirksameren Schutz bot und sie so befähigte, ihre Kräfte für das religiöse und geistig-kulturelle Schaffen im Zeitalter des Barock und der Aufklärung freier zu entfalten.

Doch damit ist bereits eine Thematik angesprochen, die im folgenden Kapitel besondere Aufmerksamkeit finden wird. Zuvor aber bedürfen die Darlegungen zur Katholischen Reform noch einer „Bilanzierung“. Sie haben in all ihren Facetten deutlich gemacht, dass die Hauptaufgabe der aus dem romanischen Süden einströmenden und im eigenen Land aufbrechenden Reformkräfte darin bestand, die Dekrete des Trienter Konzils vor Ort mit Leben zu erfüllen. Allerdings vollzog sich die solchermaßen in die Wege geleitete Verjüngung des religiös-kirchlichen Lebens weder in einem einmaligen Durchstoß noch in kontinuierlicher Entwicklung, sondern im wechselhaften Auf und Ab der Geschichte, das Vor- und Rückschritte kennt, dem Erfolg und Misserfolg gleichermaßen eigen sind. Es dauerte Jahrzehnte, in einem territorialstaatlich so arg zerklüfteten Bistum wie dem Regensburger sogar ein volles Jahrhundert, ehe der Reformprozess auf breiter Ebene bleibenden Erfolg zeitigte. Namentlich die hereinbrechenden Wogen des Dreißigjährigen Krieges bedeuteten allerorten eine Gefährdung des mühsam Errungenen. Hauptsächlich deshalb konnte sich jener vitale religiöse Gestaltungswille, der in den romanischen Ländern bereits in der zweiten Hälfte des 16. Jahrhunderts eine neue, die barocke Kultur entstehen ließ, nördlich der Alpen erst Generationen später entfalten. Hier markierten Trienter Konzil und Westfälischer Friede ein knappes „Jahrhundert des Einbruchs von außen, des Aufbruchs von innen – ein großes Wechselspiel von Herausforderung und Antwort, das sich dann im Triumph des bayerischen Kirchenbarock so wunderbar verklären sollte“ (B. Hubensteiner).

V. Kapitel

Das Zeitalter des Barock und der Aufklärung

Lag es vornehmlich an der Ungunst der Zeit, dass sich die auf dem Konzil von Trient eingeleitete Reformbewegung nördlich der Alpen endgültig erst nach dem Westfälischen Frieden durchsetzen konnte, so gewann sie hier aber anschließend rasch eine Gestalt, die bis weit ins 18. Jahrhundert hinein alle Lebensformen zutiefst zu durchdringen vermochte. Die Rede ist vom „Geist des Barock", dessen Quellgrund und einigendes Band das wiedererstarkte katholische Glaubensbewusstsein bildete. In der zweiten Hälfte des 18. Jahrhunderts kam dann auch in Bayern die Aufklärung, die von England und den Niederlanden ihren Ausgang genommen und zunächst das protestantische Deutschland erfasst hatte, stärker zur Geltung. Doch trug diese vielschichtige geistesgeschichtliche Bewegung mit ihrem betonten Bildungsstreben hierzulande im Allgemeinen ein maßvolles Gepräge. Den Verantwortlichen in Staat und Kirche war es hauptsächlich darum zu tun, die guten Kräfte des „Saeculum paedagogicum" zum irdischen und geistlichen Wohl der Menschen fruchtbar zu machen.

Auch im Bistum Regensburg waren die anderthalb Jahrhunderte zwischen dem Westfälischen Frieden und der großen Säkularisation geprägt durch die volle Entfaltung der Barockkultur nach dem Ende der furchtbaren Religionskriege sowie durch eine eigengeartete Übernahme aufgeklärten Ideenguts seit der Mitte des 18. Jahrhunderts. Als Träger der einen wie der anderen Bewegung sind hier vor allem die vielen Klöster namhaft zu machen. Weit weniger Impulse gingen von den Bischöfen aus, denn der Stuhl des hl. Wolfgang bildete bis zum Vorabend der Säkularisation eine Domäne nachgeborener Söhne des bayerischen Herrscherhauses, die sich aufgrund ihrer Ausstattung mit wesentlich bedeutenderen und einträglicheren geistlichen Pfründen nahezu ausnahmslos nicht dazu herbeiließen, in eigener Person auf ihm Platz zu nehmen.

1. Im Bannkreis der wittelsbachischen Kirchenpolitik

Um die gefährdete Reichskirche vor dem Zugriff der Andersgläubigen zu sichern, waren im Zuge der Gegenreformation die katholisch verbliebenen Fürsten des Reiches auf den Plan getreten, allen voran das Haus Bayern, das sich als zuverlässigste Stütze des alten Glaubens erwiesen hatte. Nichts erschien im Blick auf die religiöse Situation im Norden und Westen Deutschlands vorteilhafter, als solche Bischöfe zu bestellen, die bei einer starken Hausmacht Rückhalt finden konnten, selbst wenn der Aufbau eines regelrechten bayerischen Bischofsreiches in diesen Regionen nur um den Preis der vom Trienter Konzil streng verbotenen Pfründenhäufung möglich war. So hatten Prinzen aus dem Hause Wittelsbach nahezu 200 Jahre lang (1583–1761) das Erzbistum Köln als geistliche „Sekundogenitur" inne und vereinigten das politisch hochbedeutsame Stift zeitweise mit den Bistümern Lüttich, Münster, Paderborn und Hildesheim in ein und derselben Hand. Dabei trat im Verlauf der Entwicklung das konfessionelle und religiöse Interesse mehr und mehr hinter das dynastische zurück, und schließlich mussten die Hochstifte der Reichskirche nur noch zur standesgemäßen Versorgung nachgeborener Söhne sowie zur Stärkung der Hausmacht von erblichen Reichsfürsten herhalten.

Aber nicht nur die Bischofsstühle in der nordwestlichen Germania Sacra, auch die politisch weniger bedeutsamen und wirtschaftlich minder einträglichen Hochstifte Freising und Regensburg nahmen im System der wittelsbachischen Kirchenpolitik einen festen Platz ein. Freising und Regensburg waren nämlich fast ausschließlich bayerische Bistümer, und wenn es gelang, hier wie dort einen Kandidaten aus dem eigenen Hause durchzusetzen, so ließ sich dadurch wenigstens indirekt eine Art staatskirchlicher Oberhoheit über diese Sprengel sichern. Und mochte der wirtschaftliche Ertrag der Regensburger Bischofspfründe noch so bescheiden sein – in der ersten Hälfte des 18. Jahrhunderts warf das Hochstift nach Abzug der notwendigen Ausgaben jährlich etwa 30 000 Gulden ab –, so lag dem Münchener Hof doch alles daran zu verhindern, dass ein „ausländischer Souverän" in Bayern regierte und über weite Teile des Landes die geistliche Jurisdiktion ausübte.

Tatsächlich waren Bistum und Hochstift Regensburg schier die ganze Barockzeit hindurch den Händen wittelsbachischer Prinzen anvertraut. Von einer nur kurzen Unterbrechung zwischen 1662 und 1668 abgesehen, läuft ihre Reihe von 1649 bis 1763 geschlossen durch. Sie wurde eröffnet von dem schon im vorausgehenden Kapitel vorgestellten Franz Wilhelm aus der gräflichen Seitenlinie der Wartenberger; dann folgten aus dem Herrscherhause selbst Albrecht Sigmund (1668–1685), Joseph Clemens (1685–1715) Clemens August (1716–1719) und schließlich Johann Theodor (1719–1763), der „Kardinal von Bayern". Aufs Ganze gesehen bietet das wittelsbachische Jahrhundert der Regensburger Bistumsgeschichte hinsichtlich der Oberhirtensorge ein wenig erfreuliches Bild. Nur Franz Wilhelm von Wartenberg verkörperte, wie dargelegt, die große Ausnahme. In klarer Zielsetzung und mit unbeugsamer Festigkeit hat er nach dem Dreißigjährigen Krieg eine durchgreifende religiös-sittliche Erneuerung eingeleitet. Seine umsichtigen Reformmaßnahmen, namentlich die Beschlüsse der beiden Diözesansynoden von 1650 und 1660, sind richtungweisend geblieben bis ins frühe 18. Jahrhundert.

Völlig anderen Zuschnitts war der auch mit Freising bepfründete Albrecht Sigmund, ein Neffe des großen Kurfürsten Maximilian. Gewiss untadelig in seinem persönlichen Lebenswandel, konnte er sich doch nie dazu aufraffen, die höheren Weihen zu empfangen. In der Hochstiftsverwaltung hat er sich zwar mit einigem Erfolg um die Verminderung der Schuldenlast bemüht, aber auf das kirchliche Leben seiner beiden Bistümer nahm er so gut wie keinen Einfluss.

Mit Albrecht Sigmund begann die Abfolge jener Regensburger Fürstbischöfe aus der Dynastie der Wittelsbacher, die sich kaum um ihren Sprengel kümmerten, die ihm lediglich ihren hochfürstlichen Namen liehen und ansonsten hauptsächlich auf die sorgfältige Abführung der Schatullengelder bedacht waren. Zur Verdeutlichung folgende Episode: Nachdem Joseph Clemens – ein Bruder des Kurfürsten Max II. Emanuel und selbst Kurfürst von Köln, Fürstbischof von Hildesheim, Lüttich und Regensburg sowie Fürstpropst von Berchtesgaden – während des Spanischen Erbfolgekriegs (1701–1714) im französischen Exil die Priester- und Bischofsweihe empfangen hatte, tat er dem Regensburger Domkapitel mit Schreiben vom 27. November 1714 kund, er wolle nun – nach bald 30-jähriger Amtszeit! – seiner Bischofsstadt an der Donau endlich den noch schuldigen Antrittsbesuch abstatten und in der bevorstehenden Fastenzeit „zum wenigsten daselbst die salzweih vornehmen". Aber nicht einmal diese arg bescheidene Absicht löste der mit vier Bischofshüten ausgestattete Kirchenfürst ein. Übrigens sollte auch Johann Theodor – er wurde im Alter von sechzehn Jahren auf den Stuhl des hl. Wolfgang postuliert und erhielt später noch die Hochstifte Freising und Lüttich – während einer 44-jährigen Oberhirtenschaft Regensburg nie betreten. Er und sein älterer Bruder Clemens August hatten geraume Zeit nicht weniger als acht Bistümer in ihren Händen und beherrschten damit nahezu die halbe Germania Sacra.

Aus dem bisher Gesagten erhellt zugleich, dass die dynastische Kirchenpolitik häufig Männer an die Spitze der Diözesen brachte, die die geistliche Laufbahn ohne Eignung und Neigung eingeschlagen hatten. Nicht selten wurden sie sogar förmlich in diese hineingezwungen, meist schon im jugendlichen Alter, obwohl das den Bestimmungen des Tridentinums widersprach. Dass dabei das ursprüngliche Motiv der Sicherung katholischer Positionen im Reich kaum noch eine Rolle spielte, sondern hausmacht- und versorgungspolitische Zielsetzungen im Vordergrund standen, belegt überdeutlich ein Privatbrief des Kurfürsten Max Emanuel vom Sommer 1721, in dem er seinem damals achtzehnjährigen jüngsten Sohn Johann Theodor, der sich zwei Jahre zuvor das schriftliche Versprechen zum Eintritt in den geistlichen Stand hatte abringen lassen, die völlige rechtliche Zurücksetzung in der Familie androhte, falls er die väterlichen Absichten mit ihm zu durchkreuzen wage. Unter anderem bedeutete er dem arg von Gewissensqualen Geplagten auf dessen Mitteilung, er fühle sich zum geistlichen Stand nicht berufen, schroff: *Du bist ein erwöhlter bischoff, welche election auch mit deinem consens damahls geschehen; ... alsdan hast du dich auf eine solche weis aufzufüehren und werde von dir nit gedulden, sowohl zu Rom als dem kayserlichen hof und ganzen Römischen Reich prostituirt zu werdten und nach deiner gegebenen erklärung ein dementis zu bekhommen. Du meldest in deinem schreiben, dein verlangen seye, in der weldt zu verbleiben. Ich begehre nit, das du ein cartäuser oder münch werden sollest, sonder ein mächtiger reichsfürst, der dem catholischen weesen vorstehen und zu unseres haus grossen avantage undt aufnamb contribuiren khönne.*

Der so unbarmherzig Beschiedene hat sich dem väterlichen Willen gebeugt, wenn er auch, weil gewaltsam in die reichskirchliche Laufbahn gedrängt und zu früh der Staatsraison seines Fürstenhauses geopfert, die drei ihm zugeschanzten Bischofsmitren lebenslang als unumgängliche Bürde trug. „Priester und Bischof war er eben nur gezwungenermaßen geworden, um Fürst und Landesherr sein zu können, und hierin unterschied er sich in nichts von Clemens August und nur wenig von zahlreichen Reichsbischöfen seiner Zeit, denen der Fürstenhut auch weit mehr bedeutete als die bischöfliche Inful." (Manfred Weitlauff) In seiner Bischofsstadt an der Donau hat Johann Theodor, wie gesagt, nie residiert. Hochstift und Bistum Regensburg „regierte" er vielmehr jahrzehntelang aus der Ferne, von München, Ismaning oder Freising her, in späteren Jahren zumeist von seinen Schlössern im Lütticher Land oder gar von Versailles aus. Seelsorgerliche Impulse sind von ihm ebenso wenig ausgegangen wie vormals von Joseph Clemens.

Doch ist mit dem Schlagwort „wittelsbachisches Jahrhundert" nur eine Seite der Bistumsgeschichte in der Barockzeit ins Bild gebracht. Neben und

Franz Wilhelm Graf von Wartenberg,
Fürstbischof von Regensburg
(1649–1661)

Gottfried Langwerth von Simmern,
Bistumsadministrator und Weihbischof
(1716/17–1741)

hinter den geistlichen Fürsten, deren Sozialprofil weit vom tridentinischen Ideal entfernt war und die wegen ihrer mehrfachen Bepfründung, ihrer Minderjährigkeit, ihrer fehlenden höheren Weihen oder ihrer unzulänglichen theologischen Bildung den bischöflichen Pflichten kaum nachgekommen sind, darf das häufig unauffällige Wirken der Weihbischöfe, Bistumsadministratoren und Generalvikare nicht übersehen werden. Auf ihren Schultern ruhte die eigentliche Last der Bistumsverwaltung; ihr Seeleneifer prägte das andere, das geistliche Antlitz der Kirche in entscheidendem Maße mit. Und ihrem Einsatz ist es vor allem zu verdanken, wenn in einem so eng mit der dynastischen Reichskirchenpolitik verflochtenen Bistum wie dem Regensburger die kirchliche Aufbauarbeit nicht nur nicht ins Stocken geriet, sondern sogar eine langdauernde religiöse Blüte anheben konnte, wie sie sich noch heute auf Schritt und Tritt an der kulturellen Gestaltungskraft des Barockzeitalters ablesen lässt.

Der Offizial, Bistumsadministrator und Weihbischof Gottfried Langwerth von Simmern sei hier stellvertretend für andere genannt. Fiel doch seine über vier Jahrzehnte währende Regensburger Tätigkeit (1699–1741) in die Regierungszeit jener drei wittelsbachischen Fürstbischöfe, die sich ihrer geistlichen Belange nicht angenommen haben.

Im Rahmen seines vielfältigen Aufgabenbereichs war Langwerth von

Simmern – er entstammte einem protestantischen Adelsgeschlecht des Rheingaus und hatte sich nach seinem Übertritt zum katholischen Glauben im Deutschen Kolleg zu Rom auf den Priesterberuf vorbereitet – stets um eine Neubelebung, Festigung und Vertiefung des religiös-sittlichen Lebens bei Klerus und Volk bemüht. Dabei ging er gegen allzu üppige Schösslinge barocker Frömmigkeit unnachsichtig vor, und Maßnahmen wie das Verbot der Passionsspiele oder die Reduzierung von Feiertagen, Bittgängen und Wallfahrten lassen ihn bereits als Vorkämpfer einer gemäßigten Aufklärung erscheinen. Wichtigste Grundlage für seine pastoralen Entscheidungen wurde die 1723/24 erstellte „Designatio parochiarum", eine umfassende und in ihrer Konzeption bis dahin einzigartige Bestandsaufnahme des gesamten Bistums, deren fünf Foliobände, 1996 von Manfred Heim mustergültig ediert, namentlich für die pfarrgeschichtliche Forschung eine Fundgrube ersten Ranges darstellen. Naturgemäß galt die besondere Hirtensorge des Konvertiten Langwerth von Simmern den konfessionell gemischten Einsprengseln der Diözese, neben der Bischofsstadt selbst vor allem den Simultanpfarreien im Herzogtum Sulzbach. Seinem von der römischen Kurie wiederholt belobigten „Eifer für die katholische Religion" entsprang auch die tatkräftige Mithilfe bei der Errichtung eines schottischen Missionsseminars in Regensburg, das 1718 entstand und in der Folgezeit zu einem tragenden Pfeiler der schottischen Exilkirche auf dem Kontinent wurde. Darüber hinaus hat Langwerth von Simmern mit der Errichtung mehrerer Waisenhäuser und Armenschulen sowie mit dem Feldzug gegen den religiös-sittlichen Verfall des vagabundierenden Volkes, der sogenannten Bettelmission, sozial-karitative Maßnahmen getroffen, die von hohem persönlichem Einsatz zeugen. Diesem wiederum korrespondierten eine äußerst bescheidene, ja kärgliche persönliche Lebensführung und eine von starkem Drang zur Innerlichkeit geprägte Frömmigkeitshaltung.

All die genannten Aspekte zeugen von einer Gestaltung des Lebens und Wirkens, bei der der Wahlspruch „Tue das, was du in deiner Sterbestunde getan haben willst" nicht fromme Phrase war, sondern Ausdruck innerster Gesinnung und stärkster Motivation für ein entschlossenes Handeln. Im Regensburg des 18. Jahrhunderts war Langwerth von Simmern, den der seelenverwandte Regens Georg Michael Wittmann nachmals als „heiligen Weihbischof" verehren wird, zweifellos die bedeutendste geistliche Gestalt. In seiner streng am Tridentinum orientierten Amtsführung spiegeln sich wesentliche Züge des geistlichen Antlitzes der späten Reichskirche wider. Dass er als Oberhirte im eigentlichen Sinne des Wortes auch die Ausprägung einer zeittypischen Frömmigkeit nachhaltig beeinflusst hat, steht außer Frage.

2. Neue Blüte der Volksfrömmigkeit

Ob man die Bestimmungen der Diözesansynoden Wartenbergs ins Auge fasst oder die ungezählten Mandate des Bistumsadministrators Langwerth von Simmern zwei bis drei Generationen später: Stets steht das Bemühen um einen pflichteifrigen sittenreinen Seelsorgeklerus und um eine Neubelebung beziehungsweise Festigung des religiös-sittlichen Lebens auf der Ebene der Dekanate und Pfarreien im Mittelpunkt. Nur in zwei Punkten unterscheiden sich diese Dokumente nicht unwesentlich voneinander.

Zum einen hatte sich der schmerzliche Priestermangel nach dem Dreißigjährigen Krieg – 1654 beispielsweise wurden im ganzen Bistum nur 289 Weltpriester und über 300 vakante Seelsorgestellen gezählt – mehr als behoben, denn im frühen 18. Jahrhundert waren nicht nur alle verfügbaren Posten besetzt, vielmehr gab es jetzt auch wieder wie im Spätmittelalter das Problem der Supernumerarier, der überzähligen Geistlichen. So bezeugt uns ein Bericht aus dem Jahr 1716, dass damals weit über 30 „wohlmeritirte, daugsambe Dioecesanpriester" keine Anstellung hatten und infolgedessen ihre Zeit „mit Miessiggang verzehren und verligen" mussten. Zum anderen sah sich die kirchliche Obrigkeit seit etwa 1720 zunehmend stärker in die Pflicht genommen, gegen allzu üppige Schösslinge dessen vorzugehen, was man als „Liturgie des Volksglaubens" oder als „Volksfrömmigkeit" anzusprechen pflegt. Und dies ist wohl ein untrügliches Anzeichen dafür, dass in der zweiten Hälfte des 17. Jahrhunderts aufgrund des wiedergewonnenen kirchlichen Selbstbewusstseins wesentliche Züge der Frömmigkeitshaltung des späten Mittelalters erneut Gestalt annahmen und sich in mannigfaltigen außerliturgischen Formen Ausdruck schufen. An schlichter Devotion fand man seither kaum noch Genügen, dafür um so mehr an bunter Sinnenfreude und lebendiger Anschaulichkeit des christlichen Glaubens durch Bild und Spiel. Heiligen- und Reliquienverehrung, Wallfahrten und Bruderschaftsfeste, Weihnachtskrippen und Heilige Gräber, Kreuzgänge und Passionsspiele – in solchem Umkreis hat sich nicht wenig von der Gestaltungskraft des gläubigen Volkes zu farbigem Schauwerk erhoben.

Gelegenheiten, Feste zu feiern, gab es in der Barockzeit viele. In der Hauptsache aber war das bürgerliche und bäuerliche Leben bestimmt durch den Ablauf des reich gegliederten Kirchenjahres, von dem es seine klare Einteilung und bunte Ausgestaltung erhielt. Die Feste des Kirchenjahres waren auch die Hoch-Zeiten des bäuerlichen Jahres, und gerade vom Volkstümlichen her ließ sich der liturgische Kalender tief und sinnig bereichern. Zählt man den Sonntagen und Hochfesten, den örtlichen Bruderschafts-, Kirchweih- und Wallfahrtsfeiern noch die Apostel- und Marienfeste hinzu, die gleichfalls allerorten als Feiertage begangen wurden, so betrugen die Sonn- und Feiertage bis zu den Einschränkungen nach der Mitte des 18. Jahrhunderts weit über ein Drittel des Jahres. Und sie gewährleisteten in einer Zeit, die den Begriff „Urlaub" in Wort und Sache nicht kannte, einen ebenso gesunden wie natürlichen Rhythmus von Arbeit und Fest, religiöser Erhebung und geselliger Lustbarkeit in Spiel und Tanz.

Den Höhepunkt der volkstümlichen Ausgestaltung des Kirchenjahres bildete ohne Zweifel die Feier des Leidens, Sterbens und der Auferstehung des Herrn. Gerade die Passions- und Ostertage gaben der Volksseele reichen Stoff zur Mitgestaltung, boten ihr eine Fülle von biblischen Szenen, die förmlich nach Dramatisierung und Schaustellung drängten, angefangen vom Einzug Jesu in Jerusalem bis hin zur Kreuzigung, Grablegung und zu den Ereignissen des Ostermorgens. Die Nichtigkeit des Irdischen, die seelische Erschütterung durch die „Passio" des Herrn und der Triumph der Kirche in der Auferstehung konnten gleich einer „Biblia pauperum" zur Erbauung des Volkes mit allen Mitteln barocker Theaterkunst vorgeführt werden. Stellte der Beginn der Leidenswoche mit der dramatischen Nachgestaltung des feierlichen Einzugs Jesu in Jerusalem auf einem „Palmesel" das Königtum Christi ins Zentrum der Liturgie, so die nachfolgenden Kartage das Leiden des Herrn. Sie erreichten ihre Aufgipfelung in der großen Passionsprozession am Nachmittag des Karfreitags, wie sie sich im süddeutschen Raum im Verlauf des 17. Jahrhunderts fast an allen größeren Orten eingebürgert hatte, lebhaft gefördert von den so volksverbundenen Kapuzinern und getragen von den allenthalben entstehenden Laienbruderschaften.

Ursprünglich war die Karfreitagsprozession, deren Wurzeln bis tief ins Mittelalter zurückreichen, als reine Bußprozession gedacht; doch in der Barockzeit verschob sich ihr Hauptakzent mehr und mehr auf die szenische Gestaltung des Leidens Christi. Im Passionsspiel, der „Karfreitagskomoedi", wie der technische Ausdruck bezeichnenderweise lautete, erreichte das Streben nach sinnlich einprägsamer Wiedergabe auch des Heiligen seine höchste Steigerung. Bald wurden die „drey Angst-Fälle" am Ölberg mit der Gefangennahme Jesu dargestellt, bald die „Urtl Christi", das heißt die Szenen vor der Hohenpriesterschaft und vor Pilatus, bald der Weg nach Golgota und die Kreuzigung des Herrn. Und das Volk nahm an alledem lebhaften Anteil und ließ sich in naiv-gläubiger Ehrfurcht ergreifen von dem Geschauten. Schon frühzeitig war das auf dem Markt- oder Stadtplatz aufgezimmerte „Theatrum" mit Himmel und Hölle, dem Haus des Annas und Kajafas, des Pilatus und Herodes von Hunderten von Schaulustigen umlagert, und beim Nahen der Darsteller drängte alles zur Bühne, um dem anhebenden Mysterium zu lauschen. Dabei durfte neben dem Heiligen und

Ernsten auch das Heitere und Lustige nicht fehlen, das „geistlich G'spaßl", wie man sagte. Und keine andere Szene war besser dazu angetan, die Zuschauer zu erheitern, als jene, in der Judas Isakriot von einigen Teufeln „mit herausgehängtem Gedärmb" auf der Bühne vorgeführt wurde. Erst beim Einbruch der Dunkelheit fand die Passionskomödie ihr spätes Ende. Zuschauer wie Agierende, des Schauens und Spielens müde, hungrig und durstig, strömten nun in die umliegenden Wirtshäuser.

Auch im Bistum Regensburg erfreuten sich die Passionskomödien größter Beliebtheit. Im niederbayerischen Raum der Diözese spielte man nachweislich in Abbach, Deggendorf, Dingolfing, Eggenfelden, Ergoldsbach, Frontenhausen, Furth im Wald, Gangkofen, Geiselhöring, Gerzen, Langquaid, Mainburg, Massing, Neukirchen bei hl. Blut, Pfaffenberg, Plattling, Reisbach, Rottenburg an der Laaber, Ruhmannsfelden, Schwarzach, Straubing, Viechtach und Vilsbiburg. Für die Oberpfalz sind uns Spiele in Cham, Erbendorf, Donaustauf, Kemnath, Neustadt an der Waldnaab, Oberviechtach, Pfreimd, Regenstauf, Riedenburg, Roding, Rötz, Schwandorf und Weiden bezeugt. Doch so sehr die Passionsspiele in ihrer charakteristischen Mischung von erschütternden und erheiternden Elementen dem Empfinden des Volkes entsprachen: Im Laufe der Zeit hatte sich auch mancherlei Unfug eingeschlichen, der ihr ursprüngliches Anliegen, im Volk den Gedanken an das bittere Leiden und Sterben des Herrn wach zu halten, verdunkelte. Da und dort mochte der Abstand vom Erhabenen zum Lächerlichen allzu gering sein, und nicht alles, was der Volksglaube übte, hatte sein Daseinsrecht. Wie derb es bisweilen zuging, zeigt ein Bericht aus Deggendorf zum Jahr 1740, wonach sich der Christusdarsteller die allzu unbarmherzige Peinigung durch die „Juden" nicht mehr gefallen ließ und seinerseits heftige Gegenwehr leistete, so dass sich aus dem Handgemenge alsbald die schönste Rauferei entwickelte. Und in Landshut soll nicht nur einmal der Christusdarsteller an den Folgen der ihm von den „Kriegsknechten", den Wagner- und Zimmermannsgesellen, zugefügten Misshandlungen kurz nach der Aufführung verschieden sein.

Vor solchem Hintergrund versteht man durchaus, dass die geistliche Obrigkeit schon frühzeitig daranging, die Passionsspiele zu verbieten, wobei das Konsistorium in Regensburg unter dem gestrengen Bistumsadministrator Langwerth von Simmern diesbezüglich eine Vorreiterrolle spielte. Nur rief das seit 1718 in immer neuen Mandaten erlassene Spielverbot in den betroffenen niederbayerischen und oberpfälzischen Gemeinden jedes Mal helle Empörung hervor, ehe man durch seine Missachtung wieder zur Tagesordnung überging. Ein wirklicher Erfolg im Kampf gegen die geistlichen Spiele in der Karwoche war den diözesanen Behörden erst beschieden, als am 31. März 1770, schon im Zeichen der Aufklärung, auch die bayerische Regierung in das Klagelied über die „Unformblichkeiten" der Passionskomödien einstimmte und deren Aufführung unter Androhung polizeilichen Einschreitens untersagte. Gleiches gilt übrigens für die Bemühungen, dem ungezügelten Anwachsen von Prozessionen und Wallfahrten Einhalt zu gebieten. Auch dazu hatte allen voran die Regensburger Diözesankurie schon ab 1720 große Anstrengungen unternommen. Doch ihre restriktiven Mandate begannen auf breiter Front erst zu greifen, als ihnen der bayerische Staat im ausgehenden 18. Jahrhundert beipflichtete und seinerseits entsprechende Verordnungen erließ. Daher trifft es keineswegs zu, dass die einscheidenden Maßnahmen des aufgeklärten Staatskirchentums gegen die Volksfrömmigkeit gänzlich unvorbereitet über das Land hereingebrochen sind. Vielmehr trug eine ganze Reihe damaliger landesherrlicher Verfügungen lediglich vorausgegangen Forderungen der kirchlichen Behörden Rechnung.

In der Tat hatte das Prozessions- und Wallfahrtswesen in der Barockzeit eine kaum noch zu steigernde Bedeutung für das religiöse Leben gewonnen. In Pilgerfahrten, Umritten und Bittgängen verstand diese Epoche mehr als andere, die ihrem Wesen eigentümliche Religiosität sichtbar zu machen. Es gab ja genug Elend und Not, die das gläubige Volk drängten, an Stätten besonderer göttlicher Hilfe Trost zu erflehen. Und so traten an die Seite der alten und von weither besuchten Wallfahrtsorte zahlreiche neue Stätten der Andacht, die in ihrer Ausstrahlung zumeist auf die unmittelbare Umgebung begrenzt blieben. Dabei trug die barocke Wallfahrtslandschaft einen ausgesprochen marianischen Charakter, denn die aus dem Gründungseifer der Gegenreformation hervorgegangenen Gnadenstätten knüpften fast ausnahmslos an wundertätige Wirkungen von Marienbildnissen an. Und es gab eine unglaubliche Vielfalt von Gnadenbildtypen, weil im Jahrhundert der Katholischen Reform schier jeder Orden sein eigenes Kultbild ausprägte und ihm in seinem Wirkungsbereich Geltung zu verschaffen versuchte. Fassen wir zur Illustration nur drei markante Bildtypen, denen man im Bistum Regensburg des öfteren begegnet, näher ins Auge!

Ganz besonders beliebt waren Nachbildungen der von Lukas Cranach gemalten Darstellung „Mariahilf". Ihre Verehrung ging während des Dreißigjährigen Kriegs von der Bischofsstadt Passau aus und eroberte sich danach den ganzen donau- und alpenländischen Raum, kräftigst gefördert von Kapuzinern wie Franziskanern und den von ihnen ins Leben gerufenen Mariahilfbruderschaften. Noch im Verlauf des 17. Jahrhunderts entstanden allein im oberpfälzischen Teil des Bistums Regensburg mit Amberg, Ammerthal, Beratzhausen, Eschenbach, Fuchsmühl, Grafenwöhr, Pappenberg,

Aus der Stadt Bärnau zieht eine Prozession zur Wallfahrtskirche „Zum gegeißelten Heiland“ am Steinberg bei Bärnau. (Votivbild in der Kirche)

Premenreuth und Schwandorf neun Stätten der Mariahilfverehrung. Um die Mitte des 18. Jahrhunderts lassen sich für den ganzen Diözesanbereich an die zwei Dutzend solcher Orte namhaft machen, wobei der Mariahilfberg bei Amberg nicht nur das Recht der „Erstgeburt" besaß, sondern auch die stärkste Anziehungskraft ausübte, reichte doch sein Einzugsgebiet bis nach Böhmen hinüber und nach Österreich hinunter.

Neben dem Mariahilfkult erfreute sich die Verehrung des Gnadenbildes von Loreto besonderer Wertschätzung, und zwar in Verbindung mit Nachbildungen des Hauses Mariens in Nazareth, der „Santa Casa", das der Legende nach von den Engeln über das Meer getragen und nach Loreto bei Ancona verbracht wurde, als das Heilige Land in die Hände der Muslime fiel. Das erste Loreto-Haus in unserem Bistum hat man 1643 beim Kloster St. Mang in Stadtamhof errichtet. Im Verlauf eines guten Jahrhunderts entstand dann wenigstens ein Dutzend weiterer Nachbildungen der Santa Casa, so beispielsweise auf dem Annaberg bei Sulzbach, in Neustadt an der Waldnaab, in Unterlind bei Mehlmeisel, in Kürn bei Regensburg oder in Angerbach bei Gangkofen. Diese Wallfahrtskapelle stellt ein besonderes Kleinod dar, weil man in Angerbach die Träger des Heilsgeschehens sogar mit genauer Lokalisation vorstellt. Links vom Hochaltar kniet Maria in einer Mauernische, rückwärts auf der rechten Seite steht der Verkündigungsengel, darunter auf Steintafeln die Inschriften: „Da hatt die heiligste Jungfrau Maria bettend den Englischen Gruess und Botschaft angehört" und „Hier ist der heilige Erzengel Gabriel gestanden". An der Außenwand des Kirchleins aber gemahnt eine lateinische Inschrift an die besondere Heiligkeit dieses Loreto-Hauses mit dem Hinweis, in ihm sei „das Wort Fleisch geworden".

Eine weitere, freilich kleinere Gruppe barocker Wallfahrten im Bistum ist der Verehrung des von den Jesuiten besonders geförderten Gnadenbildes „Maria Schnee" gewidmet, so Atzlricht bei Amberg, Schönferchen bei Cham und mit der weitaus größten Strahlkraft Aufhausen südöstlich von Regensburg. Letztere Gnadenstätte verdankt ihre Entstehung dem heiligmäßigen, religiös wie künstlerisch gleichermaßen begabten Pfarrvikar Johann Georg Seidenbusch (1641–1729) aus München, der für die seelsorgerliche Betreuung der immer zahlreicher werdenden Pilger 1675 das erste „Nerianerinstitut" auf deutschem Boden ins Leben gerufen hat, das heißt eine Gemeinschaft von Weltpriestern, die nach dem Vorbild des hl. Philipp Neri lebte und der Seidenbusch bis zu seinem Tod als Propst vorstand.

Mit Mariahilf, der Loreto-Madonna und der Darstellung Maria Schnee sind nur die bedeutendsten marianischen Bildtypen bezeichnet, die seit dem 17. Jahrhundert in unser Bistum Eingang gefunden haben. Wollte man

Vollständigkeit anstreben, so müsste noch auf eine Fülle weiterer Kultbilder und Gnadenorte hingewiesen werden, so auf die Verehrung der „Maria vom Guten Rat“ in Wörth an der Isar, auf die Nachbildungen des Altöttinger Gnadenbildes in Heiligenbrunn bei Hohenthann, Pilgramsberg bei Rattiszell und Schönbuchen bei Dautersdorf, auf die Kopie des Mariazeller Gnadenbildes in Kirchenthumbach oder jene des Gnadenbildes von Maria Einsiedeln in Prienbach bei Hebertsfelden, nicht zuletzt auf die zahlreichen Vesperbilder „Zur Schmerzhaften Muttergottes“, denen gelegentlich wie in Tirschenreuth hohe Verehrung bis zum heutigen Tag zuteil wird. Ganz zu schweigen schließlich davon, dass einige der noch ins Mittelalter zurückreichenden Kultstätten jetzt erst ihre große Blütezeit erlebten, unter anderen die Wallfahrt Neukirchen bei hl. Blut. Als man dort im Jahr 1752 mit ganzer Pracht das 300-jährige Bestehen beging, wurden allein in der Jubiläumswoche an die 70 000 Kommunionen ausgeteilt und auf den Altären der Kirche während dieser acht Tage 420 hl. Messen gefeiert, darunter, wie es in den Aufzeichnungen heißt, sehr viele „mit Pauckhen und Trompeten“. In der 1634 entstandenen Wallfahrtstätte auf dem Mariahilfberg bei Amberg aber hat man den seelsorgerlichen Dienst der dort seit 1697 stationierten Franziskanerreformaten schier täglich eingefordert: Einmal abgesehen vom Jubiläumsjahr 1724, in dem die Zahl der Kommunikanten den Höchststand von weit über 50 000 erreichte, waren bis zur Säkularisation jährlich an die 10 000 Beichten die Regel, während die Amberger Mirakelbücher schon bis zur Vollendung der Mariahilfkirche in ihrer heutigen Gestalt im Jahr 1721 über 300 Gebetserhörungen ausweisen, nicht selten belegt durch Votivgaben mannigfacher Art.

Doch wichtiger als das Herzählen von Einzelheiten erscheint der religiöse Binnenkern des Wallfahrtswesens, nämlich das alljährliche Zusammenströmen von Trostsuchenden aus nah und fern und das tausendfache Erschallen des Rufes: „O Maria, hilf!“ Noch heute geben uns ja die vielen barocken Gnadenstätten – die bescheidenen Hauswallfahrten genauso wie die weitum berühmten – mit ihren schlichten Votivtafeln und treuherzigen Wunderlegenden, ihren abgegriffenen Weihwasserkesseln und dämmrigen Gebetswinkeln einen unmittelbaren Zugang zur volksfrommen Gläubigkeit von damals. Dass dabei zuweilen der Aberglaube nicht weit war, wird man zugeben müssen. Das ohnmächtige Ausgeliefertsein an Krankheit und Schmerz, an eine ungewisse Zukunft und unabwendbare Armut hat die Menschen noch zu allen Zeiten nicht bloß zum Gebet um Gottes Hilfe und die Fürsprache der Heiligen motiviert, sondern auch zu allerhand magischen Praktiken verleitetet, zur allzu massiven Verdinglichung des Göttlichen. So kann es nicht überraschen, wenn die Klagen der kirchlichen

Gnadenbild „Maria Loreto";
Kupferstich von J. M. Belling

Gnadenbild „Maria Hilff" in Straubing;
Kupferstich von J. A. Zimmermann

Behörden über die „tausend erzeinfältige Aberglauben und Possenwerck", die unter dem Volk regierten, nicht abreißen oder wenn ein Bericht über die jesuitische Volksmission in Kurbayern aus der Mitte des 18. Jahrhunderts die Feststellung trifft: *Es gibt kaum eine Kranckheit an Menschen und Vich, wider welche die Leute nit mit allerley abergläubischen Reimen und Sprüchen, Seegen, Todtenbeinlein, armer Sünder Flecklein und dergleichen reichlich versehen seint.*

Trotz alledem kann kein Zweifel bestehen, dass das christkatholische Denken im barocken Bayern tiefe Wurzeln geschlagen hat und dass wir mit Blick auf die zu Stein, Bild und Wort gewordenen Zeugnisse barocker Frömmigkeit dem Jesuiten Matthäus Rader beipflichten dürfen, wenn er von einer „Bavaria Sancta" spricht, vom gottgeweihten Bayern. Von daher versteht es sich aber auch, dass den Fürstenmandaten und Hirtenbriefen der Aufklärung, die zunehmend heftiger gegen tatsächliche oder vermeintliche Missstände in der Frömmigkeitspraxis vorgingen, nur ein mäßiger Erfolg beschieden war. Das Volk in seiner Breite einschließlich eines Großteils der niederen Geistlichkeit wehrte sich mit Vehemenz, als man ihm alles Warmherzige und Bunte aus dem religiösen Leben verbannen wollte. So bedeuteten selbst die Säkularisation von 1803 und die einschneidenden Brauchtumsverbote des Ministers Montgelas nur eine schmerzliche Hemmung, nicht aber den endgültigen Bruch. So wurzelte auch die bayerische Frömmigkeit des 19. Jahrhunderts, deren mannigfaltige Ausdrucksformen uns Joseph Schlicht, der volkskundliche Klassiker und Schlossbenefiziat zu Steinach bei Straubing, 1875 in seinem Buch „Bayerisch Land und Bayerisch Volk" so lebensnah geschildert hat, noch tief in der barocken Tradition.

Freilich muss sich der Historiker hüten, eine bestimmte Epoche zu glorifizieren. Wenn die Vertreter aufgeklärten Denkens schier einhellig das überkommene religiöse Brauchtum einer gestrengen Kontrolle und intensiven Beschneidung unterzogen, so standen dahinter ungeachtet der Gefahr rationalistischer Übersteigerung durchaus legitime und zeitlos gültige Anliegen, nämlich der Wunsch, einem von allen Nebensächlichkeiten und Äußerlichkeiten gereinigten Christentum Raum zu geben, und die Sorge, dass der Glaube nicht absinke in Aberglauben, eine gesunde Mystik nicht umschlage in krankhafte Schwärmerei, bloßes Rankenwerk die eigentliche Mitte des Religiösen nicht verdecke. Gleichwohl erscheint die aufgeklärte Kritik an der barocken Frömmigkeit bei aller Berechtigung in einem anderen Licht, wenn man sich vor Augen hält, dass der Christenmensch auf dem vielfach angefochtenen Weg der Nachfolge zu allen Zeiten nicht nur kraft theologischer Spekulation bestehen kann, sondern stets auch auf die Vermittlung einer reichen Symbolwelt angewiesen ist und einer Beheimatung bedarf, wie sie vertraute Riten und Gebräuche eben schenken.

Nicht zuletzt mit Blick auf die unterschiedliche Auffassung von Religion und Frömmigkeit im Zeitalter des Barock und der Aufklärung hat der Landshuter Pastoraltheologe und große Priestererzieher Johann Michael Sailer 1811 in seinen „Neue[n] Beyträge[n] zur Bildung der Geistlichen" Folgendes zu bedenken gegeben: *Es war einmal eine goldene Zeit: da war der Verstand eins mit dem Gemüthe und das Gemüth diente dem Heiligen in Liebe. Die goldene Zeit war aber nicht von Dauer; denn der Verstand isolirte sich von dem Gemüthe und das Gemüth von dem Heiligen: da war eine Zeit geboren, die nicht die goldene war. Der Verstand maß Großes und Kleines und maß wieder und maß wieder. Eines Tages ward er von lauter Messen wahnsinnig, das ist, er wähnte, auch das Heilige messen zu können, ohne den Maßstab des Heiligen, den er mit dem Gemüthe längst verloren hatte.* Und Sailer knüpfte daran eine Frage, zu deren bejahender Beantwortung er als Haupt und Seele der Landshuter Romantik maßgeblich beitrug: *Sollte es nicht eines Versuches werth seyn, den herrschenden Wahn in seiner Blöße darzustellen und den Verstand auf den Punct seiner Verirrung, die Trennung von dem Gemüthe und des Gemüthes von der Liebe des Heiligen, aufmerksam zu machen?*

3. Klösterliche Kultur- und Wissenschaftspflege

Der Zugang zum Wesen und Wollen des Barockzeitalters erschließt sich heute noch jedermann am leichtesten über die kirchliche Baukunst, wie sie sich insbesondere im Bannkreis der Stifte und Klöster entfaltete. Namentlich die Klostersitze der alten Prälatenorden trugen wesentlich dazu bei, dass die Barockkultur nördlich der Alpen zu einer wahren Volkskultur wurde. Doch stand am Beginn ihrer damaligen Bautätigkeit keineswegs die schiere Prunkfreude, sondern bittere Notwendigkeit. Das mittelalterliche Gemäuer der Kirchen- und Konventbauten war im Laufe der Zeit schadhaft geworden, und die immer neuen Kriegswirren der zurückliegenden Jahrzehnte hatten den allgemeinen Verfallsprozess vielerorts noch erheblich verstärkt – nicht nur in der Oberpfalz, in der die monastische Tradition für nahezu anderthalb Jahrhunderte gänzlich erloschen war, sondern allenthalben in bayerischen Landen, wo man sich den Verheerungen einer feindlichen Soldateska ausgesetzt sah.

Nachdem geistliche Residenzstädte wie Salzburg und Passau den ersten Akkord angeschlagen hatten, begann sich noch vor 1700 auch in den landsässigen Abteien der sprichwörtliche „Bauwurm" kräftig zu regen, vor allem in den wiedererstandenen Oberpfalzklöstern. Schlichte Meister aus alten Handwerkerfamilien und hofgesessenen Bauerngeschlechtern griffen die aus dem italienischen Süden und französischen Westen kommende neue Weise künstlerischen Schaffens begierig auf. Der italienisch-französische Impuls und das stammeseigene Wesen fanden schließlich ab 1720 bis in die sechziger Jahre hinein ihren großartigen Ausdruck im bayerischen Kirchenrokoko, das – wie schon die verschwenderisch reiche Spätgotik – typisch bayerische Mentalität spiegelt, nämlich, sich fremde Anregungen nur zögernd zu Eigen zu machen, dann aber alle darin beschlossenen Möglichkeiten zur letzten Reife zu steigern.

Jetzt entstanden die jubelnden Kirchenräume der Alten Kapelle und von St. Emmeram in Regensburg, von Weltenburg, Rohr, Mallersdorf und Metten im niederbayerischen Donauland, von Frauenzell, Gotteszell und Windberg im Bayerischen Wald, von Reichenbach, Speinshart und Waldsassen in der Oberen Pfalz. Eine Fülle weiterer bedeutender Stifts- und Klosterkirchen des Barock und seiner genialen Spätphase, des Rokoko, wäre für das Bistum Regensburg noch zu benennen. Man denke nur an die Sakralräume der Jesuiten und Salesianerinnen in Amberg, an das prächtige Gotteshaus der Zisterzienserinnen von Seligenthal in Landshut oder an die Dreiheit von Ursulinen-, Jesuiten- und Karmelitenkirche in Straubing. Neben grandiosen Neuschöpfungen stehen Umbauten und Ausstattungen im modernen Zeitgeschmack, die nicht selten verschiedenste Stilepochen meisterlich in Einklang brachten. Und schließlich darf man die Vielzahl der großen und kleinen Wallfahrtskirchen, der Pfarr- und Filialkirchen im Umkreis von Stiften und Klöstern nicht übersehen. Wenn auch häufig schlichter und mit weniger Aufwand ausgeführt, sind sie gleichwohl Wegzeichen der Epoche bis in die entlegensten Landwinkel hinein. Es gab ja in damaliger Zeit kaum ein Kloster, in dessen Zuständigkeitsbereich nicht mindestens eine Wallfahrtskirche lag. Oft beschränkte sich die Anziehungskraft nur auf die unmittelbare Nachbarschaft; bisweilen aber brachte es eine solche Wallfahrt auch zu überregionaler Bedeutung, beispielsweise die von den Waldsassener Zisterziensern betreute Dreifaltigkeitskirche Kappel unweit der tschechischen Grenze, eine Rundkirche, in deren Baugestalt Georg Dientzenhofer die trinitarische Grundidee bis ins kleinste Detail meisterhaft umgesetzt hat.

Die Einzelbeispiele ließen sich häufen. Aber wichtiger als das Aufzählen von Bauprojekten und Künstlernamen erscheint die Frage nach dem eigentlichen Wollen der Epoche, nach dem Ineinander von kirchlicher Kunst, Frömmigkeit und Volkstum im alten Bayern. Georg Schwaiger gibt uns darauf folgende Antwort: „Die Barock- und Rokokokirchen Bayerns sind erbaut zur Verherrlichung Gottes und zur seligen Freude der Menschen, die hier beten. ‚Domus Dei et porta coeli‘ steht über so manchem Portal. Diese Kirchen sind ein Abbild der himmlischen Herrlichkeit, ein Spiegel der endzeitlichen Verklärung schon in der Gegenwart mit all ihren Bedrängnissen. … In den jubelnden, singenden und klingenden Kirchen des Rokokos, die aber stets um die Majestät des Todes wissen, ist gleichsam das 8. Kapitel des Römerbriefes, von der Herrlichkeit des gläubigen und deshalb erlösten Menschen, in die Sprache der Kunst übersetzt. … In alles Erdenleid, auch in alle ständig erfahrene menschliche Schuld und Sünde leuchtet bereits die im verklärten Kreuz Christi angebrochene Erlösung herein, die Herrlichkeit Gottes, das ewige Leben, erfahrbar schon in dieser Welt, die tröstende Gemeinschaft der Heiligen auch, die alle durch Christi Blut Geretteten umfängt. Dem Lobpreis Gottes ist die beseligende Aufrichtung, eine unzerstörbare Hoffnung und Freude des gläubigen Menschen aufs engste verbunden. Das unbestreitbare soziale Elend nicht geringer Bevölkerungsgruppen, besonders der alten Dienstboten, der Handwerksgesellen, der Häusler, Taglöhner und Söldner ist deshalb, mit den Augen der Zeit betrachtet, im Letzten getröstet. Der gläubige Mensch wußte sich mit all seinen Lebensäußerungen, mit allen Bereichen seines vielfach armen Lebens in seiner Kirche geborgen.“

Neben der Bildenden Kunst, die lichtdurchflutete Kirchenräume schuf, und neben dem gesprochenen Wort, das das namentlich von den Jesuiten und Benediktinern gepflegte Schuldrama zur beherrschenden Literaturgattung des süddeutschen Kirchenbarock werden ließ, hatte die Musik einen hervorragenden Anteil an der kulturellen Blüte der Klöster im alten Bayern. Wenn sich die Mönche schon im 16. Jahrhundert nicht mehr allenthalben mit der Pflege des Gregorianischen Chorals begnügten, so gewann seit der Mitte des 17. Jahrhunderts die feierliche Gestaltung der Gottesdienste durch Chor und Orchester nach italienischem Gusto an wachsender Bedeutung und führte vielerorts zur Errichtung eigener Musikschulen. Im 18. Jahrhundert dann erlebte der klösterliche Musikbetrieb, getragen von Konventsmitgliedern, Klosterschülern und musikkundigem Dienstpersonal, eine Entfaltung an Umfang und Niveau, wie sie heute kaum noch vorstellbar ist. Das musikalische Repertoire beschränkte sich jetzt nicht mehr nur auf die liturgischen Feiern; auch außerhalb der Kirche gehörte die Musik zur beliebtesten Rekreation der Mönche. Die wenigen überkommenen Notenbestände weisen nämlich Symphonien und Kammermusikwerke auf, die bei festlichen Anlässen im internen Kreis oder zur Unterhaltung von Gästen erklangen. Das Musikleben eines Klosters strahlte auch auf die umliegenden Pfarr- und Wallfahrtskirchen aus, und selbstredend beging man auch hier die Gottesdienste an den großen Fest- und Konkurstagen „mit Pauken und Trompeten", sofern sich nur ein musikbegeisterter Pfarrvikar oder Dorfschulmeister der Sache annahm. Auf diese Weise trugen die vielen Klöster ihre reiche Musikkultur weit über die eigenen Mauern hinaus und erfüllten damit zugleich ein eminent seelsorgerliches Anliegen. Denn es war die eigentliche Intention damaliger Kirchenmusik, dass sie „durch die Ohren das Gemüth innerlich berühret, zur Andacht beweget, und zum Eyfer des Gebets anreizet" – so ein unmittelbar Beteiligter, der Prüfeninger Klosterkomponist Marianus Königsperger (1708–1769) aus Roding.

Königspergers Name muss für den Bereich des Bistums Regensburg an erster Stelle genannt werden, wenn es gilt, das Forschungsresultat über die barocke Musikkultur im Umkreis der bayerischen Klöster zu bestätigen, wonach unter den damaligen Klosterkomponisten „neben zahlreichen tüchtigen Männern, die ihr Komponistenhandwerk für die laufenden Erfordernisse im Kloster zur Genüge beherrschten, auch recht bemerkenswerte Talente am Werk waren, die in der Musikgeschichte unseres Landes in Ehren bestehen können" (Robert Münster). Zunächst Singknabe und seit 1734 Laienbruder im Kloster Prüfening, hat er durch eine Fülle kirchenmusikalischer, aber auch für das Theater und die Tafel bestimmter Werke weitreichende Berühmtheit erlangt. Er sei durch seine Kompositionen, so urteilte rückschauend der letzte Prüfeninger Abt Rupert Kornmann, „das Vehikel der Verbreitung der Kirchenmusik bis in die geringsten Dörfer Baierns geworden". Und immer dann, wenn Königsperger verhindert gewesen sei, bei einem Hochamt in Prüfening die Orgel zu schlagen, hätten dies sogar „die gemeinsten Bauern" bemerkt.

Auch in der Bischofsstadt selbst stand bei den Benediktinermönchen zu St. Emmeram die Kirchenmusik auf hohem Niveau, hier hauptsächlich verbunden mit den Namen Coelestin Steiglehner (1738–1819) und Sebastian Prixner (1744–1799). Steiglehner, der letzte Abt und gefeierte Meteorologe wie Physiker, war nicht nur ein versierter Komponist, sondern außerdem ein hochtalentierter Violin- und Klavierspieler. Sebastian Prixner aus Reichenbach schuf sich vor allem durch seine Orgelwerke einen Namen. Zu erstaunlichem Rang brachte es nicht zuletzt die Musikschule des kleinen Klosters Weltenburg, die in den letzten Jahrzehnten vor der Säkularisation gleich eine ganze Handvoll Klosterkomponisten vorzuweisen hatte, darunter als bedeutendsten Benno Grueber (1759–1796), den man ob seiner zahlreichen, bei Lotter in Augsburg verlegten Werke bald im ganzen Land als „feurigen Tonkünstler" feierte. Besonders gefördert wurde er durch Abt Benedikt Werner (1786–1803), der sich selbst in jungen Jahren als talentierter Komponist hervorgetan hatte. Dieser letzte Obere des Klosters Weltenburg vor der Säkularisation hinterließ uns übrigens auch eine Musikgeschichte im Manuskript, aus der unter anderem zu erfahren ist, dass Johann Simon Mayr (1763–1845), der später in Italien wirkende vielgepriesene Opernkomponist, Singknabe in Weltenburg gewesen war, desgleichen der von Mozart so geschätzte Geiger Paul Rothfischer (1746–1785).

Mit Prüfening, St. Emmeram und Weltenburg sind ausschließlich Beispiele für das musikalische Schaffen in Benediktinerstiften angeführt. Dass es auch in vielen Konventen anderer Observanz ein reiches Musikleben gab, steht außer Frage. Man könnte etwa auf den Orgelmeister und Karmelitenmönch Pater Justinus a Desponsatione BVM (1675–1747) von Abensberg hinweisen oder auf Pater Eugen Pausch (1758–1838), den Walderbacher Zisterzienser aus Neumarkt in der Oberpfalz, mit seinen konzertanten Orchesterkompositionen. Aber eine Darstellung im Überblick darf sich nicht im Detail verlieren, sie muss das Ganze im Auge behalten. Dieses besteht in summa darin, dass die klösterliche Musikkultur des 18. Jahrhunderts symphonisch mit der Architektur, Malerei und Plastik des süddeutschen Barock und Rokoko zusammenklang und in ihrer kirchenmusikalischen Komponente unverzichtbarer Bestandteil eines sakralen Gesamtkunstwerks zur Ehre Gottes und zur Beseligung der Menschen war. Es spricht für sich selbst, wenn der protestantische Publizist Christian Friedrich Daniel Schubart aus Württemberg auf einer Reise durchs benachbarte Bayern im Jahr 1773 den Eindruck gewann: *Jedes Kloster in Bayern hat ... seinen eigenen Musikchor, wo oft herrliche, im wahren Kirchenstil geschriebene Stücke zum Vorschein kommen.*

Als seit etwa 1720 die Ideen der Aufklärung allmählich auch nach Bayern vordrangen, waren es wiederum in erster Linie die alten Klöster, in denen der Geist des neuen, wesentlich von der Vernunft und der Erfahrung bestimmten Weltbildes weiteste Kreise zog. Nicht die von den Jesuiten beherrschte Landesuniversität Ingolstadt, die in erster Linie berufen gewesen wäre, die geistige Führung zu übernehmen, wies damals die Wege, sondern die Salzburger Benediktineruniversität, getragen von einer Konföderation bayerischer und schwäbischer Klöster. Überhaupt haben die bayerischen Prälatenorden, allen voran die Söhne des hl. Benedikt, ihre große wissenschaftliche Tradition im 18. Jahrhundert noch einmal auf eine staunenswerte Höhe geführt und durch internationale Kontakte mit den Geistesgrößen der Zeit eine zukunftweisende, bedächtigere Spielart der Aufklärung ermöglicht. Die Benediktinerklöster im Bereich des Bistums Regensburg vermochten dazu einen maßgeblichen Beitrag zu leisten, wobei sich unter ihnen das reichsunmittelbare Stift St. Emmeram den wissenschaftlichen Anforderungen der neuen Epoche besonders intensiv stellte.

Zwar vollzog sich die Rezeption aufgeklärten Ideenguts in der seit 1731 gefürsteten Regensburger Abtei erst um die Mitte des 18. Jahrhunderts, jetzt aber auf breiter Front in allen Bereichen damaliger Geistesbetätigung und derart stürmisch, dass St. Emmeram innerhalb des bayerischen Kurfürstentums bald als das wissenschaftliche Zentrum schlechthin galt und in den Augen der maßgeblichen Aufklärer geradezu im Rang einer Gelehrten-Sozietät stand. Vor allem drei Faktoren sind es gewesen, die diesen Prozess in Gang gebracht und beschleunigt haben:

1. die Begegnung mit Trägern des wissenschaftlichen Fortschritts, insbesondere mit den französischen Benediktinern von St.-Maur zu St.-Germain-des-Prés, die die Theologie auf eine neue, allseits an den geschichtlichen Quellen orientierte Grundlage zu stellen versuchten und dadurch die rein spekulativ ausgerichtete Spätscholastik überwinden halfen;
2. das institutionelle wie personelle Beziehungsgeflecht zur Salzburger Benediktineruniversität, die sich 1741 definitiv der Wissenschaftslehre eines Leibniz und Wolff öffnete und sich gleichzeitig mit der Errichtung einer Lehrkanzel für Experimentalphysik einem grundlegenden Modernisierungsprozess unterzog, der nachhaltig auf die oberdeutschen Klöster ausstrahlte;

3. die engagierte Mitarbeit in der 1759 zu München gegründeten Bayerischen Akademie der Wissenschaften, und zwar nicht nur in der Historischen, sondern auch und vor allem in der Philosophischen Klasse der Akademie, deren ausgedehntes Arbeitsfeld neben Philosophie, Sprachpflege, Pädagogik und „Ökonomie" auch Mathematik und Naturwissenschaften in größtmöglicher Breite umschloss.

Die Hinwendung zur Moderne im Sinne einer maßvollen Aufklärung vollzog sich in St. Emmeram noch unter Fürstabt Johann Baptist Kraus (1742–1762), der selbst bei den Maurinern studiert hatte. Doch ist der eigentliche Eintritt des Benediktinerstifts in sein „Goldenes Zeitalter" unlösbar verbunden mit der Tatkraft des vorletzten Fürstabts Frobenius Forster (1762–1791), dessen von tiefer Bescheidenheit diktierte Lieblingsmaxime es war: *Ich will machen, dass meine Leute mehr lernen, als ich gelernt habe, und sie sollen auch mehr lernen können, als ich lernen konnte.* Wie schon sein Vorgänger Kraus fühlte sich Forster auf dem Feld der Geschichtswissenschaft zutiefst der maurinischen Tradition verpflichtet und fasste als besonderes Forschungsgebiet für sein Kloster die große Blüte der theologischen Literatur im Karolingerreich ins Auge. Während er selbst 1777, nach einer Bearbeitungszeit von 25 Jahren, eine kritische Ausgabe der Werke des karolingischen Hofgelehrten Alkuin in vier Bänden vorlegte, die ihm europäischen Gelehrtenruhm eintrug, regte er seinen Prior Johann Baptist Enhueber (1736–1800) zur Edition der Werke des Hrabanus Maurus an.

Der Ermunterung und Förderung Forsters war es auch zu verdanken, dass mit Roman Zirngibl (1740–1816), Coloman Sanftl (1752–1809) und Bernhard Stark (1767–1839) alsbald eine junge Generation tüchtiger Historiker in der Fürstabtei heranwuchs. Namentlich Zirngibl, der schier Jahr für Jahr bei der Beantwortung historischer Fragen einen Akademiepreis erringen sollte, gelang nicht nur der Durchbruch vom bloßen Zusammentragen quellengesicherter Sachverhalte zu deren geistiger Durchdringung. Er löste sich auch thematisch aus der Enge der Klostergeschichte und nahm mit kritischem Scharfsinn teil an der Erforschung des bayerischen Mittelalters, die sich die Münchener Akademie zur Aufgabe gestellt hatte. Bei meisterhafter Beherrschung der Urkundenlehre hat er insbesondere mit der Preisschrift über Bayerns Verfassung zur Zeit Heinrichs des Löwen und mit der Darstellung des St. Emmeramer Exemtionsprozesses verfassungsgeschichtliche Untersuchungen vorgelegt, die über mehrere Generationen hin nicht überholt wurden. Ähnliches darf für die Forschungsergebnisse seines Mitbruders Sanftl gelten, während Bernhard Stark mit den von ihm initiierten Grabungen in und um Regensburg, Bayerns wichtigster antik-frühmittelalterlicher Fundstätte, erstmals Schritte unternahm, die Lücken vor- und frühgeschichtlicher Überlieferung soweit als möglich zu schließen und hierzulande der „Wissenschaft des Spatens“ die Bahn zu brechen.

Fürstabt Forster darf als entscheidender Anreger auch für die Hinwendung seiner Mönche zu naturwissenschaftlichen Studien gelten. Da er selbst als Professor der Philosophie an der Salzburger Hochschule durch den dort lehrenden Ordensbruder Anselm Desing, den späteren Abt von Ensdorf, intensiv mit der modernen mathematischen, physikalischen und astronomischen Forschung in Berührung gekommen war, legte er nach seiner Wahl größtes Gewicht auf eine gründliche Ausbildung der jungen Ordensangehörigen in diesen Wissenschaftszweigen und setzte im philosophischen Studienplan das Experiment obenan. Deshalb war es geradezu selbstverständlich, dass sich Forster nicht allein bestrebte, die Klosterbibliothek durch gezielten Bücherankauf auf der Höhe der Zeit zu halten, sondern auch eine gut sortierte Sammlung physikalischer und astronomischer Apparate anzulegen. So ließ er ein mit modernsten Geräten ausgestattetes physikalisches Kabinett einrichten, ferner ein chemisches Laboratorium in der Klosterapotheke und astronomische Abteilungen in den östlichen Ecktürmen der Abtei. Dies alles zusammen bot für angehende Wissenschaftler ideale Ausbildungs- und Forschungsbedingungen.

Unter ihnen brachten es vor allem zwei Mönche zu hohem Gelehrtenruhm: Coelestin Steiglehner, dem wir schon als hervorragendem Musiker begegnet sind, und Placidus Heinrich (1758–1825), dessen Gelehrtenjahre mitten in die Zeit des Umbruchs von der alten zur neuen Ordnung fielen. Steiglehner leitete seit 1765 die „physisch-mathematische“ Abteilung der Klosterakademie, stand in wissenschaftlichem Austausch mit Franz Anton Mesmer, dem Entdecker des sogenannten animalischen Magnetismus, und begann im Mai 1771 mit regelmäßigen, sorgsam aufgezeichneten meteorologischen Beobachtungen und Messungen. Diese setzte er seit 1781 auch auf dem physikalischen Lehrstuhl in Ingolstadt fort und hielt dort als Erster an einer deutschen Universität Vorlesungen über Klima- und Witterungskunde, die ihm nicht zu Unrecht den Beinamen „Vater der Meteorologie“ eintrugen. Zwar schlug Steiglehner dann das Angebot des pfalzbayerischen Kurfürsten Karl Theodor, die Leitung der berühmten Mannheimer Sternwarte zu übernehmen, aus. Doch ließ er sich von der lange Zeit führenden deutschen meteorologischen Gesellschaft der Pfalz zum regelmäßigen Mitarbeiter gewinnen, und auch die Münchener Akademie ernannte den mehrfach preisgekrönten Naturforscher 1789 zu ihrem Meteorologen.

Nach Steiglehners Wahl zum Fürstabt im Jahr 1791 führte der hochtalentierte Schüler Placidus Heinrich sein Werk an Universität und Akademie fort, den Lehrer an wissenschaftlicher Bedeutung noch übertreffend. Vor allem im Bereich der Lumineszenz hat Pater Placidus, den neun Akademien des In- und Auslandes – unter anderem Paris und St. Petersburg – zu ihrem Mitglied wählten, bahnbrechende Forschungsergebnisse erzielt. Obschon er sich gleich Steiglehner zunächst der Meteorologie verschrieben hatte, waren es nämlich vor allem seine Versuche zur Zersetzung von Chlorsilber durch Licht, die besondere Beachtung fanden, wie denn auch ein Großteil seiner Abhandlungen von den Wirkungen des Lichts auf Menschen, Tiere und Pflanzen sowie von dessen Einflussnahme auf chemische Prozesse handelt. Doch Placidus Heinrich, der nach der Säkularisation als Professor für Physik und Astronomie am königlichen Lyzeum tätig war und in den letzten Lebensjahren dem Domkapitel neuer Ordnung angehörte, ist darüber hinaus ein Paradebeispiel für die aufgeschlossene, konfessionelle Grenzen hintanstellende Atmosphäre, die im Regensburg von damals herrschte. Er pflegte engen Kontakt mit den evangelischen Stadtgelehrten, war Ehrenmitglied der Botanischen Gesellschaft und unterrichtete Experimentalphysik auch am protestantischen „Gymnasium poeticum".

Wenn das Reichsstift St. Emmeram nie zuvor in seiner Geschichte eine solche Anzahl geistig begabter und literarisch fruchtbarer Mönche besaß wie im 18. Jahrhundert, so gilt Ähnliches zumindest im Bereich der Naturwissenschaften für die Regensburger Schottenabtei. Diesbezüglich sind vor allem die Patres Andreas Gordon (1712–1751), Ildephons Kennedy (1722–1804) und Benedikt Arbuthnot (1737–1820) als Gelehrte von herausragender Bedeutung zu nennen. Während sich Gordon als Dozent der Physik an der gemischtkonfessionellen Universität Erfurt einen Namen schuf, dabei lebhaft für das Wolffsche System eintretend, war sein jüngerer Mitbruder Kennedy der unermüdliche Wissenschaftsorganisator, bekleidete er doch mehr denn vier Jahrzehnte lang (1761–1804) die Schlüsselposition eines „perpetuierlichen" Sekretärs der Bayerischen Akademie. Kennedys naturwissenschaftliche Interessen- und Arbeitsschwerpunkte haben kaum eine der damaligen Disziplinen ausgespart, doch ist seine Bedeutung für die gelehrte Welt weniger nach den eigenen, durchaus soliden Veröffentlichungen zu bemessen. Sie liegt vielmehr vor allem in dem unablässigen Bestreben, wissenschaftliche Unternehmungen auf jede nur erdenkliche Weise zu fördern sowie neue Erkenntnisse im besten Sinne des Wortes zu popularisieren und praktischen Zwecken dienstbar zu machen. Der Regensburger Schottenmönch Benedikt Arbuthnot schließlich, seit 1776 Abt zu St. Jakob, tat sich nicht nur auf meteorologischem Gebiet hervor, sondern besaß auch eine umfassende Kenntnis der Optik. Bei der Münchener Akademie der Wissenschaften hat er sich 1773/74 mit einer preisgekrönten Abhandlung über die „leichteste und wohlfeilste Art von Wasserbau" als Naturforscher eingeführt und damit durch eine Thematik, die für den häufig von Überschwemmungen bedrohten Regensburger Raum von hoher Bedeutung war.

In der Pflege gelehrter Studien kamen den Regensburger Benediktinern die Konvente von Ensdorf und Oberaltaich am nächsten. In der Abtei Oberaltaich mit ihren soliden ökonomischen Verhältnissen blühte das ganze 18. Jahrhundert hindurch ein reges wissenschaftliches Leben, das fast alle Disziplinen umfasste. Gegen Ende des Jahrhunderts schuf sich insbesondere Hermann Scholliner (1722–1795) als Theologe und Historiker einen klangvollen Namen, während sein Mitbruder Beda Aschenbrenner (1756–1817), ab 1796 der letzte Abt von Oberaltaich, als hervorragender Kirchenrechtler galt und zugleich als typischer Vertreter einer Mönchsgeneration, die echte Religiosität und umfassende Bildung mit dem drängenden Fortschritt des Zeitalters zu verbinden suchte.

Das stille wittelsbachische Hauskloster Ensdorf in der Oberpfalz besaß in der Umbruchszeit vom Barock zur Aufklärung einen der bedeutendsten Köpfe des benediktinischen Europa, einen Gelehrten, dem kein Wissensgebiet fremd blieb: Pater Anselm Desing (1699–1772) aus Amberg. Als Mathematiker und Physiker, Geograph und Astronom, Jurist und Historiker hat er Hervorragendes geleistet. Dabei fühlte sich Desing, angewidert von der ausgeleierten Lehrmethode am Jesuitengymnasium seiner Heimatstadt, ganz und gar der pädagogischen Bewegung der Zeit verpflichtet. Viele seiner seit 1730 erschienenen Bücher waren bestimmt für den Unterricht an höheren Schulen; aber er katalogisierte auch die alten Freisinger Handschriften oder entwarf für den Abt von Kremsmünster den Plan zur berühmten Sternwarte. Freilich, so sehr Desing mit seinen zahlreichen Lehrbüchern und Studienplänen zur Bürgertugend und zu einem „rechten", sprich vernünftigen und glücklichen Leben anleiten wollte, ein purer Erziehungsoptimist war er gleichwohl nicht. Er wusste durchaus um die Spannungen zwischen dem Licht der Vernunft und den tieferen Schichten menschlichen Seins und neigte sich demutsvoll vor dem Unergründlichen der letzten Wahrheit: „Ratio sola sufficit ad errandum" – „Die Vernunft allein führt nur zum Irrtum."

Wie bei den Regensburger Benediktinern, wie in Ensdorf und Oberaltaich, so standen in den immer kritischer werdenden Jahren vor der Säkularisation auch in Prüfening und Weltenburg außerordentlich tüchtige Männer an der Spitze ihrer Abteien. Das Kloster Weltenburg leitete bis zum Schicksalsjahr 1803 der schon erwähnte Benedikt Werner (1748–1830), eine hochgebildete und vielseitig interessierte Persönlichkeit. Prüfening er-

Abt Coelestin Vogl
von St. Emmeram

Pater Placidus Heinrich
von St. Emmeram

Fürstabt Frobenius Forster
von St. Emmeram

Abt Rupert Kornmann
von Prüfening

lebte am Ausgang des 18. Jahrhunderts einen letzten Glanz unter Rupert Kornmann (1757–1817). 1790 zum Abt gewählt, verstand es dieser in zahlreichen Disziplinen bewanderte „Polyhistor“ vortrefflich, das ihm anvertraute Stift binnen kurzem durch gezielten Ausbau der vorhandenen Bildungseinrichtungen zu einem Hort der Studien zu machen. Darüber hinaus betrieb er mit Eifer den Plan, alle gelehrten Benediktiner des Landes in einer Gesellschaft zur Pflege der Wissenschaften zu vereinen. Doch leider blieb die Verwirklichung dieses Projektes angesichts der drohenden Säkularisationsgefahr in den Anfängen stecken. Denn nunmehr musste Kornmann als Vertreter des Prälatenstandes in der bayerischen „Landschaft“ seine ganze Kraft darauf konzentrieren, sich gegen den immer massiver werdenden Druck auf die Klöster anzustemmen, ohne jedoch aus dem mannhaft geführten Kampf als Sieger hervorzugehen. So sah der hochgebildete Exbenediktiner zuletzt nur noch seine Aufgabe darin, in Wort und Schrift für die Überwindung des aufgeklärten Rationalismus und die Wiederherstellung der staatstragenden Kräfte des Christentums einzutreten. Er tat dies vor allem mit seinen beiden „Sibyllen“, der „Sibylle der Zeit“ (1810) und der „Sibylle der Religion“ (1813) – zwei tiefsinnige Deutungsversuche der Geschichte aus konservativer Sicht, die ihm späten literarischen Ruhm eingetragen haben.

Hirschau, Filialkirche zu den Vierzehn Nothelfern;
der Altar von J. Hirschl ist ein Beispiel für die große Zahl schöner Akanthusaltäre im Bistum

Die Fresken an der Orgelempore von Vilshofen (Vilstal)
erinnern an Reformation und Gegenreformation in der Oberpfalz

Die ehemalige Dompfarrkirche St. Ulrich, ein ungewöhnlicher Raum der Spätgotik, ist heute Teil des Diözesanmuseums.

Cham, Redemptoristenkirche Mariahilf; Chorapsis, ausgemalt durch den Klosterbruder Max Schmalzl im Stil der Spätnazarener, 1900–1909

Regensburg, St. Wolfgang; erbaut von Dominikus Böhm 1938/40 als letzter Kirchenbau im Bistum vor dem Zweiten Weltkrieg

Bodenwöhr, St. Barbara, erbaut von Hans Beckers 1949/50 als einer der frühen kirchlichen Neubauten nach dem Krieg

Streng wie eine frühchristliche Basilika mit frei stehendem Turm erscheint die Pfarrkirche St. Martin in Deggendorf, erbaut 1954 von Otto Weinert.

Frei stehend ist auch der originelle Glockenturm der Pfarrkirche Hl. Dreifaltigkeit in Hagelstadt, erbaut 1969/71 von Fritz Schwertle.

Kathedralkirche und Mittelpunkt des Bistums: Der Hohe Dom St. Peter in Regensburg

Dr. Gerhard Ludwig Müller, seit 2002 Bischof der Diözese Regensburg

Der Zentralbau der Allerheiligenkapelle im Kreuzgang des Regensburger Doms, erbaut vor 1164, einer der bedeutendsten und ältesten Kirchenräume im Bistum

St. Franziskus in Regensburg-Burgweinting (u.), der jüngste Kirchenbau der Diözese, erbaut 2001–2004 durch Ulrich und Ilse Königs

VI. Kapitel

Zusammenbruch der alten und Aufbau einer neuen Ordnung

Die geistlichen Stifter und Klöster sind Sparpfennige unserer großen weltlichen Fürsten, die sie bei der nächsten großen Gelegenheit angreifen und teilen werden, soll der aufgeklärte Kurmainzer Minister Friedrich von Stadion schon 1757 geäußert haben. In der Tat wurde die Reichskirche um die Mitte des 18. Jahrhunderts in steigendem Maß Gegenstand politischer Spekulationen. In den unterschiedlich weit gediehenen Bestrebungen, „den geistlichen Staats-Mantel des Teutschen Reiches noch um ein paar Ehlen kürzer zu machen" (Johann Jakob Moser), spiegelte sich die schicksalhafte Verflochtenheit von Säkularisation, Reichsverfall und Aufstieg der modernen deutschen Fürstenstaaten. Zunächst hatte noch das Interesse der großen katholischen Dynastien an den geistlichen Staaten hemmend auf die seit dem Westfälischen Frieden immer wieder vorgebrachten Aufhebungspläne gewirkt. Als sich jedoch im fortschreitenden 18. Jahrhundert ihre geistlichen Quasi-Erbfolgen aus biologischen Gründen, sprich wegen fehlender männlicher Nachkommenschaft, nicht mehr verwirklichen ließen, sahen auch sie in der Germania Sacra nur noch eine Arrondierungsmasse. In zeitlicher Parallele dazu mehrten sich die „literarischen" Sturmzeichen einer bevorstehenden Säkularisation. In zahlreichen Broschüren und Flugschriften hat die kirchen- und klosterfeindliche Belletristik der Aufklärung nicht allein die geistlichen Staaten, sondern auch die vielen Klöster, allen voran jene der Bettelorden, in ihrer Daseinsberechtigung hinterfragt und als Horte der Rückständigkeit und des Aberglaubens gehässiger Kritik unterzogen.

Doch weder von kaiserlicher noch von päpstlicher Seite konnten sich die Repräsentanten der katholischen Kirche in Deutschland angesichts der allerorten dräuenden Gewitterwolken und der immer deutlicher sich abzeichnenden Säkularisationsgefahr ernsthafte Hilfe erwarten. Denn Kaiser Joseph II. hob in seinen eigenen Landen, der Habsburger Monarchie, zwischen 700 und 800 Klöster auf und griff mit seinen sattsam bekannten

Maßnahmen zur Diözesan- und Pfarrregulierung tief in die kirchlichen Lebensvollzüge ein. Das Papsttum aber befand sich im ausgehenden 18. Jahrhundert nicht nur selbst in arger politischer Bedrängnis, es wollte die Säkularisation der nach Tradition und Besitz glänzendsten Kirche des Abendlandes im Ernst auch nicht verhindern. Vielmehr hatten die Auseinandersetzungen um die 1785 errichtete Münchener Nuntiatur die ohnedies misstrauische Haltung Roms gegenüber der „stolzen" Reichskirche noch erheblich verstärkt und unter anderem zum verhängnisvollen Bündnis Pius' VI. mit dem pfalzbayerischen Kurfürsten Karl Theodor (1777–1799) geführt. Dieser nahm fortan die Kirche seines Landes zunehmend fester ans Gängelband, bis hin zu ihrer völligen Knebelung in seinen letzten Regierungsjahren.

1. Die große Säkularisation von 1802/03

Die Auswirkungen des Staatskirchentums josephinischer und kurbayerischer Prägung bekam man auch in Regensburg massiv zu spüren. So musste der tatkräftige Fürstbischof Anton Ignaz von Fugger (1769–1787) zeit seiner Regierung gegen Bestrebungen des Münchener Hofes ankämpfen, die hochstiftische Herrschaft Donaustauf dem bayerischen Staat einzuverleiben. Die Bistumsgrenzen im Nordosten aber wurden durch die kaiserliche Anordnung vom Spätjahr 1783 gefährdet, wonach das von alters her zu Regensburg gehörige Egerland dem Erzbistum Prag zugeteilt werden sollte. Unverzüglich legte der Oberhirte gegen das widerrechtliche Vorhaben Beschwerde ein und erwirkte eine päpstliche Intervention, der zufolge Joseph II. die Angelegenheit bis zum Tode Fuggers auf sich beruhen ließ. Sein Nachfolger, Max Prokop von Törring (1787–1789), sah sich jedoch mit einem neuerlichen Versuch des Kaisers konfrontiert, den Bezirk Eger vom Regensburger Sprengel abzutrennen. Erst nach längeren Verhandlungen konnte auch dies insoweit erfolgreich abgewehrt werden, als man sich am Wiener Hof mit der Einrichtung eines bischöflich-regensburgischen Kommissariats in Eger zufrieden gab. Wie sehr auf der anderen Seite der staatskirchliche Territorialismus Bayerns der adeligen Reichskirche zur lebensgefährlichen Bedrohung werden konnte, sollte sich dann 1790 bei der Wahl des letzten Freisinger und Regensburger Fürstbischofs Joseph Konrad von Schroffenberg (1790–1803) zeigen. Hatte Karl Theodor bei der Freisinger Wahl am 1. März seine Stellung als Reichsvikar über Gebühr in Anspruch nehmen müssen, um die Nominierung des gewiss persönlich lauteren und pflichteifrigen, aber den bayerischen Interessen gefügigen Berchtesgadener Fürstpropsts durchsetzen zu können, so ging der Regensburger Wahlakt am 13. März schier mühelos über die Bühne. Damit hatte die kurbayerische Regierung binnen weniger Tage einen Doppelsieg über die Bischofsopposition im Lande errungen.

Auf reichskirchlicher Ebene wurde das weitverbreitete Abendgefühl vom bevorstehenden Untergang zur harten Wirklichkeit, als die Wogen der Französischen Revolution von 1789 auch auf Deutschland übergriffen und das linksrheinische Reichsgebiet an Frankreich abgetreten werden musste. Seit 1795 erhoben die hiervon betroffenen weltlichen Fürsten stets aufs Neue die Forderung nach Entschädigung „aus dem Schoße des Reiches" durch Aufteilung der geistlichen Fürstentümer, und dieses Säkularisationsprinzip kam dann im Lunéviller Friedensschluss vom Februar 1801 voll zum Tragen. Zu seiner Umsetzung berief der Kaiser im August 1802 eine achtköpfige Reichsdeputation nach Regensburg, dem Sitz des Immerwährenden Reichstags, die in den folgenden Monaten auf der Grundlage des in Paris entworfenen Entschädigungsplans jene Einzelbestimmungen auszuarbeiten hatte, denen die geistlichen Staaten fast ausnahmslos zum Opfer fielen. Das endgültige Ergebnis ihrer Verhandlungen legte die Kommission am 25. Februar 1803 mit dem sogenannten Reichsdeputationshauptschluss vor, der das letzte Reichsgesetz überhaupt sein sollte. Dessen Ratifikation durch Kaiser Franz II. hat den politischen Kampf um die Liquidierung der Germania Sacra beendet und die seit langem gehegten Expansionsträume der weltlichen Fürstenstaaten endlich erfüllt, für nicht wenige in einem Umfang, der ihre linksrheinischen Verluste um ein Vielfaches aufwog.

Über der landsässigen bayerischen Kirche waren die düsteren Wolken des Säkularisationsgewitters schon etliche Jahre zuvor aufgezogen, als 1796 mit dem Grafen Emidio Ziucci ein in jeder Hinsicht unwürdiger Mann auf den Posten der Münchener Nuntiatur berufen wurde. Dem Betreiben dieses hochverschuldeten päpstlichen Diplomaten ist es hauptsächlich zuzuschreiben, dass Pius VI. am 7. September 1798 ein Dokument unterzeichnete, das dem Kurfürsten zur Linderung der Not seines Landes und zur Deckung der Kriegslasten gestattete, „von den in Deinen Staaten gelegenen Gütern der Geistlichkeit so viel zu veräußern, als gefordert wird, um fünfzehn Millionen Gulden ... zusammenzubringen". Zwar gelang es dem Prälatenstand unter Führung der Äbte Rupert Kornmann von Prüfening und Karl Klocker von Benediktbeuern, die sofortige Umsetzung dieses ominösen Projekts abzuwenden, doch war damit das päpstliche Breve keineswegs widerrufen. Im Gegenteil! Eine Kabinettsinstruktion vom 25. Januar 1799 forderte die Untersuchung des Aktiv- und Passivvermögens der Klöster, die Reduzierung ihrer Mitglieder, die Neuregelung der Aufnahmebedingungen und andere zeitgemäße „Reformen". Karl Theodor hatte also mit päpstlicher Hilfe noch kurz vor seinem Tod eine für die Kirche höchst bedrohliche Situation herbeigeführt und der Säkularisationspolitik des modernen bayerischen Staates unter seinem Nachfolger Max IV. Joseph und dessen Minister Montgelas den Weg gewiesen.

In diesem Kontext verdient es besondere Erwähnung, dass Fürstbischof Schroffenberg, dessen Diözesen Freising und Regensburg sich über weite Teile der kurbayerischen Lande erstreckten, gegen den vom Papst sanktionierten Aderlass der bayerischen Kirche wiederholt am Münchener Hof, beim Nuntius und selbst in Rom engergischen Protest einlegte. So schrieb er beispielsweise unterm Datum des 28. Februar 1799 in großer Verbitterung an Ziucci: *Ich kann Ihnen den Schmerz nicht länger mehr bergen, den mir der gänzliche Untergang der Klöster in Bairn verursachet und dieß durch ein förmliches Indult des Pabstes, eben zu der Zeit, wo man sagen könnte, man wolle die Beute davon zur Leichenbegängniß der Religion anwenden, die ohnehin schon allenthalben zu nächst an ihrem offenen Grabe steht. Soll es möglich seyn, daß der heilige Vater, Zeuge von so vielen Verwüstungen, welche den Boden der Christenheit bedeken, solle bewilliget haben, dieselben noch auszubreiten und zu vermehren, zum Erstaunen der katholischen Seelen, die unter dem Steinhaufen des Heiligthums nicht mehr wissen, wo sie sich hinwenden sollen?* Als dann im Februar 1801 durch den Artikel VII des Friedensvertrags von Lunéville das Schicksal der geistlichen Staaten besiegelt schien, war wiederum Schroffenberg einer der rührigsten Verteidiger der kirchlichen Interessen. Unterstützt vor allem vom Regensburger Domkapitel und dessen gewandtem Propst Joseph Benedikt von Thurn und Valsassina, trat er mit Nachdruck für ein gemeinsames Vorgehen der geistlichen Reichsstände zum Schutz ihrer Staaten ein. Doch obschon seine diesbezüglichen Aktivitäten bei einem halben Dutzend der Amtsbrüder Beifall fanden, verlief das Unternehmen im Sande, da namentlich die hochrangigeren geistlichen Reichsfürsten in kühler Reserve verharrten. Ohne Wirkung blieb auch Schroffenbergs energischer Einspruch gegen die klosterfeindlichen Maßnahmen der neuen bayerischen Regierung, die bereits seit Januar 1802, also ein volles Jahr vor dem Reichsdeputationshauptschluss, mit nicht zu übersehender Deutlichkeit auf eine Totalsäkularisation hinsteuerte.

Der Reichsdeputationshauptschluss vom Februar 1803 sah neben der „Mediatisierung" kleinerer weltlicher Reichsstände, insbesondere der gefreiten Städte, die Aufhebung aller reichsunmittelbaren geistlichen Staaten zugunsten weltlicher Fürsten vor. Ausgenommen blieben vorderhand nur die Territorien des Malteser- und Deutschordens (aufgehoben 1809) und der für den Mainzer Kurfürsten geschaffene Erzkanzlerstaat. Zu dieser „Herrschaftssäkularisation“ trat als zweite Komponente die „Gütersäkularisation“ oder „Vermögenssäkularisation“. Die rechtliche Handhabe für sie boten die Paragraphen 34 und 35 des Hauptschlusses, die es in das Belieben der Landesherren stellten, das Vermögen der Bistümer, Domkapitel, kirchlichen Kollegien und Universitäten einzuziehen sowie die Klöster und Stifte ihrer Territorien aufzuheben. Der die Klostersäkularisation ermöglichende Paragraph 35 war übrigens erst in letzter Minute, im Januar 1803, auf Betreiben der bayerischen Regierung in den Reichsrezess aufgenommen worden und wurde alsdann unter dem weißblauen Himmel mit letzter Entschlossenheit in die Tat umgesetzt. Er überließ *alle Güter der fundirten Stifter, Abteyen und Klöster ... der freien und vollen Disposition der respectiven Landesherren, sowohl zum Behuf des Aufwandes für Gottesdienst-, Unterrichts- und andere gemeinnützige Anstalten, als zur Erleichterung ihrer Finanzen,* allerdings *unter dem bestimmten Vorbehalte der festen und bleibenden Ausstattung der Domkirchen ... und der Pensionen für die aufgehobene Geistlichkeit.*

Die Durchführung der Säkularisation erfolgte in Kurbayern stufenweise und teils schon im Vorgriff auf den Reichsrezess. Bereits im Spätjahr 1801 hob man in Landshut die meisten Klöster zugunsten der von Ingolstadt hierher verlegten Landesuniversität auf, darunter auch die Zisterzienserinnenabtei Seligenthal. Durch kurfürstliche Entschließung vom 25. Januar 1802 wurde sodann eine „Spezialkommission für Klostersachen“ ins Leben gerufen, die als erste Maßnahme die Auflösung der Bettelordensklöster zu bewerkstelligen hatte. Noch vor Ablauf dieses Jahres fielen sämtliche Konvente der Kapuziner, Franziskaner, Paulaner, Dominikaner, Karmeliten und Augustinereremiten der Säkularisation zum Opfer. Hinzu kamen die nicht durch die Ständeverfassung geschützten Abteien der Oberpfalz mit Ausnahme Waldsassens und zahlreiche nichtständische Nonnenkonvente. Nur einige weibliche Ordensniederlassungen durften zur Krankenpflege und zum Unterricht der Jugend vorerst noch bestehen bleiben, wenn auch völlig der staatlichen Aufsicht unterstellt. Für die Mitglieder der aufgehobenen Klöster setzte der Staat kümmerliche Pensionen von jährlich 125 Gulden fest. Diejenigen Mönche und Nonnen, die ihren Gelübden treu bleiben wollten, verbrachte man in sogenannte Zentralklöster, in „Crepieranstalten für die halsstarrigen klostertreuen Individuen“, wie ein Säkularisationskommissar ihren tatsächlichen Zweck drastisch auf den Punkt gebracht hat.

Als dann der Reichsdeputationshauptschluss von 1803 die rechtliche Befugnis zur Aufhebung der ständischen Klöster erteilt hatte, mussten noch im Frühjahr desselben Jahres überall im Lande auch die Benediktiner,

Zisterzienser, Augustinerchorherren und Prämonstratenser ihre Stifte in unmenschlich kurzer Frist verlassen.

Alles in allem nahm das Säkularisationsgeschäft gerade in Kurbayern oft düsterste Formen an und richtete durch rücksichtslosen Abbruch wertvoller Zeugnisse der Vergangenheit und durch Verschleuderung kostbarer Kunstschätze und Bibliotheken nicht selten unersetzliche Kulturwerte zugrunde, ganz zu schweigen von seinen verheerenden Auswirkungen auf das Bildungs- und Erziehungswesen sowie von seinen nachteiligen sozialen Folgen für die Handwerker, Bediensteten und Rentner der aufgehobenen Klöster. Was speziell das Bistum Regensburg betrifft, so hat der Klostersturm der Jahre 1802/03 weit über 50 Frauen- und Männerklöster jäh von der Diözesankarte hinweggefegt. Sie stellten in aller Regel keine morschen, sterbensmüden Einrichtungen dar, sondern waren – wie im Abschnitt über die klösterliche Kultur- und Wissenschaftspflege des vorausgehenden Kapitels hinlänglich deutlich geworden ist – großenteils blühende Stätten religiöser und kultureller Wirksamkeit. Verschont von der Säkularisation blieben vorerst nur die meisten Klöster und Stifte in der Bischofsstadt selbst, und zwar dank der Tatsache, dass der Reichsdeputationshauptschluss eine Ausnahmeregelung für den erzbischöflichen Stuhl von Mainz getroffen hatte mit der Maßgabe, dass dieser nach Regensburg übertragen werde.

2. Regensburgs Sonderstellung unter Dalberg

Als man 1803 die deutsche Landkarte völlig neu zeichnen musste, weil nahezu alle geistlichen Fürstentümer und kleineren Reichsstände durch die Säkularisation beziehungsweise Mediatisierung ihre Selbständigkeit verloren hatten, zog die Reichstadt Regensburg ein Los, um das sie gleichrangige Kommunen nur beneiden konnten. Um nämlich das nach Recht und Herkommen an den erzbischöflichen Stuhl von Mainz gebundene Amt des Kurerzkanzlers als wesentlichen Bestandteil der alten Reichsverfassung zu retten, bestimmte Paragraph 25 des Reichsdeputationshauptschlusses, die Mainzer Cathedra in die Stadt des Immerwährenden Reichstags zu übertragen und die „Würden eines Kurfürsten, Reichs-Erzkanzlers, Metropolitan-Erzbischofs und Primas von Deutschland" für immer mit dem Regensburger Bischofsstuhl zu verbinden. Derjenige, der von Amts wegen in die genannten Würden eintrat, war Carl Theodor Anton Maria Reichsfreiherr von Dalberg, seit Januar 1800 Bischof von Konstanz, seit Sommer 1802 auch von Mainz und Worms, hier jedoch nur noch für die rechtsrheinischen

Fürstbischof Josef Konrad Freiherr von Schroffenberg

Fürstprimas Carl Theodor Freiherr von Dalberg

Gebiete. Für ihn hatte die Reichsdeputation einen neuen Kurerzkanzlerstaat geschaffen, bestehend aus dem Fürstentum Aschaffenburg, der Grafschaft Wetzlar und dem Fürstentum Regensburg. Dieses umfasste das Hochstift Regensburg mit den Reichsherrschaften Donaustauf, Wörth und Hohenburg auf dem Nordgau, die Reichsstadt Regensburg, die Fürstabtei St. Emmeram, die adeligen Damenstifte Ober- und Niedermünster sowie den Besitz aller mittelbaren Stifte und Klöster Regensburgs.

Obschon Regensburg damit seinen reichsunmittelbaren Status einbüßte, gereichte ihm die Übernahme durch Dalberg in vielerlei Hinsicht zum Segen, da der neue Stadtherr den übereigneten Besitzungen und Institutionen nicht bloß Schonung, sondern nachhaltige Förderung angedeihen ließ. Dass die schwer verschuldete Kommune unter dem letzten geistlichen Reichsfürsten glücklicheren Tagen entgegengehen werde, hat man denn auch sofort begriffen. So erwähnte der Presseberichterstatter über die Ankunft des Kurerzkanzlers in Regensburg am 30. Dezember 1802 den Verlust der Reichsstandschaft ohne jegliches Lamento und fügte daran den für sich sprechenden Kommentar: *Trotzdem gehen wir voller Hoffnung in ein neues Jahr, denn unser neuer gnädiger Herr ... hat mit seinen ersten Anordnungen schon erkennen lassen, daß wir viele Verbesserungen erwarten dürfen. Lieber mainzisch als bayerisch!* Dieser Ruf hallte in den folgenden Jahren vermutlich besonders laut in den zahlreichen Stiften und Klöstern der Stadt wider. Denn im

Gegensatz zur Münchener Regierung brachte Dalberg den Paragraphen 34 des Reichsrezesses, der eine Aufhebung der Domkapitel ermöglichte, nicht zur Anwendung, so dass in Bayern allein das Regensburger Domstift die von der Säkularisation heraufbeschworenen Jahrzehnte des Niederbruchs der kirchlichen Ordnung im ungeschmälerten Besitz seiner Gerechtsame überdauerte. Und während man im weißblauen Kurfürstentum die Aufhebung sämtlicher Klöster gemäß Paragraph 35 mit beispielloser Härte betrieben hat, blieben in Regensburg alle lebensfähigen geistlichen Institutionen bestehen.

Als besonders ersprießlich erwies sich die Stadtherrschaft Dalbergs für die vormalige reichsstädtische Kommune. Zwar dauerte sie nur sieben Jahre, aber Regensburg hat sich in dieser kurzen Zeitspanne in zentralen Bereichen von den frühneuzeitlichen, ja teilweise noch mittelalterlichen Verhältnissen verabschiedet – keineswegs revolutionär, sondern reformerisch, wie es Dalbergs Persönlichkeit und seiner von einer maßvollen Aufklärung geprägten Geisteshaltung entsprach. Die wichtigste Voraussetzung hierfür schuf der Reichsrezess selbst, und zwar durch den Zusammenschluss des bis dato auf fünf reichsunmittelbare Herrschaftsträger aufgeteilten Stadtgebiets zu einer politischen und verwaltungsmäßigen Einheit. Erst diese Einheit nämlich vermochte künftigen Reformmaßnahmen, die Dalberg namentlich im Bildungs-, Rechts-, Sozial- und Steuerwesen in die Wege leitete, einen durchschlagenden Erfolg zu gewährleisten.

Bereits durch Edikt vom 20. Mai 1803 reformierte der neue Stadtherr die seit 1651 definitiv an das evangelische Bekenntnis gebundene Verleihung des Bürgerrechts dahingehend, dass inskünftig die Angehören aller christlichen Konfessionen freien Zutritt zum Bürgerrecht haben sollten. Im Bereich der Sozialfürsorge bestand Dalbergs erster Reformschritt in der Zentralisierung des Armenwesens durch die Errichtung einer sogenannten Armenkommission, der insbesondere die Leitung des gesamten Stiftungswesens oblag. Es erfolgten sodann gezielte Maßnahmen zur Arbeitsbeschaffung, unter anderem durch die Einebnung von Stadtwällen und Gräben sowie den Ausbau des Alleengürtels um die Stadt. Des Weiteren wurden verschiedene Bauprojekte wie die Errichtung einer Kinderkrippe oder des Evangelischen Krankenhauses in Angriff genommen. Geradezu als bahnbrechend erwies sich Dalbergs Steuerreform mit dem Ziel einer gerechteren Verteilung der Steuerlasten. Das suchte er hauptsächlich dadurch zu erreichen, dass Haus- und Grundbesitz nicht mehr nach dem Vermögenswert, sondern nach dem Ertragswert besteuert wurden. Die zukunftweisende Modernität dieser Initiative kann man allein schon daran ablesen, dass das Ertragssteuersystem später auch im Königreich Bayern Geltung erhielt.

Weitere wichtige Reformimpulse der Dalbergzeit seien nur noch stichwortartig benannt: Einführung der allgemeinen Schulpflicht, Verbesserung der Lehrerausbildung, nachhaltige Förderung wissenschaftlicher Bestrebungen, Gründung eines modernen Sanitätsrats, armenärztliche Versorgung, Ausbau der Pockenschutzimpfung, Erlass einer detaillierten Feuerverordnung zur Sicherung von Besitz und Wohlstand.

Mögen sich auch manche dieser Initiativen in der Rückschau als kleine Schritte ausnehmen, so zeugen sie doch insgesamt von einer bemerkenswert reformerischen Spannkraft, zumal sie höchst unruhigen Zeitläuften abgerungen werden mussten, die einer kontinuierlichen Aufbauarbeit alles andere denn förderlich waren. Die „Scharnierfunktion" zur Moderne, die der Dalbergära in der Geschichte Regensburgs zukommt, beeindruckt umso mehr, als der letzte geistliche Reichsfürst die Herrschaft über eine Stadt übernahm, die vor dem wirtschaftlichen Ruin und finanziellen Bankrott stand. Ende 1802 betrugen die Kapitalschulden Regensburgs über anderthalb Millionen Gulden, für die jährlich 72 000 Gulden an Zinsen zu zahlen waren, was etwa der Hälfte der durchschnittlichen Bruttoeinnahmen entsprach. Wie sein auf vierzig Jahre gestaffelter Schuldentilgungsplan vom Herbst 1803 belegt, ging Dalberg mit Tatkraft an die Sanierung der zerrütteten ökonomischen Verhältnisse und erzielte dabei trotz widriger Zeitumstände und der verheerenden Brandkatastrophe im April 1809 auch einen recht beachtlichen Erfolg, denn immerhin hatte sich die Schuldenlast bis zum Übergang Regensburgs an Bayern im darauffolgenden Jahr um rund 300 000 Gulden verringert. Zudem gaben seine umsichtigen Sparmaßnahmen die Basis für heute noch greifbare kulturelle Leistungen ab, nicht zuletzt für die edlen klassizistischen Bauten, mit denen Dalberg die Stadt durch seinen Land- und Hofbaumeister Emanuel von Herigoyen geschmückt hat: so beispielsweise für das noble Gesandtschaftspalais zwischen Dominikanerkirche und Schottenkloster oder für das unweit davon gelegene „Neue Haus" mit Theater-, Gesellschafts- und Konzertsaal.

In krassem Gegensatz zur vormaligen Reichsstadt befanden sich die geistlichen Korporationen Regensburgs (Hochstift, Domkapitel, Stifte und Klöster) beim Regierungsantritt Dalbergs in erfreulichen wirtschaftlichen Verhältnissen. Nicht nur deshalb, sondern auch aus religiösen Gründen hob der neue Stadtherr keines ihrer Institute auf, wenn es nicht von selbst der Auflösung entgegenging. Vielmehr bemühte er sich nach Kräften, deren Bestand zu sichern. Ein signifikantes Beispiel hierfür bieten die beiden Frauenklöster der Klarissen und Dominikanerinnen, denen der Kurzerzkanzler die Mädchenschulen der unteren und oberen Stadt überantwortete mit der Folge, dass sie ob ihres vorbildlichen erzieherischen Engagements selbst unter bayerischer Herrschaft fortbestehen durften. Auch die drei ehemaligen Reichsstifte St. Emmeram, Ober- und Niedermünster blieben unter Dalberg (noch) erhalten, desgleichen das Karmelitenkloster St. Joseph, das Kapuzinerkloster St. Matthias, das Augustinerkloster St. Salvator, die Schottenabtei St. Jakob und die beiden Kollegiatstifte zur Alten Kapelle und bei St. Johann. Als großer Segen in pastoraler Hinsicht sollte sich insbesondere die Existenzsicherung von Lyzeum und Klerikalseminar erweisen, gestalteten sich doch in der Folgezeit die seelsorgerlichen Verhältnisse in der Diözese Regensburg dank eigener Ausbildungsstätten für den Priesternachwuchs ungleich günstiger als in den anderen bayerischen Bistümern. Dies auch deshalb, weil damals an der Spitze des Klerikalseminars mit dem Oberpfälzer Georg Michael Wittmann (1760–1833), dem späteren Weihbischof (ab 1829), ein Seelsorger aus innerster Leidenschaft stand, der lebenslang in der Heranbildung wahrhaft geistlicher Priester seine große Aufgabe sah, mochte auch seine strenge Erziehungsmethode nicht nach jedermanns Geschmack sein.

Übrigens beließ Dalberg die geistlichen Korporationen in der Eigenverwaltung ihrer Güter; er verlangte von ihnen lediglich die Abführung der „Decima", des zehnten Teils vom jährlich erwirtschafteten Einkommen, an die Staatskasse. Wenn er solchermaßen den Fortbestand der meisten Stifte und Klöster sicherte – nur einige wenige wie das Dominikanerkloster St. Blasius und die Deutschordenskommende St. Ägid hat er säkularisiert –, so handelte er freilich keineswegs aus purer Uneigennützigkeit. Vielmehr erscheint sein weitgehender Verzicht auf die Auflösung der geistlichen Gemeinschaften, die überdies beträchtliche Pensionszahlungen nach sich gezogen hätte, in erster Linie von staatsmännischer Klugheit diktiert. Da nämlich die Mehrzahl dieser Kommunitäten ein beträchtliches Vermögen besaß, war kraft des Besteuerungsrechts eine stets fließende Geldquelle zur so dringend notwendigen Sanierung der zerrütteten städtischen Finanzen vorhanden. Über das mit Abstand meiste Aktivkapital verfügte damals das Kollegiatstift zur Alten Kapelle. Die ausnehmend günstige Wirtschaftslage dieses altehrwürdigen Stifts trug der Staatskasse des Fürstentums bis zum Rechnungsjahr 1809/10 sage und schreibe eine Barschaft von 102 431 Gulden ordentlicher und außerordentlicher Steuern ein, woraus man füglich den Schluss ziehen darf, dass sich der Fortbestand der Stifte und Klöster für die Stadt Regensburg im wahrsten Sinne des Wortes bezahlt gemacht hat.

Durch die Mediatisierung Regensburgs hatten über 6000 Einwohner lutherischen Bekenntnisses in Dalberg gleichsam über Nacht einen katholischen „Summus episcopus" bekommen, der sich jedoch stets bemühte, die konfessionellen Gegensätze zu überbrücken und möglichst wenig in die

Rechte der evangelischen Gemeinde einzugreifen, der aber andererseits, wie erwähnt, auch den Katholiken unverzüglich den Einstieg in die Schicht der Vollbürger ermöglichte und damit dem katholischen Bevölkerungsteil in kommunalpolitischen Fragen einen größeren Einfluss als bisher zukommen ließ. Alle einschlägigen Dokumente vermitteln darüber hinaus den Eindruck, dass gerade die kurze Dalbergzeit der Regensburger Stadtgeschichte von einem Geist religiöser Toleranz geprägt war wie keine Epoche zuvor und auch so manche danach nicht. Ein überaus eindrucksvolles Zeugnis dafür ist uns in jener Dankadresse erhalten geblieben, die das Konsistorium Augsburger Konfession wenige Wochen vor der Übergabe der Stadt an Bayern an seinen scheidenden Landesherrn gerichtet hat. Hieraus nur einige Sätze: *Besonders haben die kirchlichen Verhältnisse der evangelisch-lutherischen Religion das beneidenswerte Los gehabt, den Druck des Zeitalters weniger als jedes andere bürgerliche Verhältnis zu fühlen. Die uns durch die Reichsgesetze zugesicherten Rechte sind in einem Zeitalter, wo soviele Privilegien und Freiheiten zusammenstürzten, so manches Institut der Vorzeit zugrunde ging, auch nicht im geringsten angetastet worden. Ja es sind sogar durch so humane als wohltätige Freigebigkeit von Euer Königl. Hoheit die protestantischen Kirchen- und Schulanstalten durch Vermehrung ihrer Dotation für die Zukunft sichergestellt, und zu diesem Zwecke, ohngeachtet der auch anderwärts von sovielen Seiten andringenden Staatsausgaben, mehrere Tausende verwendet worden. Gegenstände, die die kirchlichen Verhältnisse der Protestanten berührten oder auch nur entfernten Bezug auf dieselben zu haben schienen, sind unter Euer Königl. Hoheit gerechten, humanen Regierung mit einer Zartheit behandelt worden, die ihnen leider in unsern Zeiten selbst in protestantischen Ländern selten zuteil wird.*

Bei vielen Gelegenheiten hat Dalberg, seit Sommer 1806 Fürstprimas des Rheinbundes, zur Unterstützung seiner Untertanen in die eigene Schatulle gegriffen, besonders tief im Kriegsjahr 1809, nachdem nahezu der ganze Südosten Regensburgs bei der Beschießung der Stadt durch napoleonische Truppen am 23. April in Flammen aufgegangen war. Gegen Ende dieses Jahres wurde er von Napoleon, dem allgewaltigen Protektor der Rheinischen Konföderation, zu Verhandlungen über neuerliche territoriale Veränderungen nach Paris beordert. Dort musste Dalberg am 16. Februar 1810 in einen Vertrag willigen, der seinem Primatialstaat gegen Abtretung Regensburgs die Fürstentümer Fulda und Hanau einverleibte. Das Fürstentum Regensburg gab Napoleon durch Abkommen vom 28. Februar an das Königreich Bayern. Die offizielle Übernahme durch den neuen Landesherrn erfolgte im Mai 1810. Der scheidende Fürstprimas, der freilich Erzbischof von Regensburg blieb, stellte bei dieser Gelegenheit seine hochherzige Gesinnung noch einmal unter schönsten Beweis, indem er auf seine gesamten Forderungen aus dem Fürstentum in Höhe von 144 000 Gulden zugunsten der Schulen, Krankenhäuser und milden Stiftungen verzichtete, wobei Katholiken und Protestanten, wie stets unter seiner Regierung, in gleicher Weise bedacht wurden. Darüber hinaus ließ er am Tag der feierlichen Übergabe allen Pfründnern Regensburgs bessere Kost und je einen Gulden zukommen, damit sie für den neuen Landesherrn beteten.

Die letzten Lebensjahre Dalbergs – er hatte nach der Völkerschlacht bei Leipzig im Oktober 1813 alle seine weltlichen Ämter niedergelegt – galten ganz der geistlichen Verwaltung, der inneren Einkehr und Werken der Barmherzigkeit. Nach einem Schlaganfall verstarb der Erzbischof am 10. Februar 1817 unter dem Beistand des Seminarregens Wittmann, und zwei Tage später wurde sein Leichnam im Mittelschiff des Regensburger Domes beigesetzt. Der Neffe Emmerich Joseph ließ dem Verewigten 1824 ein klassizistisches Denkmal errichten. Dieses Monument, das Dalbergs Abschiedsstunde von der befreundeten gräflichen Familie Westerholt und seine letzten Worte „Liebe – Leben – Gottes Wille“ in Marmor festhält, befand sich ursprünglich an einem Pfeiler in der Nähe der Grablege. Bei der tiefgreifenden Umgestaltung des Domes im Zeitgeschmack der Neugotik hat man mit vielen anderen Steinen auch Dalbergs Grabmal versetzt und in einer dunklen Nische des nördlichen Seitenschiffes aufgestellt – eine wenig pietätvolle Maßnahme, die gleichsam zum Symbol wurde für seine Verkennung und Verunglimpfung im fortschreitenden 19. Jahrhundert.

Dabei hat sich Dalberg auch in der ihm reichsrechtlich überantworteten Position eines Primas der katholischen Kirche Deutschlands bis zuletzt redlichst um deren Neuordnung bemüht. Doch gerade weil er in dieser Aufgabe fortwährend Schiffbruch erlitt und sich keiner seiner Konkordatspläne – weder für das Reich noch für den Rheinbund noch für den Deutschen Bund – verwirklichen ließ, fand er in den Augen der Nachwelt wenig Gnade. Erst die neuere Forschung konnte deutlich machen, wie sich in seiner Persönlichkeit die ganze Tragik jener Epoche des Übergangs vom 18. zum 19. Jahrhundert spiegelt, die im staatlichen wie kirchlichen Bereich kaum etwas zu schaffen vermochte, was die politischen Umwälzungen überdauerte. Zudem hat das Welttheater der Geschichte Dalberg die undankbare Rolle beschieden, immer ein Letzter zu sein – der letzte Mainzer Kurfürst, der letzte Erzkanzler des Heiligen Römischen Reiches, der letzte geistliche Fürst Deutschlands, der letzte Regensburger Oberhirte alter Ordnung. Im Blick darauf fühlt man sich unwillkürlich an jene schwermütigen, zeitlos gültigen Worte erinnert, die in die Marmortafel unter dem Sarkophag des letzten deutschen Papstes Hadrian VI. (1522/23) eingemeißelt sind: „Ach, wie sehr kommt es darauf an, in welche Zeit auch des trefflichsten Menschen Wirken fällt."

Mit dem Ende von Dalbergs Stadtherrschaft hatte auch die Bevölkerung Regensburgs den rauen kirchenpolitischen Wind zu spüren bekommen, wie er in Bayern unter Minister Montgelas blies. Zwar gingen die Münchener Regierungsbehörden jetzt nicht mehr mit derselben Schroffheit vor wie in den Jahren 1802/03, doch unterstanden die Regensburger Stifte und Klöster fortan strengster staatlicher Kontrolle, insbesondere in der Vermögensverwaltung, soweit sie nicht überhaupt aufgelöst wurden. Das Schicksal der Säkularisation traf sämtliche Bettelordenskonvente mit Ausnahme jener der Klarissen und Dominikanerinnen und auch die Benediktinerabtei St. Emmeram. Diese trat König Max I. Joseph zusammen mit den Herrschaftsrechten über Donaustauf und Wörth sowie anderen Domänen 1812 an den Fürsten von Thurn und Taxis ab, und zwar als Entschädigung für das 1808 verstaatlichte taxissche Postmonopol. In den adeligen Damenstiften Ober- und Niedermünster kam in den folgenden Jahren das Gemeinschaftsleben mehr oder minder von selbst zum Erliegen. Die Stiftsgebäude von Niedermünster stellte die bayerische Regierung 1821 als bischöfliche Residenz zur Verfügung, während der weitläufige Gebäudekomplex des säkularisierten Damenstifts Obermünster 1823 zum Klerikalseminar umfunktioniert wurde. Beide Maßnahmen standen in unmittelbarem Zusammenhang mit dem Vollzug des mittlerweile zwischen dem Königreich Bayern und dem Heiligen Stuhl abgeschlossenen Kirchenvertrags.

3. Kirchliche Neuordnung durch das Konkordat von 1817

Nach ebenso langwierigen wie schwierigen Verhandlungen des Münchener Hofes mit der römischen Kurie über ein bayerisches Konkordat – sie hatten bereits im Spätjahr 1803 begonnen, waren aber wiederholt gescheitert – kam es am 5. Juni 1817, dem Fronleichnamstag des Jahres, endlich zur Unterzeichnung eines neunzehn Artikel umfassenden Vertragswerks. Dieses schuf für die katholische Kirche Bayerns eine völlig neue, bis zum Ende der Monarchie im Jahr 1918 in Geltung bleibende Rechtsgrundlage. Gemäß Artikel 2 des Konkordats wurde das Königreich in zwei Kirchenprovinzen eingeteilt. Dem Erzbistum München und Freising unterstanden fortan die Bistümer Augsburg, Passau und Regensburg als Suffragane, dem Erzbistum Bamberg die Bistümer Würzburg, Eichstätt und Speyer. Jedes der acht

Domkapitel erhielt einen Propst und einen Dekan, dazu die Metropolitankapitel je zehn, die Kathedralkapitel je acht Kanoniker. Außerdem wurden bei jedem Kapitel sechs Domvikare angestellt. Das Ernennungsrecht für die Erzbischöfe und Bischöfe räumte die römische Kurie dem König ein, desgleichen für alle Domdekane und auch für sämtliche Domkanonikate, die sich in den „päpstlichen", das heißt ungeraden Monaten erledigten. In den geraden Monaten wurden die Domkapitulare abwechselnd von den Bischöfen ernannt und von den Kapiteln gewählt. Das Bestellungsrecht der Dompröpste behielt sich der Papst vor, jenes der Domvikare wurde den Bischöfen zugesprochen. Neben dem Nominationsrecht für die meisten höheren Kirchenpfründen erhielt der Landesherr auch das Präsentationsrecht auf alle schon vor der Säkularisation seinem Patronat unterstehenden Pfarreien und Benefizien sowie auf die Pfarreien und Benefizien der aufgehobenen geistlichen Verbände. Außerdem hatten die Erzbischöfe und Bischöfe bei ihrem Amtsantritt dem König einen Gehorsams- und Treueid zu leisten.

Im Gegenzug verpflichtete sich der Staat zu einem genau festgelegten Unterhalt der Bischöfe und Domkapitel, der auf liegende, der kirchlichen Verwaltung übereignete Güter und ständige Fonds gegründet werden sollte. Des Weiteren verbürgte er sich, den Erzbischöfen, Bischöfen, Dignitären und älteren Domherren standesgemäße Wohnungen anzuweisen sowie jedem Bistum geeignete Gebäude für die bischöfliche Kurie, das Domkapitel und das Diözesanarchiv zur Verfügung zu stellen. Gleiches galt für die Klerikalseminare, die der Staat zudem ausreichend zu dotieren hatte, und zwar unter Verzicht auf ein Mitwirkungsrecht bei der Ausbildung des Klerus. Leitung, Aufsicht und Verwaltung der geistlichen Bildungsanstalten lagen somit künftig ausschließlich in den Händen der Bischöfe und der von ihnen berufenen Seminarvorstände. Artikel 12 des Konkordats gewährleistete den Bischöfen in der Ausübung ihres Amtes volle Freiheit, die sich ausdrücklich auch auf die Wahl der Mitarbeiter in der Bistumsverwaltung, auf die Aufnahme von Bewerbern in den Klerikerstand, auf Verordnungen über kirchliche Gegenstände und auf den Verkehr mit dem Heiligen Stuhl erstreckte. In Artikel 7 erklärte sich der Staat bereit, im Einvernehmen mit Rom einige Männer- und Frauenklöster wiederherzustellen und angemessen auszustatten, vornehmlich für den Unterricht, zur Aushilfe in der Seelsorge und für die Krankenpflege. Artikel 8 garantierte der Kirche das uneingeschränkte Eigentums- und Erwerbsrecht. Von ausnehmender Bedeutung waren die alsbald heftig umstrittenen Rahmenklauseln des Konkordats. Gemäß Artikel 16 und 17 sollten nämlich alle der Übereinkunft widersprechenden staatlichen Gesetze außer Kraft treten und alle im Konkordat nicht ausdrücklich geregelten Angelegenheiten künftig nach Lehre und Disziplin der Kirche behandelt werden, während Artikel 1 der katholischen Religion in und für ganz Bayern den Erhalt jener Rechte und Vorrechte garantierte, „welche sie nach göttlicher Anordnung und den canonischen Satzungen zu genießen hat".

Betrachtet man den hier nur mit wenigen Strichen skizzierten materiellen Inhalt des Konkordats, so erscheinen die Vorteile, die sich der Staat durch die Errichtung einer mit den Landesgrenzen übereinstimmenden Kirchenorganisation, durch die Nominations- und Präsentationsrechte bei der Vergabe der kirchlichen Pfründen und durch den Bischofseid sichern konnte, recht beachtlich. Auf der anderen Seite fallen die Zugeständnisse der Krone an die Kirche – Dotation der kirchlichen Einrichtungen, voller staatlicher Schutz, freie Eigenverwaltung und organisatorische Entwicklung, Garantie des Besitz- und Erwerbsrechts – nicht minder stark ins Gewicht. Vor allem aber erkannten die Generalklauseln der Artikel 1, 16 und 17 der Kirche einen Rechtsstatus zu, der den staatskirchenrechtlichen Gegebenheiten des frühen 19. Jahrhunderts ganz und gar zuwiderlief. War damit nicht die seit 1803 stets aufs Neue proklamierte Gleichstellung der Bekenntnisse aufgehoben oder zumindest ernsthaft gefährdet? Und war nicht der Grundsatz der absolutistischen Staatsauffassung, dass es keine eigenberechtigte Gewalt im Staate geben dürfe, mit Füßen getreten, wenn das Konkordat eine unumschränkte Herrschaft des kanonischen Rechtes aufrichtete?

Während solche Fragen in protestantischen Kreisen, aber auch von liberal gesinnten Katholiken lebhaft erörtert wurden, erinnerte man sich im bayerischen Ministerrat an das Vorgehen Napoleons, der das französische Konkordat von 1801 durch die eigenmächtige Beifügung „Organischer Artikel" in seiner Rechtswirksamkeit massiv beschnitten hatte. In Nachahmung dieses Beispiels erließ die Münchener Regierung als Beilage II zur Verfassungsurkunde vom 26. Mai 1818 ein Religionsedikt, das nicht nur die Parität der drei christlichen Hauptkonfessionen nachdrücklich betonte, sondern auch wieder all jene Fesseln des aufgeklärten Staatskirchenrechts enthielt, die die römische Kurie mit dem Konkordat abgeschüttelt wähnte. Dabei nahm das Religionsedikt sogar den rechtlichen Vorrang für sich in Anspruch, während das Konkordat, wiewohl gleichfalls Bestandteil der Verfassung, nur nachgeordnete Geltung haben sollte, und zwar lediglich für die inneren Kirchenangelegenheiten, soweit sie im Religionsedikt nicht geregelt waren.

Der aus dem Widerstreit von Religionsedikt und Konkordat erwachsene Konflikt zwischen Rom und München, unter den erst die Tegernseer

Erklärung des Königs vom 15. September 1821 einen vorläufigen Schlussstrich zog, war eine Hauptursache dafür, dass die Neuordnung der bayerischen Kirche bis zum Spätjahr 1821 auf sich warten ließ. Einen weiteren wichtigen Grund für die Verzögerung des Konkordatsvollzugs stellte das heikle Problem der Ausstattung der Bischofsstühle und Domkapitel mit liegenden Gütern dar. Die Verhandlungen darüber zwischen den staatlichen und kirchlichen Behörden zogen sich bis Anfang der dreißiger Jahre hin, vermochten aber kein für beide Seiten befriedigendes Ergebnis zu erzielen, so dass man es schließlich auf Dauer bei der seit 1821 geübten Ersatzdotation in klingender Münze beließ. Diese Lösung erwies sich für die Kirche als durchaus vorteilhaft, enthob sie doch die Ersatzdotation in Geld der kostspieligen und zeitraubenden Verwaltung von Liegenschaften mit schwankendem Ertrag zugunsten gleichbleibender und gesicherter Einkünfte. Den Inhabern der höheren Kirchenämter im Bistum Regensburg waren im Artikel 4 des Konkordats folgende Jahresgehälter zugesichert: *Für den Bischof 10 000 fl. Für den Probst 3000 fl. Für den Dechant 3000 fl. Für jeden der vier ältern Canoniker 1600 fl. Für jeden der vier jüngern Canoniker 1400 fl. Für jeden der drey ältern Vicare 800 fl. Für jeden der drey jüngern Vicare 600 fl.* Außerdem stellte der Staat, wie schon erwähnt, allen Pfründeninhabern mit Ausnahme der jeweils jüngeren Kanoniker und Vikare „eine ihrer Würde und ihrem Stande entsprechende Wohnung" unentgeltlich zur Verfügung.

Kraft Artikel 3 des Konkordats stand dem Regensburger Bischof, der künftig wie alle seine bayerischen Amtsbrüder vom König ernannt wurde, zur Wahrnehmung seiner vielfältigen Aufgaben ein Domkapitel zur Seite, das sich aus zwei Dignitären (Dompropst und Domdekan) und acht Domherren zusammensetzte. Das Domkapitel neuer Ordnung wurde am 4. November 1821 feierlich in sein Amt eingeführt. Die Verwaltung des Bistums ging vom alten auf das neue Kapitel nahtlos über, da die vormaligen Domherren unbeschadet ihrer Pensionierung ab 1. Juli die ihnen obliegenden Funktionen bis zur Installation des neuen Kapitels ausübten. Allerdings unterschied sich dieses neue Kapitel von dem bisherigen nicht nur in personeller Hinsicht grundlegend. Von jetzt an hatten die an Zahl beträchtlich verringerten Mitglieder, zumeist theologisch gut gerüstet und nichtadeliger Herkunft, zusammen mit dem Bischof alle Obliegenheiten der Bistumsverwaltung in eigener Person wahrzunehmen; bloßen Pfründengenuss und damit geschäftslose Domherren wie in der reichskirchlichen Epoche gab es nicht mehr. Damit verlor der Adel schier automatisch jegliches Interesse an geistlichen Ämtern. Auch die Erzbischöfe und Bischöfe kamen fortan in aller Regel aus der bürgerlichen, handwerklichen oder bäuerlichen Schicht.

Karte des Bistums Regensburg nach der Neuordnung der bayerischen Bistümer gemäß dem Konkordat von 1817

Die Vorstellung freilich, dass das Bischofsamt eigentlich eine adelige Angelegenheit sei, hat sich merkwürdigerweise zum Teil noch gehalten und beispielsweise darin ausgedrückt, dass den bayerischen Bischöfen vom Monarchen bis 1918 der Personaladel verliehen oder dass für das Haus des Bischofs die Bezeichnung „Palais" üblich wurde.

Die exakte Umschreibung der Bistümer mit Aufzählung der einzelnen Pfarreien nahm die päpstliche Zirkumskriptionsbulle „Dei ac Domini Nostri" vom 1. April 1818 vor. Sie vollzog für das Bistum Regensburg die definitive Abtrennung des Egerlandes, das schon in den Jahren 1807/08 durch Verfügung des Wiener Hofes dem Erzbischof von Prag übertragen worden war. Unter den in der Bulle namentlich aufgeführten Pfarreien des Regensburger Sprengels, die Dompropst von Thurn und Valsassina im Herbst 1821 im Auftrag des päpstlichen Nuntius bekannt gab, fehlten also folgerichtig jene des Bezirks Eger. Den Abschluss der kirchlichen Neuordnung nach einem Vierteljahrhundert tiefgreifender Veränderungen bildete sodann die Inthronisation des betagten bisherigen Weihbischofs Johann Nepomuk von Wolf am Neujahrstag 1822. Seine Einführung in die Kathedrale St. Peter erfolgte, „soweit die Gebrechlichkeit des Greises und die Umstände der Witterung dies zuließen" (Georg Schwaiger). Danach konnte der neue Oberhirte das Bett kaum mehr verlassen, da ihm die Füße den Dienst versagten. Wenn Wolf trotzdem jeden Gedanken an Resignation weit von sich wies, so erschien die Bestellung eines tüchtigen Weihbischofs und Koadjutors umso dringlicher. Sie erfolgte noch im gleichen Jahr aus der Mitte des neuen Kapitels mit einer Persönlichkeit, der in der Kirchengeschichtsschreibung unseres Landes die wohlbegründeten Ehrenbezeichnungen „bayerischer Kirchenvater" und „Heiliger der Zeitenwende" zuteil wurden – mit Johann Michael Sailer (1751–1832).

VII. Kapitel

Ein kirchliches Jahrhundert mit Janusgesicht

Hand in Hand mit der Neuorganisation des bayerischen Kirchenwesens brach sich eine innerkirchliche Erneuerungsbewegung Bahn, die die Auseinandersetzungen um Konkordat und Religionsedikt vorerst in den Hintergrund treten ließ. Haupt und Mittelpunkt des religiösen Wiedererwachens weit über Bayern hinaus war die verehrungswürdige Gestalt Johann Michael Sailers. Durch die ungewöhnliche Anziehungskraft, die Sailer als akademischer Lehrer, theologischer Schriftsteller, geistlicher Erzieher und begnadeter Seelsorger ausübte, wurde er einer ganzen Generation Führer zu einem geläuterten Priestertum. In ihm verkörperte sich am reinsten die Überwindung seichten rationalistischen Aufklärungsdenkens durch ein an der Hl. Schrift und den Kirchenvätern orientiertes Christentum. Allein in den zwei Jahrzehnten seiner Landshuter Wirksamkeit (1800–1821), in einer Zeit schwerster Verstörung der Kirche, konnte Sailer über tausend Geistliche heranbilden, die mit geringen Ausnahmen seinen Geist weitertrugen, sein lebendiges Christentum, seine edle Einfachheit, seine helfende Liebe. Und vom Geist Sailers geprägt, hat diese Priesterschule die Wiedererneuerung der Seelsorge eingeleitet und aus den Tiefen des Volkes, wo noch lebendiges Christentum vorhanden war, die Frömmigkeit gefördert und belebt.

In der Abwehr des Unglaubens und im Ringen um die Vertiefung des Religiösen hatte Sailer auch außerhalb der eigenen Konfession viele Bundesgenossen. Aber schon bald nach seinem Tod setzte just in katholischen Kreisen die Verunglimpfung seines Andenkens ein, wie sich überhaupt die von seinem versöhnlichen Geist geprägte Ära der bayerischen Kirchengeschichte nur allzu rasch verabschiedete, um einer durch zunehmende Verschärfung der kirchenpolitischen und innerkirchlichen Auseinandersetzungen gekennzeichneten Epoche Platz zu machen. Kündete schon manche Etappe in Sailers Leben, nicht zuletzt sein dornenreicher Weg zur Bischofswürde, von ganz anders gesinnten Kräften innerhalb der katholischen Erneuerungsbewegung, so gewann seit dem „Kölner Ereignis" von 1837, ausgelöst durch den preußischen Mischehenstreit, vor allem in Bayern eine strengkirchlich-kämpferische Richtung mehr und mehr die Oberhand. Denn die Wellen, die dieses Ereignis schlug, gingen namentlich in München in die Höhe, nachdem Joseph Görres, der alte Gegner Preußens, Anfang 1838 von hier aus seinen flammenden „Athanasius" in die Öffentlichkeit geschleudert und darin zum entschlossenen Kampf gegen den Polizeistaat und für die kirchliche Freiheit aufgerufen hatte. In der Folge wurde die bayerische Landeshauptstadt zum Sammelpunkt einer katholischen Bewegungspartei und zum Zentrum des vormärzlichen konservativen Katholizismus in Deutschland.

1837 war für den bayerischen Katholizismus aber auch deshalb ein Entscheidungsjahr, weil jetzt die vorausgegangene Politisierung des Görreskreises im Landtag reiche Früchte trug und mit dem neuen Innenminister Carl August von Abel ein Vertreter der Ideen dieses betont katholisch, konservativ und monarchisch gesinnten Zirkels an den für die kirchlichen Belange wichtigsten Schalthebel der Landesregierung gelangte. Im Unterschied zu seinem Vorvorgänger, dem 1831 zurückgetretenen Sailerschüler Eduard von Schenk, ging es Abel nicht mehr um die Pflege des christlichen, sondern um die Durchsetzung des katholischen Prinzips im Staate, ja um die bewusste Klerikalisierung des öffentlichen Lebens.

Hierfür fand er im folgenden Jahrzehnt seine kirchlichen Bezugspersonen hauptsächlich im Umkreis des Eichstätter Bischofs Karl August Graf von Reisach, ab 1846 Erzbischof von München und Freising. Seine gleichfalls 1837 erfolgte Inthronisation war für den Katholizismus im Vormärz von mindestens ebenso großer Tragweite wie der personelle Wechsel im Ministerium des Innern. Denn in Reisach, der nach einem Studium der Rechtswissenschaften im Herbst 1824 das von der Gesellschaft Jesu geführte Collegium Germanicum bezogen und im Anschluss an seine Priesterweihe sechs Jahre lang das römische Propaganda-Kolleg geleitet hatte, erhielt Bayern den „ersten Vertreter des ultramontanen Bischofstyps in Deutschland, der sich in erster Linie als Gesandter und Beauftragter der römischen Kurie empfand" (Otto Weiß).

Mochte sich Reisach bis zu seinem Aufstieg in die Führungsrolle des bayerischen Episkopats auch Mäßigung auferlegen, so zeigte seine Allianz mit Abel bereits in den Jahren 1839 bis 1842 beachtliche Erfolge, insbesondere bei der Besetzung vakanter Bischofsstühle. Die in diesem Zeitraum ernannten Oberhirten – Heinrich Hofstätter für Passau, Georg Anton Stahl für Würzburg, Valentin Riedel für Regensburg und Nikolaus Weis für

Speyer – waren durchweg Männer der Reisachschen Richtung, besaßen das uneingeschränkte Vertrauen Roms und standen dem Görreskreis nahe. Ähnliches gilt für die Besetzung der Kanonikate in den Domkapiteln.

Dass mit den vierziger Jahren ein schärferer Wind in der bayerischen Kirche zu wehen begann, lässt sich aber nicht nur an der neuen Generation von Bischöfen und Domherren ablesen, sondern ebenso am Wandel der Frömmigkeit und vor allem an der Neubelebung der konfessionellen Polemik. Die Zeit des toleranten Umgangs miteinander war nun vorbei, und dieselben Männer, die die Parole des „streng markierten" Kirchentums so eifrig verfochten, fuhren gegen den Protestantismus die schärfsten Geschütze auf.

Dem bayerischen Kirchenhistoriker stellt sich somit das Jahrzehnt, das der Märzrevolution von 1848 vorausliegt, keineswegs als jene besonnte Windstille des seligen Biedermeier dar, von der Leopold von Ranke gesprochen hat. Man kann von einem „kirchlichen Vormärz" reden, der kein friedliches Miteinander signalisiert, sondern militantes, scharfmarkiertes Kirchentum und ein Erstarken jener Kräfte, die nach dem bitteren Wort des Freisinger Moraltheologen Magnus Jocham, eines Enkelschülers von Sailer, bei jeder nur möglichen Gelegenheit *ein gehässiges feindseliges Benehmen gegen Andere, die nicht gerade in die jetzt beliebte Posaune zu blasen vermochten*, und *ein sehr dummes Polemisiren und Kritisiren gegen und über Alles, was diesen Leuten nicht zusagte, insbesondere in Hinsicht auf Sailer und seine Schüler*, an den Tag legten. Zudem erklärte man nun all jenen Zeitströmungen einen unerbittlichen Kampf, die nicht mit den sterilen Denkkategorien der zur Alleinherrschaft drängenden Neuscholastik vereinbar erschienen.

Im Bistum Regensburg machten sich deutliche Anzeichen dieser kämpferischen Haltung bereits unter Valentin von Riedel (1842–1857) bemerkbar. Durch und durch von ihr geprägt aber war sodann das halbe Jahrhundert der Amtszeit seines rigorosen Nachfolgers Ignatius von Senestrey (1858–1906). Unter ihm vollzog sich endgültig die Abkehr von Sailers Geist, den ein König Ludwig I. als den „wahrhaft apostolischen" erachtet hatte, und zeigte das kirchliche 19. Jahrhundert ausschließlich sein zweites Gesicht, dem irenische Züge gänzlich fehlten und aus dessen Mund fast nur noch Warnungen vor der „bösen Welt draußen" hörbar wurden.

1. Religiöse Erneuerung im Geiste Sailers

Es war der unbedingte Wille des Kronprinzen Ludwig, dass Sailer 1821 in das Regensburger Domkapitel berufen wurde, um ihm dadurch den bislang verwehrten Aufstieg zur Bischofswürde zu ermöglichen. Der damals Siebzigjährige hatte ein an Wechselfällen reiches Leben hinter sich. Geboren 1751 als Kind einer armen Schusterfamilie in Aresing bei Schrobenhausen, gehörte Sailer mit der Hälfte seines priesterlichen Wirkens wie seiner theologischen Lehrtätigkeit noch dem 18. Jahrhundert an und damit jener Generation, die sich zur intensiven Auseinandersetzung mit dem Gedankengut der Aufklärung herausgefordert sah. Namentlich die „Brachzeiten" schmerzlicher Verbannung von den Hochschulen Ingolstadt und Dillingen hatte der junge Universitätslehrer zu fruchtbarem literarischem Schaffen zu nutzen gewusst, ehe er 1799 als vermeintlicher Aufklärer erneut an die bayerische Landesuniversität Ingolstadt berufen wurde, die man schon im Jahr darauf nach Landshut verlegte. Sailer ging jetzt schon auf die Fünfzig zu und konnte von sich sagen: *Wir sind herüben und wohl uns, daß sich die eine ewige Wahrheit mit herübergerettet hat, ohne in den Fluten der Tage untergegangen oder in den Ruinen der vorigen Gestaltung begraben zu sein.*

Die folgenden zwei Jahrzehnte der Landshuter Wirksamkeit sollten es in erster Linie sein, die ihm den sowohl auf das menschliche und priesterliche Vorbild als auch auf die akademische Lehrtätigkeit gegründeten Ruf eines „Heiligen der Zeitenwende" und „bayerischen Kirchenvaters" eintrugen. Denn Sailer in Landshut war nicht nur ein gefeierter akademischer Lehrer, der die Studenten bis vom Rhein und der Schweiz her anzog, und ein geistlicher Schriftsteller, der mit rührend einfachen Büchern weit ins Volk griff. Er verkörperte zugleich einen neuen Frömmigkeitstyp, den Schlichtheit, Milde und Irenik, aber gleichwohl Festigkeit im Grundsätzlichen auszeichneten. Und Sailer in Landshut war nicht zuletzt ein Mann der stillen Versenkung, der tätigen Nächstenliebe und des vorgelebten Beispiels. Zu „Geistlich-Geistlichen" wollte er seine Schüler erziehen und geriet darüber in Gegensatz zu seinem Kollegen Matthäus Fingerlos, dem Direktor des Herzoglichen Georgianums, der die Religion weithin mit Sittlichkeit gleichsetzte und den Priester zuvorderst als Volks- und Tugendlehrer begriff. Dass sich Sailer in den jahrelangen erbitterten Grabenkämpfen behaupten konnte, verdankte er hauptsächlich dem Kronprinzen Ludwig. Ihm hatte er im Sommer 1803 dreimal wöchentlich eine Privatvorlesung über „Die Moral des Regenten in christlichen Maximen" gehalten, und damals war bei Ludwig jene hohe Wertschätzung erwachsen, die er zeitlebens für Sailer hegte. So brachte Joseph Görres nur zu Papier, was Ludwigs innerste

Überzeugung war, wenn er diesem 1825 zur Thronbesteigung im Hinblick auf Sailer schrieb: *Er hat eine Schule von Priestern dir erzogen, die, den Forderungen der Zeit gerecht, deinen guten Absichten bereitwillig entgegenkommt: ihr darfst du dein Volk und seine Erziehung kühnlich anvertrauen.*

Am imponierendsten lebte sich die Sailerschule aus in den schlichten Priestergestalten draußen im bayerischen Bauernland. 1877 ist mit Franz Seraph Häglsperger, dem Jugendschriftsteller und „heiligen Dechanten" von Egglkofen, einer der Letzten von ihnen gestorben. Ein Enkelschüler aber, der schon einmal zum Zeugen aufgerufene Moraltheologe Jocham, hat 1870, als Sailers Einfluss in der Breite längst erloschen war und ein anderer Geist das kirchliche Leben prägte, niedergeschrieben, was für ihn aus lebenslanger Erfahrung heraus Sailers Priesterschule war. Davon nur ein paar Sätze als Brückenpfeiler zum Verständnis des Ganzen: *Diese Männer hatten äußern Anstand, humane Bildung, waren nicht leicht befangen, wo sie mit Vorgesetzten oder Hochstehenden in Verkehr kommen mußten; konnten in jedem ehrenhaften Zirkel leicht und frei sich bewegen und erwarben sich dadurch gar oft die Achtung selbst von denjenigen, die einen Priester scheuen und in dessen Nähe sich unheimlich fühlen … Diese Männer zeichneten sich fast durchweg aus als Freunde der Schule, als vortreffliche Lehrer der Kinder … Diese gebildeten Schulmänner legten bei jeder Gelegenheit eine Kenntnis der Heiligen Schrift an den Tag, über die man nur staunen mußte … Diese Männer hatten bei all ihrer Freundlichkeit und Leutseligkeit einen sittlichen Ernst, der einem jeden imponierte … So konnten sie sein, weil sie selbst innerlich wahr und aufrichtig vor Gott wandelten … Was diese Männer ferner noch auszeichnete, das war ungeheuchelte Andacht und eine beneidenswerte Innigkeit … All ihr Denken und all ihr Beten conzentrierte sich in Christo dem Gekreuzigten, dem sie ihr ganzes Herz und ihr ganzes Wesen zu seinem Dienste geweiht hatten. Wie sie sich ganz dem Dienste des Herrn gewidmet hatten, so war all ihre Habe und ihr Gut dem Dienste der Armen und der Notleidenden geweiht. Es waren dies Männer der Barmherzigkeit und der werktätigen Liebe gegen den Nächsten … Kein Armes sollte Not und Hunger leiden in ihrer Gemeinde, so lange sie selber noch gedeckten Tisch und Getreide im Speicher und einiges Geld im Kasten hatten.*

Auf ausdrücklichen Wunsch des Kronprinzen Ludwig hatte König Max I. Joseph nach Abschluss des Konkordats Sailer zum Oberhirten seines Augsburger Heimatbistums ernannt. Aber der Heilige Stuhl sprach, gestützt auf ein beschämend leichtfertiges Gutachten des Wiener Redemptoristen Klemens Maria Hofbauer, seine schroffe Ablehnung aus. Erst nachdem Sailer eine öffentliche Erklärung für seine Rechtgläubigkeit abgegeben hatte, konnte der Kronprinz 1821 an der römischen Kurie seine Berufung in das Regensburger Domkapitel durchsetzen. Im Jahr darauf wurde Sailer,

Johann Michael von Sailer als Koadjutor des Bischofs von Regensburg Lithographie von F. Hanfstaengl nach einem Gemälde von August Graf von Seinsheim, 1826

wieder auf Betreiben des Kronprinzen, Weihbischof, Generalvikar und Koadjutor des altersschwachen Bischofs Wolf, und 1829 trat er, längst zum eigentlichen Leiter des Bistums geworden, auch offiziell die Nachfolge an.

Obwohl bereits in den Siebzigern, machte sich Sailer mit erstaunlicher Kraft daran, die Schäden und Versäumnisse im Regensburger Sprengel zu bessern. Auf Vorschlag des Regens Wittmann erwirkte er 1823 die königliche Genehmigung, den leerstehenden Gebäudekomplex des ehemaligen Damenstifts Obermünster als Priesterseminar nutzen zu dürfen. Wie richtig diese Entscheidung war, bestätigt die bloße Statistik: In einem Zeitraum von nur fünf Jahren konnte Sailer 249 Priester weihen, davon 232 für das Bistum selbst. Darüber hinaus verfolgte Wolfs Koadjutor mit zäher Energie die Wiederherstellung der Klöster, nachdem Kronprinz Ludwig im Oktober 1825 den Thron bestiegen hatte, und ließ keine Gelegenheit verstreichen, das weitgedehnte Bistum in persönlichen Augenschein zu nehmen. Schon die erste Firmungs- und Visitationsreise im Frühjahr 1823 gestaltete sich zu einem wahren Triumphzug. Klerus und Volk in Niederbayern wie der Oberpfalz wetteiferten in der Begeisterung, nach langer Abstinenz wieder einen Bischof begrüßen zu dürfen, und allerorten war man beeindruckt von Sailers munterer Rüstigkeit, von seinen ans Herz greifenden Ansprachen, von seiner werbenden, nicht richtenden oder dräuenden Art.

Sailers eigentliche Stütze in der Regensburger Zeit war der junge Hauskaplan und Privatsekretär Melchior von Diepenbrock (1798–1853) aus Westfalen, nachmals Fürstbischof von Breslau (1845) und Kardinal (1850). Der Landshuter Professor hatte ihn einst herausgeführt aus der religiösen Gleichgültigkeit und ihn eingeweiht in seine ganz eigene Frömmigkeit, und jetzt, da die Schwäche des Alters mehr und mehr der Ergänzung durch frische Jugendkraft bedurfte, zeigte sich Diepenbrock einer solchen Ergänzung fähig wie kein Zweiter. Denn Sailer stand ja schon im 78. Lebensjahr, als er im Sommer 1829 die Cathedra des hl. Wolfgang bestieg. Zu seinem Generalvikar bestellte er zunächst den Domkapitular Georg Joseph Siegert und nach dessen Tod im Februar 1830 den Weihbischof und Dompropst Wittmann. Sein Verhältnis zu ihm war zwar stets respektvoll, aber nicht sonderlich vertraut, da sich beide Männer in Temperament, Lebensweise und geistlichem Erscheinungsbild wenig ähnelten. Obschon Wittmann, Sohn eines wohlhabenden Hammerwerkbesitzers bei Pleystein, gleich Sailer über eine erstrangige Bildung verfügte und Seelsorger aus innerster Leidenschaft war, fühlte er sich ganz und gar dem mönchisch-asketischen Ideal des „Tut-Buße" verpflichtet, während Sailer nicht müde wurde, die Frohbotschaft vom Heilshandeln Gottes zu verkünden, programmatisch auf die Formel gebracht: „Gott in Christus – das Heil der Welt". Das hieß zugleich, dass im Priesterbild Sailers die geistlich geprägte Zuwendung zu den Menschen vorherrschte, bei Wittmann aber das Moment der Absonderung. Der bereits genannte Pfarrer Häglsperger, der drei Jahre lang Sailers „Assistent" in Landshut gewesen war und sich anschließend unter der geistlichen Führung Wittmanns in Regensburg auf den seelsorgerlichen Dienst vorbereitet hatte, fand für diese Tatsache rückschauend die ebenso treffenden wie feinsinnigen Worte: *Schon vor 46 Jahren stellten wir Alumnen öfters eine Vergleichung an zwischen Sailer und Wittmann. Beide erschienen uns als Gottesmänner; aber als Wittmanns Vorbild erkannten wir den heiligen Hieronymus; Sailers Vorbild war uns der heilige Augustinus.*

Bis zuletzt in geistiger Frische, verstarb Sailer nach wiederholten Schlaganfällen am 20. Mai 1832 in seiner Regensburger Residenz. Drei Tage danach wurde er im vorderen südlichen Seitenschiff des Domes beigesetzt. Weihbischof Wittmann hielt die Leichenfeierlichkeiten und rühmte dem Verewigten nach, dass er unter den Regensburger Bischöfen noch nach Jahrhunderten groß dastehen werde. Sechs Wochen später besuchte König Ludwig I. Sailers frisches Grab und bekannte: *Hier ruht Deutschlands größter Bischof … Mir ist ein Schutzgeist gestorben.* Als letzten Beweis liebender Verehrung ließ der Monarch dem edlen Oberhirten wenige Schritte von der Grablege entfernt durch das Bildhauer-Brüderpaar Eberhard ein Denkmal errichten. Zum Nachfolger Sailers ernannte der König Weihbischof Wittmann. Aber noch bevor die päpstliche Bestätigung eintraf, sollte sich dessen Leben am 8. März 1833 nach geduldig ertragenem Leiden zu Obermünster vollenden. Beim Trauergottesdienst am 2. April hielt Diepenbrock dem Verstorbenen einen Nachruf, in dem er mit feinem Taktgefühl noch einmal das Mit- und Nebeneinander Sailers und Wittmanns zur Sprache brachte und Sailer in die Nähe von Johannes, dem Jünger der Liebe, mit dem zahmen Rebhuhn im Schoß rückte, während er Wittmann als Jakobus, den Gerechten, mit den Kamelschwielen an den Knien vom unablässigen Beten ansprach. Trotz aller Unterschiede in der Wesensart habe jedoch beide das gleiche Streben und Ziel, dieselbe Hoffnung und Liebe verbunden.

Bei der nun neuerlich notwendig gewordenen Ernennung eines Nachfolgers für Sailer fiel die Wahl des Königs auf dessen Schüler Franz Xaver Schwäbl aus Reisbach im Vilstal. Er war lange Jahre Pfarrer in Oberviehbach gewesen, ehe er 1823 ins Münchener Metropolitankapitel berufen und dort mit dem Referat für die Priesterausbildung betraut wurde. So nahm er sich denn auch als Bischof von Regensburg (1833–1841) mit besonderer Tatkraft der Priesterausbildung im Klerikalseminar an, die 1839 durch die Einführung eines zweiten Alumnatskurses eine Verlängerung erfuhr. Im Rahmen seiner entschieden auf die Erneuerung der Seelsorge ausgerichteten Wirksamkeit hat Schwäbl des Weiteren die außer Gewohnheit gekommene Dekanatsverfassung von 1670 wiederbelebt und die jährliche Abhaltung von Dekanatssynoden sowie die gleichfalls im Jahresturnus zu erfolgende pastorale Berichterstattung der Ortspfarrer angeordnet. Und um dem steigenden Sittenverfall entgegenzuwirken, der seiner Ansicht nach hauptsächlich in der religiösen Unwissenheit begründet lag, ließ er 1835 einen „Jugend- und Volkskatechismus" auflegen, der eine einheitliche Grundlage für jedwede religiöse Unterweisung im Bistum abgeben sollte.

Den äußeren Höhepunkt von Schwäbls Amtszeit bildete die 1100-Jahr-Feier der Bistumsgründung, die man mit Verzögerung im September 1840 beging. Aus diesem Anlass wurde der Dom in den Jahren 1835 bis 1839 grundlegend umgestaltet, und zwar im Sinne einer Wiederherstellung des „rein gotischen" Zustandes beziehungsweise dessen, was man in romantischer Verklärung dafür hielt. Die umfassende „Restauration" verfolgte zweifellos ein zutiefst erzieherisches Anliegen: Die Kathedrale in der ursprünglichen „Reinheit des Styles" sollte Ansporn sein für die Rückbesinnung auf den andächtigen Geist des Mittelalters, aus dem heraus sie entstanden war, und zugleich Leitbild für eine Neubelebung der religiösen Kräfte in der Gegenwart. Dieses Ziel bezahlte man jedoch mit einem hohen Preis. Denn die Vereinheitlichung des Raumeindrucks war nur über eine regelrechte

Bilderstürmerei zu erreichen, der nahezu die gesamte manieristische und barocke Ausstattung des Domes zum Opfer fiel.

Die letzten Lebenswochen Schwäbls – er starb am 12. Juli 1841 – wurden von einem Zwischenfall überschattet, mit dem sich die allgemeine kirchliche Reaktion gegenüber der Sailerzeit lautstark zu Wort meldete. In einer anonymen Schmähschrift hat man den Bischof als „stummen Hund", „erbärmliches Oberhaupt", „heuchlerische Person" und „Wolf im Schafskleide" wüst beschimpft, weil er die dem Münchener Hofprediger Anton Eberhard für die Regensburger Diözese erteilte Predigterlaubnis widerrief, nachdem dieser in einem ganzen Zyklus von Kanzelvorträgen allzu eifernd gegen die Protestanten und die Mischehen vom Leder gezogen hatte. Bei seiner Trauerrede auf Schwäbl nahm Diepenbrock den Vorfall zum Anlass, dem Fanatismus der Partei Eberhards mit einem Mahnwort zum konfessionellen Frieden entgegenzuwirken, das eindringlicher kaum hätte sein können: *Vergiftet nicht die teure Wunde, die seit drei Jahrhunderten durch das Herz der Christenheit und durch das Herz eines jeden wahren Christen klafft, vergiftet sie nicht aufs neue durch leidenschaftlichen Streit und geifernden Hader. Streuet nicht, in dem Wahn, sie zu heilen, den ätzenden Höllenstein des Fanatismus hinein und holet nicht aus der Rüstkammer der Vergangenheit die schartigen Waffen ergrimmter Polemik hervor, damit sie nicht noch einmal in euren Händen sich in blutige Mordwaffen verkehren, und in den eigenen Eingeweiden des Vaterlandes wühlend, mit neuem dreißigjährigem Blutbad und Feuermeere Deutschland, Europa verwüsten. Nur im Frieden, in der Liebe, ist Verständigung möglich, nur in der Verständigung Einigung, nur in der Einigung Heil.*

2. Im Zeichen eines kämpferischen Ultramontanismus

Zweifellos wäre Diepenbrock, seit 1835 Domdekan, ein würdiger Nachfolger Schwäbls gewesen, aber gerade wegen der soeben zitierten Trauerrede verdächtigte ihn der Innenminister Abel beim König mangelnder Verfechtung des katholischen Prinzips und drückte die Ernennung des Freisinger Seminarregens Valentin Riedel durch. Als Ludwig I. etliche Monate später von anderer Seite darauf aufmerksam gemacht wurde, dass Riedel ein Anhänger der „Partei der Fanatiker" sei, verweigerte sich der Nominierte dem Wunsch des Monarchen, auf das bischöfliche Amt zu verzichten, und erhielt hierfür auch unverzüglich die päpstliche Bestätigung. Schon beim Einzug in die Bischofsstadt setzte sich dann der neue Oberhirte brüsk über die Vorgaben des Domkapitels, die auf die konfessionsgemischte Bevölkerung Regensburgs Rücksicht nahmen, hinweg, so dass der König doch Richtiges wähnte, wenn er Riedel der ultrakirchlichen Richtung zurechnete. Nicht von ungefähr hatte er ihm bei der Eidesleistung am 6. März 1842 eine ernste Mahnrede gehalten: *Sie haben drei würdige Vorgänger, daß Sie vorzüglich Sailer nachahmen, wünsche ich. Er war wahrhaft apostolischen Geistes. Was ich für's Beste unserer hl. Kirche getan, meine ins 17. Jahr gehende Regierung zeigt es. Gegen Fanatismus bin ich, er bewirkt das Gegenteil dessen, was er bezielt. Fromm sollen meine Bayern sein, aber keine Kopfhänger. Ich wiederhole es, Sailer sei Ihnen Vorbild. Obgleich er jetzt in den Staub gezogen wird, war dennoch der wahre christliche Sinn in ihm und wirkte das Gute.*

Der neue Bischof, geboren 1802, stammte aus Bayerisch-Schwaben, näherhin aus Lamerdingen bei Kaufbeuren, hatte nach seiner Priesterweihe 1825 verschiedene Seelsorgeposten in den Diözesen Augsburg und München innegehabt und war seit 1838 Regens und Professor für Moral- und Pastoraltheologie auf dem Freisinger Domberg gewesen. Entsprechend seiner vormaligen Tätigkeit lag ihm der Ausbau der Priesterbildungsanstalten besonders am Herzen. So wurde auf sein Betreiben 1844 in der Benediktinerabtei Metten ein Knabenseminar eingerichtet, das dank der Spendenfreudigkeit von Klerus und Diözesanvolk, aber auch durch erhebliche finanzielle Beiträge aus der Privatschatulle des Bischofs bald an die 100 Zöglinge aufnehmen konnte. Darüber hinaus war Riedel ein eifriger Förderer alter und neuer Ordensgemeinschaften, nicht zuletzt der Redemptoristen, die sich ganz und gar der Abhaltung von Volksmissionen verschrieben hatten. Häufig krank und von stets gedrückter Stimmung, starb er im 56. Lebensjahr am 6. November 1857 „an gänzlicher Erschöpfung seiner Kräfte".

Hatte schon der Konflikt zwischen Schwäbl und Eberhard unmissverständlich gezeigt, dass es innerhalb des bayerischen Katholizismus zwei Lager gab – eines, in dem man sich nach wie vor dem Erbe Sailers verpflichtet fühlte, und ein anderes, das unter dem Vorzeichen militanter Kirchlichkeit stand –, so trat dies noch deutlicher zutage bei den in aller Schärfe geführten Auseinandersetzungen zwischen Riedel und seinem Generalvikar Diepenbrock. Vor allem weil er von Riedel und dessen Partei immer wieder mangelnder kirchlicher Grundsatzfestigkeit verdächtigt wurde, legte Diepenbrock im April 1844 sein Amt nieder und folgte im Jahr darauf einem Ruf auf den fürstbischöflichen Stuhl von Breslau. Seine förmliche Wegekelung aus Regensburg machte einmal mehr deutlich, dass im tiefgreifenden Meinungsstreit die neue kämpferische Richtung den Sieg davontragen sollte.

Bischof Dr. Ignatius von Senestrey

Riedels Nachfolge trat im Frühjahr 1858 der aus Bärnau in der Oberpfalz gebürtige Priester Ignatius Senestrey an. Ausgebildet im römischen Collegium Germanicum, hatte der knapp Vierzigjährige bereits ein facettenreiches Wirken in den Bistümern München, Eichstätt und Augsburg hinter sich. Am 2. Mai ließ er sich nicht vom zuständigen Metropoliten, sondern vom päpstlichen Nuntius zum Bischof weihen und legte in einem Hirtenwort vom gleichen Tag unmissverständlich dar, dass die Richtschnur seiner Amtsführung der absolute Gehorsam gegenüber Rom sein werde. Sein Domkapitel, das vom Übereifer des neuen Oberhirten wenig erbaut war, konfrontierte dieser schon bei der ersten Begegnung mit dem festen Entschluss: „Ich werde die Domtürme vollenden." Und mochten die Kanoniker noch so viele Zweifel plagen, ob sich eine Fertigstellung der seit dem frühen 16. Jahrhundert Stückwerk gebliebenen Westfassade der Kathedrale angesichts des erforderlichen finanziellen Aufwands verwirklichen ließ: Senestrey belehrte sie mit der Gründung des Dombauvereins und den 1859 nach eigenen Vorstellungen gefertigten Plänen bald eines Besseren. Schon zehn Jahre später, im Frühjahr 1869, ragte die Westfassade des Domes – seither ein Wahrzeichen Regensburgs wie die Steinerne Brücke, zugleich aber auch ein ausdrucksstarkes Zeugnis für den unbeugsamen Willen ihres Vollenders – in himmelstürmende Höhe.

Nicht minder zielstrebig und unter dem Einsatz teils recht fragwürdiger Mittel arbeitete Senestrey auf die Aufhebung des sich in einer wirtschaftlich wie personell desolaten Lage befindlichen Schottenklosters St. Jakob hin, um dort das Priesterseminar etablieren zu können. Nach vierjährigem Tauziehen zwischen den hiervon betroffenen geistlichen und weltlichen Behörden war er mit Hilfe Roms und eines einflussreichen Freundes am Münchener Hof auch diesem Ziel ein gut Stück näher gekommen. Zwar hat man die durch päpstliches Breve im September 1862 säkularisierte Schottenabtei zunächst unter die Doppelverwaltung von Staat und Kirche gestellt. Aber schon im Januar 1866 wurde sie der alleinigen bischöflichen

Ausbau der Domtürme, Zustand von 1863

Administration überantwortet, so dass Senestrey nun mit Eifer an die Restaurierung des arg schadhaften Gebäudekomplexes gehen konnte. Faktisch war es dann ein Neubau, den die 1872 von Obermünster hierher übersiedelnden Alumnen bezogen, denn nur der Bibliothekstrakt des aufgehobenen Klosters blieb in seiner Bausubstanz erhalten. Hand in Hand mit der Neuanlage des Priesterseminars wurde die Abteikirche St. Jakob im Stil der „reinen Romanik" restauriert und im Mai 1874 ihrer nunmehrigen Bestimmung als Seminarkirche übergeben. Dass Senestrey zeit seines Wirkens der Klerusausbildung ein besonderes Augenmerk schenkte, zeigen ferner seine vielfältigen Bemühungen um die Errichtung von Knabenkonvikten. Zunächst wurde 1880 eine Erweiterung der Seminargebäude in Metten in Angriff genommen. Im Jahr darauf, nach der Eröffnung eines zweiten Regensburger Gymnasiums, verlegte man einen Teil der Mettener Seminaristen in die Bischofsstadt, und zwar ins vormalige Klerikalseminar Obermünster, das fortan, bis zu seiner Übersiedlung in den Westen der Stadt 1969, „Bischöfliches Knabenseminar St. Wolfgang zu Obermünster" hieß.

Weil aber das leidige Problem des Schulraummangels eine Vergrößerung des alsbald florierenden Instituts nicht sinnvoll erscheinen ließ, erwirkte der Bischof 1885 die ministerielle Genehmigung für die Errichtung eines dritten Knabenseminars in Straubing. Insgesamt konnten die drei Pflanzstätten für geistliche Berufe jetzt gut 400 Zöglinge aufnehmen.

Ein besonderes Anliegen war Senestrey die Verbesserung der seelsorgerlichen Verhältnisse im Diasporagebiet des im 16. Jahrhundert der Reformation anheim gefallenen Dekanates Wunsiedel. Da es den dort ansässigen Katholiken an einer geregelten pastoralen Betreuung gebrach, veranlasste er zunächst ihre Einpfarrung nach Marktredwitz, ließ sodann in Wunsiedel, Arzberg und Selb Exposituren errichten, zu denen sich bald auch eigene katholische Schulen gesellten, und förderte nicht zuletzt tatkräftig den Kirchenbau. So beispielsweise erhielt Arzberg 1875 ein neues Gotteshaus als Votivkirche der Diözese zu Ehren der „Unbefleckten Empfängnis Mariens" und Wunsiedel in den Jahren 1883/84 ein ebensolches „Zu den Zwölf Aposteln", das zum Teil aus Spenden zur 25. Wiederkehr der Inthronisation des Bischofs finanziert wurde. Diese und andere Maßnahmen trugen nicht wenig zur Selbstbehauptung der katholischen Minderheit im Fichtelgebirgsraum bei. Als Senestrey 1902 sein diamantenes Priesterjubiläum feierte, stand die Wiederherstellung des Dekanates Wunsiedel unmittelbar bevor.

Neben den genannten und weiteren pastoralen Impulsen – erwähnt seien noch die umfassende Reorganisation des Bruderschaftswesens und die nachhaltige Förderung der Kirchenmusik – interessiert bei Senestrey stärker als bei seinen Vorgängern und Nachfolgern das kirchenpolitische Wirken. Sein anfänglich gutes Verhältnis zur bayerischen Regierung trübte sich nur allzu rasch und gestaltete sich mit jedem Jahr feindseliger. Hatten schon der forsche Umgang mit den staatlichen Stellen beim Ausbau der Domtürme, das wenig edle Verhalten Senestreys bei der Säkularisation des Schottenklosters und sein Versuch, den in Bayern verbotenen Jesuiten in Regensburg eine Niederlassung zu errichten, vielfachen Unmut hervorgerufen, so kam es im Vorfeld des Ersten Vatikanums (1869/70) zu einer deutlichen Verhärtung der Fronten, wobei jetzt vor allem die Kritik am Übereifer des Bischofs für Papst und Kurie nicht mehr verstummen wollte. Den Verlauf des Konzils gestaltete der Regensburger Oberhirte dann in einer Eindringlichkeit mit wie kaum sonst einer im deutschen Episkopat – nicht als Theologe im eigentlichen Sinn, sondern als entschiedener Parteigänger jener Richtung, die rundherum nur Bedrohung der Kirche sah und deshalb eine Haltung der schroffen Abwehr einnahm. Bei den Auseinandersetzungen um die Definition der päpstlichen Unfehlbarkeit gebärdete sich Senestrey in jeder Phase als unerschrockener Feldherr, der ungeachtet zäher Widerstände mit politischem Instinkt und unter der Devise, dass der Zweck die Mittel heilige, die um ihn und Kardinal Manning von Westminster gescharte Kerntruppe der Unfehlbarkeitsbefürworter zum Sieg führte.

Gehörte Senestrey auf dem Ersten Vatikanum zu den entschiedensten Verfechtern einer Dogmatisierung der päpstlichen Unfehlbarkeit, so hat er in den folgenden Jahrzehnten des Kulturkampfs den eigenen Sprengel zum Zentrum des bayerischen Ultramontanismus gemacht. Dabei wissen wir heute recht genau um die Schwächen dieses Eiferers, um seine jahrelange Hörigkeit gegenüber einer hochgradig neurotischen „Seherin". Ihrer von anderer Hand, von Garser Redemptoristen, geführten Zuchtrute unterwarf sich der Bischof blindlings, ohne freilich, wie versprochen, seiner persönlichen Bedrängnisse ledig zu werden. Dass er in unmittelbarem Zusammenhang damit 1873 sogar zum Vorkämpfer der Indizierung seines großen Vorgängers Sailer wurde, kann man nur als zutiefst bedauernswerte Verirrung ansprechen. Zwar hat die römische Kurie seinem Antrag, das Sailersche Gesamtwerk in das Verzeichnis der verbotenen Bücher aufzunehmen, nicht stattgegeben, doch trug Senestreys Aktion entscheidend dazu bei, das Andenken Sailers bis tief ins 20. Jahrhundert hinein zu verdunkeln.

Mag auch gemeinhin der Eichstätter Oberhirte Leonrod als der große bayerische Kulturkampfbischof gelten, in der Schärfe der Gegenwehr stand ihm sein Regensburger Amtsbruder Senestrey keineswegs nach. Ob er vertriebenen schlesischen Priestern in seinem Bistum Aufenthalt bot, ob er es seinen Alumnen untersagte, die Vorlesungen des Lyzealprofessors Lorenz Kastner zu hören, nachdem es dieser gewagt hatte, Kritik an der „Philosophie der Vorzeit" im Gewande der Neuscholastik zu üben, ob er der bayerischen Patriotenpartei und dem Zentrum im Reichstag in den verschiedensten Fragen als „Ratgeber" zur Seite stand oder ob er sich heftigst gegen die liberale bayerische Schulpolitik wandte: Stets verfocht Senestrey bei strikter Romorientierung unerbittlich einen strengkirchlichen Kurs und war zu keinerlei Zugeständnissen bereit. Denn seiner Meinung nach zeigte der von Papst Pius IX. 1864 in Bausch und Bogen verdammte Liberalismus gerade im Kulturkampf sein wahres Gesicht. So bildete die bischöfliche Residenz in Regensburg auf Jahrzehnte hin einen Hort des Widerstandes gegen die kirchen- und kulturpolitischen Maßnahmen des Münchener Kabinetts und blieb bis zu Senestreys Tod im August 1906 jene „Gegenzentrale gegen die Regierung", als die sie schon im Schulkampf der sechziger Jahre gescholten worden war.

Dass Senestreys starre Haltung nach dem Tod Pius' IX. auch beim Heiligen Stuhl zunehmend weniger auf Gegenliebe stieß, trat mit aller Deutlichkeit zutage, als im Frühjahr 1892 die Verleihung des Kardinalspurpurs an einen deutschen Bischof anstand und der Regensburger Oberhirte von der Partei um den einflussreichen Kardinalstaatssekretär Rampolla hierfür vorgeschlagen wurde. Damals unterrichtete der Münchener Nuntius den Papst eingehend über die „bis in die jüngste Zeit eingenommene und zuweilen die Grenzen des Erlaubten übersteigende oppositionelle Haltung des Herrn Bischofs von Regensburg der Staatsregierung gegenüber" sowie über „sein vorherrschendes und gewalttätiges Benehmen", das häufig selbst die Ermahnungen der Nuntiatur in den Wind geschlagen habe. Darum müsste seine Erhebung zum Kardinal in Bayern größtes Befremden hervorrufen. Diese Intervention führte tatsächlich dazu, dass Leo XIII. nicht Senestrey, sondern den Breslauer Fürstbischof Georg Kopp zum Kardinal kreierte, „da der Heilige Vater", wie der bayerische Gesandte in Rom mit Genugtuung nach München berichtete, „die consequent oppositionelle Haltung und die extreme kirchliche Richtung des Bischofs Senestrey, welche Seinen eigenen Tendenzen widersprechen, keineswegs billigt". Zum Trost für die Vorenthaltung des Roten Hutes wurde Senestrey noch im gleichen Jahr durch die Verleihung des Palliums in den Rang eines Erzbischofs erhoben.

3. Ein neuer Klosterfrühling

Als Anfang April 1803 die Säkularisation der bayerischen Stifte und Klöster zum Abschluss kam, schrieb der in führender Position beteiligte kurfürstliche Hofbibliothekar Johann Christoph von Aretin voll aufgeblasener Überheblichkeit in sein Tagebuch: *Zwischen gestern und heute stand eine Kluft von 1000 Jahren. Von heute an datiert sich eine Epoche der bayerischen Geschichte, so wichtig, als in derselben noch keine zu finden war. Von heute an wird die sittliche, geistige und physische Kultur des Landes eine ganz veränderte Gestalt gewinnen. Nach tausend Jahren noch wird man die Folge dieses Schrittes empfinden. Die philosophischen Geschichtsschreiber werden von der Auflösung der Klöster, wie sie es von der Aufhebung des Faustrechts taten, eine neue Zeitrechnung anfangen, und man wird sich dann den Ruinen der Abteien ungefähr mit eben den gemischten Gefühlen nähern, mit welchen wir jetzt die Trümmer der alten Raubschlösser betrachten.*

Entgegen der Einschätzung Aretins und seiner Gesinnungsfreunde erwies sich der Sturm auf Bayerns Klöster auch aus staatlicher Sicht nur allzu rasch als gänzlich verfehlte Maßnahme. Dem Staat fielen nämlich dadurch im Bereich des Bildungs- und Erziehungswesens sowie und auf dem sozial-karitativen Sektor Aufgaben zu, für deren Bewältigung ihm sowohl die personellen als auch die finanziellen Ressourcen fehlten. Hauptsächlich deshalb mehrten sich schon bald die Stimmen im Lande, die die Aufhebung der Klöster lebhaft bedauerten und nachdrücklich eine Wiederbegründung der monastischen Tradition forderten. Ihnen trug das Konkordat von 1817 insoweit Rechnung, als es dem König in Artikel 7 die Verpflichtung auferlegte, „einige Klöster der geistlichen Orden beyderlei Geschlechts entweder zum Unterrichte der Jugend in der Religion und den Wissenschaften, oder zur Aushülfe in der Seelsorge, oder zur Kranken-Pflege, im Benehmen mit dem heiligen Stuhle mit angemessener Dotation herstellen zu lassen". Doch erst musste die Ära Montgelas zu Grabe getragen werden, ehe aus der papierenen Abmachung Wirklichkeit werden konnte.

Dieser Zeitpunkt war gekommen, als mit Ludwig I. im Oktober 1825 ein König den bayerischen Thron bestieg, dessen Herrscherbewusstein zutiefst im Religiösen wurzelte. Da ihm Religion als oberstes Staats- und Bildungsprinzip galt, markierte sein Regierungsantritt eine völlige Neuorientierung in den geistigen Grundlagen des Staates. Gerade die Wiederherstellung der kirchlichen Orden, jener alten und eigenständigen Kulturträger des Landes, die die Säkularisation jäh von der Landkarte hinweggefegt hatte, wurde die Lieblingsidee des Monarchen. Obschon sich ihrer Umsetzung zunächst erhebliche Schwierigkeiten in den Weg stellten, da namentlich die liberalen Minister und Beamten, aber auch die Presse und der Landtag in seiner Mehrheit von einer Klosterrestauration nichts wissen wollten, verfolgte Ludwig im Zusammenwirken mit einer neuen Bischofsgeneration, vorab mit Sailer, unnachgiebig sein Ziel. Ihm erschien es als Staatsaufgabe, die Brücken wieder aufzubauen, die zurückführten zu den Anfängen des geistlichen Bayern. So brach schon in seinem ersten Regierungsjahrzehnt ein neuer Klosterfrühling an. Im Jahr 1846, zwei Jahre vor seinem Thronverzicht, gab es in Bayern bereits 23 geistliche Orden und Kongregationen, deren Gemeinschaften sich auf 132 Ordenshäuser verteilten, wobei die Anzahl der weiblichen Konvente – im Bistum Regensburg zählte man damals 14 – jene der Männerklöster beträchtlich überstieg.

Die verheißungsvolle Klosterpolitik Ludwigs I. galt zunächst der Restauration alter Orden, öffnete sich aber schon in den dreißiger Jahren auch neuen Kongregationen, namentlich solchen, die sich dem Erziehungswesen, der Krankenpflege und der Wallfahrtsseelsorge widmeten. Vor allem sollten nach dem Wunsch des Königs die Benediktiner wiederkommen und mit ihnen der große Missions- und Kulturorden aus dem Aufbruch des Mittelalters. Diesbezüglich machte das niederbayerische Donaukloster Metten den Anfang. Doch gerade Metten kann als Modellfall gelten für die vielfältigen Hindernisse, die es bei der monastischen Restauration zu überwinden galt. Seine personelle Existenzsicherung erwies sich nämlich genauso schwierig wie die wirtschaftliche. Als Bischof Sailer das Benediktinerstift am 1. Juni 1830 wieder eröffnete, bezogen nur zwei ehemalige Mönche in großer Armut die notdürftig instandgesetzten Klostergebäude. Fünf Jahre später verlor die kleine Schar der Mettener Konventualen vorübergehend sogar ihre Selbständigkeit. Die Verhältnisse besserten sich spürbar erst gegen Ende der dreißiger Jahre, nicht zuletzt dank einer stattlichen Dotationsleistung aus der Privatschatulle des Königs. Nachdem dann im Juni 1840 Gregor Scherr, der nachmalige Erzbischof von München und Freising, als erster Abt eingeführt worden war, stieg Metten rasch auf eine beachtliche Höhe: Bereits 1842 konnten Mettener Patres die altehrwürdige Abtei Weltenburg als selbständiges Priorat zu neuem Leben erwecken, und im Oktober 1844 wurde der nach und nach zum vollklassigen Gymnasium ausgebauten Lateinschule ein bischöfliches Knabenseminar angegliedert, das auf Jahrzehnte hin das einzige im Regensburger Sprengel blieb. Schließlich gehörte zur Gründergeneration der aufstrebenden Abtei auch jener mutige und beharrliche Bonifaz Wimmer, ein Gastwirtssohn aus Thalmassing bei Regensburg, der vom kleinen Bayern in den universalen Raum der Kirche hinauszielte und 1846 zur religiösen Betreuung deutscher Auswanderer die erste Benediktinerniederlassung der Vereinigten Staaten ins Leben rief, das Kloster St. Vincent in Pennsylvanien.

Auch die Bettelorden in ihren verschiedenen Zweigen konnten rasch wieder Fuß fassen, wobei ihre Restauration teils von den im Zuge der Säkularisation eingerichteten Zentral- oder Aussterbeklöstern ausging, teils, wie namentlich bei den Kapuzinern und Franziskanern, durch Ordensmitglieder aus dem benachbarten Tirol ins Werk gesetzt wurde. Besonderer Förderung erfreuten sich ferner die Krankenpflegeorden. So beispielsweise wurden 1837 „Barmherzige Schwestern" aus München zur Leitung des domkapitelschen Krankenhauses nach Regensburg berufen, und 1843 übernahmen „Barmherzige Brüder vom hl. Johannes von Gott" die Krankenpflege in Straubing, um später von hier aus auch in Reichenbach, Johannesbrunn, Kostenz und Regensburg eine segensreiche Wirksamkeit zu entfalten. Doch wir können hier den Gang der Klosterrestauration auch nicht annähernd skizzieren. Lediglich auf drei weibliche Ordensgemeinschaften sei noch hingewiesen, die im Bistum selbst ins Leben traten oder in ihm ihre große Strahlkraft entfalteten.

Da ist zuvorderst die „Kongregation der Armen Schulschwestern" zu nennen, die noch heute weltweit zu den größten weiblichen Schulorden zählt. Ihre Gründung erfolgte durch Karolina Gerhardinger, eine Schiffermeisterstochter aus Stadtamhof, die der fromme Dompfarrer Wittmann mit etlichen Gefährtinnen auf ihre große Aufgabe vorbereitet hatte. Nach bescheidenen Anfängen in Neunburg vorm Wald im Herbst 1833 begann für die ganz der schulischen Mädchenbildung verpflichtete Gemeinschaft der eigentliche Aufschwung erst ab 1841 nach der Verlegung des Mutterhauses in das ehemalige Münchener Klarissenkloster am Anger. Beim Tode der Gründerin Theresia von Jesu Gerhardinger im Jahr 1879 zählte die Kongregation, über die halbe Welt verbreitet, etwa 3000 Schwestern. Beharrlicher Einsatz und selbstlose Hingabe der schlichten Stadtamhofer Bürgerstochter, die am 17. November 1985 seliggesprochen wurde, hatten überreiche Frucht getragen.

In den vierziger Jahren des 19. Jahrhunderts reifte mit den „Franziskanerinnen von der Buße in Aiterhofen“ eine weitere Ordensgemeinschaft im Bistum heran. Angeregt vom „Segenspfarrer“ Franz Sales Handwercher in Oberschneiding, einem Sailerschüler, gründeten 1840 etliche Frauen aus Geltofing und Umgebung unter der Leitung von Angela Fraundorfer einen religiösen Verein, erbauten 1846 in Aiterhofen ein Haus und führten fortan ein gemeinsames Leben nach der Regel des hl. Franz mit der besonderen Zielsetzung, der Mädchenbildung in Schule und Internat zu dienen. Dem Streben des Poverello von Assisi hat sich nicht zuletzt auch die „Kongregation der Armen Franziskanerinnen von der hl. Familie zu Mallersdorf“ verschrieben. Sie entstand 1855 aus einer Drittordensgemeinschaft im pfälzischen Pirmasens, mit deren Hilfe der dortige Seelsorger Dr. Paul Nardini der großen sozialen und sittlichen Not in seiner Diasporagemeinde zu wehren suchte. 1869 verlegte die im Dienst an den Armen und Kranken rasch wachsende Kongregation ihr Mutterhaus von der Diözese Speyer in das Bistum Regensburg, näherhin in das ehemalige Benediktinerstift Mallersdorf. Und als „Mallersdorfer Schwestern“ haben die Franziskanerinnen von der hl. Familie seither eine Wirksamkeit in ganz Bayern und darüber hinaus entfaltet, die ein breites Spektrum des sozial-karitativen Bereichs abdeckt.

Den genannten Daten und Fakten zur Klostergeschichte des 19. Jahrhunderts ließen sich mühelos weitere hinzufügen. Doch wichtiger erscheint die zusammenfassende Feststellung, dass das Bistum Regensburg wie ganz Bayern ab 1830 eine monastische Aufbruchsstimmung erlebte, die jener des hohen Mittelalters glich, und dass dem von ihr heraufgeführten Klosterfrühling strahlende Sommertage und ein fruchtbringender Herbst gefolgt sind. Überschaut man den Gang der Klosterrestauration bis zum Todesjahr Senestreys 1906, so hat das Fazit, das Otto Weiß für diesen Zeitraum im Blick auf Bayern insgesamt gezogen hat, ohne Einschränkung auch für das Bistum Regensburg Geltung: „Hundert Jahre nach der Säkularisation gab es in Bayern wieder eine blühende Klosterlandschaft, die sich mit der Zeit vor der Säkularisation messen konnte ... Allerdings hatte sich die Klosterlandschaft von Grund auf verändert. Alte ehrwürdige Klöster und Stifte – der Augustinerchorherren, Prämonstratenser, Zisterzienser – waren von der Landkarte verschwunden, oder aber sie waren zu Heimstätten neuer Klöster und Kongregationen geworden ... Geblieben waren die Benediktiner, die ‚Bettelorden', dank König Ludwig I. Hinzugekommen war bei den Männern ein neuer Seelsorgeorden, die Redemptoristen, denen später eine Reihe ähnlicher neuer Kongregationen folgen sollte. Was sich jedoch völlig verändert hatte, war die Zunahme der weiblichen klösterlichen Gemeinschaften. Zum mindesten hinsichtlich der religiösen Kongregationen galt auch für Bayern, was von Frankreich gesagt wurde: Gott wurde im 19. Jahrhundert vor allem durch Frauen erfahrbar. Auch die Schwestern waren auf ihre Art nicht nur ‚Leibsorgerinnen', sondern ‚Seelsorgerinnen' und ‚Lebenssorgerinnen', und nirgends ist aufgeschrieben, wie oft sie auch zu ‚Beichtmüttern' wurden."

4. Weltklerus, Seelsorge und Frömmigkeit

Bei der Gestaltwerdung des modernen Bayern erfuhr nicht nur die wiedererstehende Klosterlandschaft einen deutlichen Wandel, sondern auch das Selbstverständnis des Seelsorgeklerus. Er wurde nämlich noch unter Montgelas mit der Lokalschulinspektion und -armenpflege betraut und so als gewichtiger Teil der Ortsobrigkeit eingebunden in die staatlich-kirchliche Hierarchie. Getragen vom Bewusstsein, eine führende Schicht zu bilden, betrieben die meisten Landpfarrer zur Sicherung ihres Unterhalts eine eigene Ökonomie. Nicht zuletzt deshalb entfaltete sich ihre Lebenskultur weit stärker als heute innerhalb der Gemeinde und für sie. Und mögen auch in der Rückschau die weltlichen Aufgaben des Priesters von damals als eher nebensächlich erscheinen: Tatsächlich waren sie sein zweites, eben sein weltliches Standbein, haben ihn zwar stärker gefordert, ihn aber auch im religiösen Aufgabenbereich gestützt. Zudem musste der Pfarrer keineswegs in der Landwirtschaft aufgehen; er konnte sich ebenso der Pflege der Schönen Künste hingeben, konnte sich wissenschaftlich und literarisch betätigen oder politischem Wirken verschreiben, wenn er über die Seelsorge und pfarramtliche Arbeit hinaus Sinnerfüllung finden wollte. Dabei war er von den Tagen seiner Priesterweihe und Primiz an vom Volk geachtet als ein „Herr".

Was das bedeutet, hat uns Joseph Schlicht, langjähriger Schlossbenefiziat in Steinach bei Straubing, in seinem Buch „Bayerisch Land und Bayerisch Volk“ von 1875 trefflich geschildert wie folgt: *Aus neunerlei Gründen hält und titelt der bayerische Bauer seinen Geistlichen als ‚Herrn‘. Erstens, weil der studierte Geistliche aus seinem Fleisch und Blut ist, also den Bauernstand bei Stadt und Amt zu Ehren bringt. Zweitens, weil er mit Talent, unmenschlichem Fleiß und Gottes Gnade jedes Jahr seine Schule durchgemacht hat. Drittens, weil ein Geistlicher seinen Vater eine zwölfjährige Kümmernis und schweres Geld kostet. Viertens, weil er nun aber zuletzt auch mit dem Wort und mit der Feder fort kann, daß andere studierte Herrn vor ihm Mucken haben müssen. Fünftens, weil der bayerische Bauer selbst zugeschaut hat, wie umständlich, feierlich und hoch der Bischof ihm seinen Geistlichen ausweiht. Sechstens, weil ihm bei der Primiz leibhaftig das ganze Umland wie einem Herrn gehuldigt hat. Siebtens, weil er nun zu seinem Geistlichen kommen darf in jeder Stunde um Rat und Hilf in vielen Anständen. Achtens, weil der Geistliche die Mistgabel nicht mehr in die Hand nimmt. Neuntens, weil der bayerische Bauer in den Pfarrhöfen allerlei Kunstwerk und Lebenskomfort sieht, den er nicht versteht und der sich auch für einen Unstudierten nicht schickt.*

Und die Stellung, die der Pfarrer im Leben der Gemeinde einnahm, beschreibt Schlicht mit seinem außergewöhnlichen Gespür für die Volksseele so: *Der Pfarrer, der nicht zu stark am Gelde hängt, persönlich und hausväterlich beispielbrav ist, mitten durchgeht, nicht zu leicht und auch nicht gar zu streng, durchaus verlässig auftritt, ein Mann ein Wort in Rat und Tat: der besitzt im Volke der katholischen Bayern eine geistige Macht, die niemand entwurzelt. In Freud und Leid geht der Bayer zu seinem Pfarrer. Im Leid, um es dem Pfarrer zu erzählen und seinen Rat, Trost und Beistand einzuholen. In der Freud, um auch sie dem Pfarrer mitzuteilen und an dessen neidloser Mitfreude sein Glück zu verdoppeln.*

Schlicht schildert genaugenommen die Zeit seiner Jugend in der Hallertau und Erfahrungen seiner Kooperatorenjahre im Gäuboden. In seinem Werk klingt noch jene Epoche nach, die vornehmlich von Priestern aus der Sailerschule geprägt war. Dass dann um die Jahrhundertmitte entsprechend der allgemeinen kirchlichen Reaktion auch in der Ausbildung des Klerus ein schärferer Wind zu wehen begann, kann man an den alten Seminarstatuten nachvollziehen oder an der einschlägigen asketischen Literatur. Jetzt werden überall die Zügel angezogen, jetzt möchte man lauter „brave“ Alumnen haben: Alumnen, die nur noch mit Talar und römischem Stehkragen erscheinen, die ihre Augen niederschlagen und ihre Stimme dämpfen, die nicht rauchen und kein Glas Bier anrühren. Die Ausbildung des Klerus vollzieht sich nun auf Generationen hin weithin in Absonderung von der Welt, beginnt deshalb schon im Knabenalter und unterliegt zum

Zwecke des Ausschlusses von „unklerikalischem" Verhalten, etwa des Wirtshausbesuchs, strenger Sozialkontrolle und strafbereiter Überwachung. Insbesondere unter der langen Regierung Bischof Senestreys huldigte man einem reichlich unerquicklichen „Seminarismus", der auch schon den Zehn- oder Elfjährigen gleich beim Eintritt ins Knabenseminar strenge Regeln auferlegte. Trotzdem gewinnt man bei näherem Hinsehen den Eindruck, dass viele Priester nach etlichen Jahren seelsorgerlicher Erfahrung die ihnen während der Ausbildung vermittelten lebensfremden Papierweisheiten beiseite schoben und von sich aus gütiger mit ihrem Pfarrvolk umgingen, als es die obrigkeitlichen Vorschriften erlaubt hätten.

Mit der stärkeren Disziplinierung und Uniformierung der Priesterausbildung vollzog sich auch ein merklicher Wandel im seelsorgerlichen Bereich. Er lässt sich am deutlichsten am neuen pastoralen Instrument der Volksmissionen ablesen, für die die von Bischof Riedel nachhaltig geförderten Redemptoristen das Monopol beanspruchten. Wenn es vormals Sailers großes Anliegen gewesen war, die beglückende Botschaft von Christi Erlösungswerk ins Zentrum der Verkündigung zu stellen, so rückte nun unter dem Einfluss der Volksmissionen die Bewahrung der Menschen vor der Sünde und vor der Gelegenheit zur Sünde in den Vordergrund des seelsorgerlichen Bemühens. Diese Missionen standen ja bezeichnenderweise unter dem Leitsatz „Rette deine Seele!" und setzten sich zum Ziel, die Gläubigen durch das Auspredigen der Schrecknisse von Tod, Gericht und Hölle zur Erkenntnis ihrer Sündhaftigkeit und zur Bekehrung im Bußsakrament anzutreiben. Dabei zogen die Söhne des hl. Alfons alle Register schaurigen Kanzeltheaters, um Erschütterung bis an die Grenze der seelischen Belastbarkeit auszulösen, und als Beichtväter legten sie größten Wert auf die materielle Vollständigkeit des Bekenntnisses, die ihnen häufig erst nach gründlichem Ausfragen des Pönitenten, besonders in „puncto sexto", gewährleistet erschien. Aber ganz abgesehen von den Volksmissionen: Auch in der gewöhnlichen Sonntagspredigt verengte sich die christliche Verkündigung mehr und mehr von der Lebensfülle der Hl. Schrift auf moralische Ge- und Verbote. Besonders das sechste Gebot und die Kirchengebote hat man nicht selten zum wichtigsten Inhalt katholischen Lebens gemacht. Im Religionsunterricht aber beherrschte bis tief ins 20. Jahrhundert hinein der in Frage und Antwort gegliederte, auswendig zu lernende Katechismus das Feld.

Wie das Priesterbild und die Seelsorge wandelte sich auch die Frömmigkeit, wenngleich sie im 19. Jahrhundert von Anfang an aus verschiedenen Schichten bestand. Neben kräftigen Impulsen gottseliger Innigkeit, wie sie von der Sailerschule ausgingen, war im Volk und in Teilen des Klerus ungeachtet aufgeklärter Reformen die lebendige Beziehung zu den Frömmigkeitsformen des Barockzeitalters nie gänzlich erloschen. Und so beging man wieder wie ehedem die feierlichen Prozessionen und Umzüge durchs ganze Kirchenjahr, entfaltete man den festlichen Prunk zu Fronleichnam oder an den drei Hochfesten von Weihnachten, Ostern und Pfingsten, pflegte man das Wallfahrtswesen, als ob es die einschnürenden Mandate unter Montgelas nicht gegeben hätte. Aber eine Überformung all dessen zeichnete sich doch ab, wenn nach 1858 barocke Friedhofskapellen und Ölbergnischen in sentimentale Lourdes-Grotten umgestaltet wurden oder wenn jetzt die alten Bruderschaften vereinsmäßige Statuten erhielten. Zu den wiederbelebten und neuerrichteten Bruderschaften gesellten sich im späten 19. Jahrhundert dann noch die zahlreichen kirchlichen Standesvereine. Stets unter der bestimmenden Leitung der zuständigen Priester, fanden sie sich zu regelmäßigen „Generalkommunionen" und religiösen Stunden zusammen und haben das geistliche Leben in den Pfarrgemeinden entscheidend geprägt.

Als charakteristischer Ausdruck der sich wandelnden Frömmigkeit darf nicht zuletzt die Maiandacht gelten, für die die romantisch-biedermeierliche Sicht Mariens als das Ideal menschlich-übermenschlicher Reinheit den Hintergrund abgab. Spricht die begeisterte Aufnahme der neuen Devotionsform dafür, dass sich jetzt die Volksreligiosität wieder voll ausleben konnte, so zeigt die Art und Weise ihrer Gestaltung, dass diese Volksreligiosität mit einem Mal kirchengebunden war wie nie zuvor. Gleiches gilt für die großen Wallfahrten, die nun von der Geistlichkeit und religiösen Vereinigungen bewusst als kirchliche Machtdemonstrationen organisiert wurden. So beispielsweise fand im März 1860 auf dem Mariahilfberg bei Amberg eine Versammlung von 25 000 oberpfälzischen Katholiken statt, deren Protest sich gegen die Beseitigung des Kirchenstaates und eine „Vergewaltigung" des Papstes richtete. Überhaupt konzentrierte sich das Wallfahrtswesen nunmehr im Unterschied zur Barockzeit auf wenige, dafür um so gewichtigere und für die Aufnahme großer Pilgerscharen gerüstete Gnadenstätten. Als markantes Beispiel hierfür sei die „Regensburger Fußwallfahrt" nach Altötting in den Tagen vor Pfingsten genannt, die erstmals 1841 erfolgte und bis zur Stunde eine Kontinuität ohnegleichen aufweist. Zu erwähnen sind in diesem Zusammenhang auch nachhaltig geförderte Frömmigkeitsformen wie der Herz-Jesu-Kult, die Josefs-Devotion, der Schutzengel-Kult oder der Kult des „Guten Hirten" – Phänomene, die die französische Forschung mit dem Begriff „Pieté ultramontaine" bezeichnet, weil sie im fortschreitenden 19. Jahrhundert aus Versatzstücken älterer, häufig nur regional bedeutsamer Kulte sozusagen neu montiert und auf

Die selige Maria Theresia von Jesu Gerhardinger (1797–1879)
Ölgemälde von Erich Klimek, 1985

Fr. Eustachius Kugler (1867–1946), Provinzial der Barmherzigen Brüder

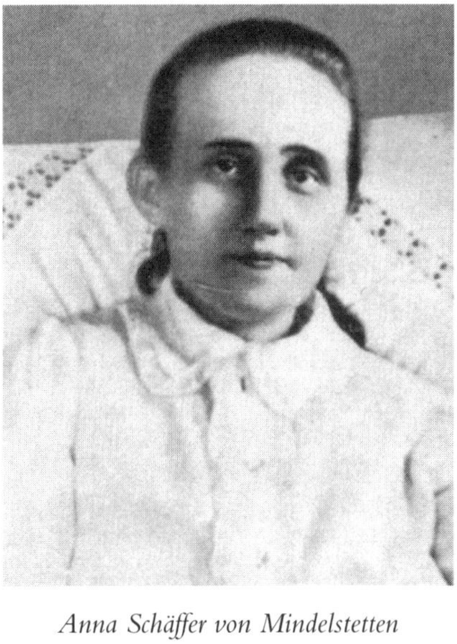

Anna Schäffer von Mindelstetten (1882–1925)

P. Viktrizius Weiß (1842–1924), Provinzial der Kapuziner

das neuscholastische Kirchenbild mit seiner Über- und Unterordnung von Klerus und Laien zugeschnitten wurden.

Es kann kein Zweifel bestehen, dass infolge der intensiven Pflege neuer Andachtsformen, durch die in Übung kommende „Andachtsbeichte“ und die selbstverständliche Verrichtung der „täglichen Gebete“ am Morgen und Abend, bei Tisch und zum Angelus-Läuten, privat oder im Kreis der Familie, die individuelle Frömmigkeit im 19. Jahrhundert eine Kultur erreicht hat wie nie zuvor. Auf der anderen Seite wurde mit dem fortschreitenden Umbruch zur modernen Industriegesellschaft die Distanz zwischen den religiösen Ausdrucksformen und dem geistigen Klima „draußen in der Welt“ immer größer. Auch in Bayern ist es der Kirche weithin nicht gelungen, die rasch wachsenden Städte zu durchdringen, den neu sich bildenden „Vierten Stand“ der Fabrikarbeiter zu gewinnen und die intellektuelle Oberschicht in einer bewussten Kirchenverbundenheit zu halten. Aufs Ganze gesehen aber hat sich die Frömmigkeit des 19. Jahrhunderts doch bewährt. Ihre auf Tradition und Autorität gestützte Tragfähigkeit war so stark, dass sie – zumindest auf dem Land – noch bis in die fünfziger Jahre des 20. Jahrhunderts lebendig geblieben ist. Diese Tatsache lässt sich nicht nur an geistlichen Einrichtungen dingfest machen, sondern auch am religiösen Streben des Einzelnen. Dafür seien wenigstens drei Persönlichkeiten aus unserem Bistum beim Namen genannt, deren Lebensweg das 19. mit dem 20. Jahrhundert verklammert und sich im Ruf der Heiligkeit vollendet hat.

Da gab es zum ersten den Kapuziner Viktrizius Weiß aus Eggenfelden, der über eine lange Wegstrecke hin kraftvoll und selbstlos die bayerische Provinz seines Ordens anführte, ehe er sich in das Kloster auf dem Mariahilfberg über Vilsbiburg zurückzog, wo er die letzten anderthalb Jahrzehnte seines Lebens gearbeitet, gebetet und gelitten hat. Da war zum anderen die ganz von der innigen Frömmigkeit des 19. Jahrhunderts durchglühte Jungfrau Anna Schäffer, deren unauffälliges Leben, Leiden und Sterben sich im stillen Pfarrdorf Mindelstetten vollzog. Und da war schließlich der gottselige Provinzial der Barmherzigen Brüder Eustachius Kugler, ein Bauernbub aus Nittenau, der in langen Jahrzehnten und unter teilweise recht widrigen Umständen Unsägliches für den Hospitalorden in Bayern geleistet hat und dessen Leib in der St. Pius-Kirche des Regensburger Krankenhauses der Barmherzigen Brüder ruht, das hauptsächlich ihm seine Existenz verdankt.

5. Kirchliche Kunst- und Musikpflege

Die Frömmigkeit des 19. Jahrhunderts schuf sich auch im Bereich der kirchlichen Kunst- und Musikpflege unverwechselbaren Ausdruck. Was zunächst die Kirchenmusik betrifft, so wurde gerade die Bischofsstadt Regensburg zur Begründerin und Hüterin einer weit ausstrahlenden Tradition, an deren Wiege ein enger Freund Sailers stand, der aus Oberschlesien stammende Arzt Carl Proske. Einig mit Sailer und dessen Nachfolgern in dem Grundsatz vom heiligen Dienst der Schönen Künste, wollte Proske die vielerorts ins allzu Weltliche und Seichte abgeglittene Kirchenmusik erneut ihrer eigentlichen Aufgabe zuführen, und zwar durch die Wiederbelebung des Gregorianischen Chorals und der altklassischen A-cappella-Musik, für die im 16. Jahrhundert Tonkünstler wie Giovanni Pierluigi da Palestrina oder Orlando di Lasso die großen Leitbilder abgegeben hatten. Zu diesem Zweck trug Proske auf längeren Forschungsreisen reiche Musikalienschätze zusammen und bereitete sie anschließend für die kirchenmusikalische Praxis in den Bänden seiner „Musica divina" auf. Zwar war es ihm nicht mehr vergönnt, den durchschlagenden Erfolg seiner Reformbestrebungen zu erleben, doch schon bald nach seinem Tod erwuchs der kirchenmusikalischen Erneuerungsbewegung im jungen Priester Franz Xaver Witt ein wahres Organisationsgenie. Mit einer Schrift, betitelt „Der Zustand der katholischen Kirchenmusik ...", eröffnete der vielseitig begabte Lehrerssohn aus Walderbach 1865 den Kampf gegen jede der Liturgie nicht angemessene kirchenmusikalische Praxis. Schon im Jahr darauf gab er seine „Fliegende[n] Blätter für katholische Kirchenmusik" heraus und ab 1868 die Zeitschrift „Musica sacra", nunmehr gebieterisch auf den organisatorischen Zusammenschluss aller Reformfreunde in einem Verband drängend.

In der Tat sollte die Gründung des „Allgemeinen Cäcilienverbandes" zur Erneuerung der Kirchenmusik bereits auf dem Bamberger Katholikentag im Sommer 1868 gelingen. Unter der Präsidentschaft Witts setzte man sich zwei Hauptziele: die Verbreitung der Reform bis hinaus in die letzte Dorfkirche und die Errichtung eines ausschließlich der Pflege der Kirchenmusik verpflichteten Konservatoriums. Das zweite Ziel wurde erreicht, als der Domkapellmeister Franz Xaver Haberl unter großen persönlichen Opfern 1874 im säkularisierten Augustinerchorherrenstift St. Mang zu Stadtamhof eine den Erfordernissen der Zeit entsprechende Ausbildungsstätte ins Leben rief, die nachmalige „Fachakademie für katholische Kirchenmusik und Musikerziehung", die im Jahr 2001 in den Rang einer gleichnamigen Hochschule erhoben wurde. Durch die ausschließliche Pflege der „Regensburger Tradition", nämlich des Gregorianischen Chorals und der altklassischen

Vokalpolyphonie, war zwischenzeitlich auch der Heranbildung von Knabenstimmen an der Dompräbende besondere Bedeutung zugekommen. Hatte Haberl mit seinen Singknaben schon 1876 bei der Generalversammlung des Cäcilienverbandes in Graz ein Auslands-Debüt gegeben, so unternahmen die „Regensburger Domspatzen", wie sie fortan hießen, unter Domkapellmeister Franz Xaver Engelhart 1910 ihre erste Konzertreise nach Prag. Weltberühmt wurden sie dann unter Theobald Schrems, dessen Vermächtnis 1964 Georg Ratzinger übernahm, um es vor etlichen Jahren wohlbestellt den Händen von Roland Büchner anzuvertrauen. Die Regensburger Tradition lebte aber nicht nur vom Rückgriff auf Vergangenes, sondern regte die ihr verbundenen Musiker auch zu eigenem Schaffen an. Man denke nur an die bis zur Liturgiereform des Zweiten Vatikanums zum Repertoire schier jeden Dorfkirchenchores zählenden Kompositionen von Michael Haller, Ignaz Mitterer, Joseph Renner jun. oder Peter Griesbacher.

Erfolgte die dem Frömmigkeitsstil des 19. Jahrhunderts angemessene Reform der Kirchenmusik im Geist des Cäcilianismus, so stand der ihm gemäße Kirchenbau unter dem Vorzeichen des „Historismus". Diese Richtung der Kunstgeschichte bezog ihre Inspirationen vornehmlich aus der Geistesströmung der Romantik und belebte unter Verzicht auf eine eigenständige Stilentwicklung Ausdrucksformen früherer, eben „historischer" Epochen wieder. Dabei begeisterten sich die Romantiker in Idealisierung des Mittelalters namentlich für die gotische Kathedralkunst, die sie als den „christlich-germanischen" Baustil schlechthin und als Leitbild für jegliche Kirchenarchitektur erachteten. Und in dem Bestreben, die Gegenwart aus den Glaubens- und Gemütskräften vergangener Zeiten zu erneuern, ebneten sie so mit Vehemenz einer Neugotik die Wege, ähnlich wie sich zur selben Zeit die mittelalterliche Philosophie und Theologie im Gewande der Neuscholastik die Bahn brach. Allerdings gelangte anders als im theologischen Bereich in der historisierenden Kunst die Neugotik keineswegs zur Alleinherrschaft. Vielmehr wurden im fortschreitenden 19. Jahrhundert auch andere Stilrichtungen nachempfunden, zunächst vor allem die Renaissance und die Rundbogenarchitektur der Romanik, dann selbst die lange Zeit als „Zopfstil" verpönten Ausdrucksformen des Barock und Rokoko. Um die Jahrhundertwende kam es sogar dahin, dass ein und derselbe Architekt je nach Wunsch der Kirchengemeinde verschiedene Stile ausführte.

Aber ganz abgesehen davon, für welche wiederbelebte Stilrichtung man sich entschied: Der Historismus in Kirchenbau und Kirchenausstattung blieb bei aller Vielfalt der Formgebung stets Ausdruck der zeitgenössischen Liturgie und Frömmigkeit. So beispielsweise bezeichnete einer der Theoretiker damaliger Sakralkunst, der aus Straubing gebürtige und 1903 als Domkapitular in Regensburg verstorbene Georg Jakob, die frühchristliche Basilika als baugeschichtliches Vorbild für die Jetztzeit, weil in ihr „treues Festhalten an den gegebenen Grundlagen einer christlichen Kirche und klare Entfaltung derselben mit steter Rücksicht auf die Anforderungen der Liturgie" gewährleistet werde. Kunst ist also nicht Selbstzweck, sondern steht im Dienst von Liturgie und Frömmigkeit, wie schon der Titel von Jakobs Buch „Die Kunst im Dienste der Kirche" augenscheinlich macht.

Hieraus erklären sich auch der kirchenamtliche Einsatz für die Gründung christlicher Kunstvereine – in der Diözese Regensburg hat Bischof Riedel einen solchen 1856 mit Sitz in Metten ins Leben gerufen – und die Verfügung einschlägiger Richtlinien, dass man beim Bau von Kirchen eine althergebrachte Formensprache zu verwenden habe, vorzugsweise natürlich den „germanischen (gothischen) Styl", mit dem man in krasser Verkennung seiner Herkunft ein „vaterländisches" Erbgut zu bewahren wähnte. Insgesamt aber wird man sagen können, dass sich in der Entfaltung des Historismus, die es nun durch Beispiele aus dem Regensburger Bistum zu illustrieren gilt, der Wandel des kirchlichen Selbstverständnisses hin zu einem restaurativen, auf die Wiederherstellung der alten Ordnung abzielenden Katholizismus widerspiegelt.

Angestoßen von der gründlichen „Restauration" der Bischofskathedrale, setzte im Regensburger Diözesanbereich eine breite Welle der Neugotik ab 1840 ein, wobei in der Regel das altbayerisch-spätgotische Bauschema als Vorbild diente: ein eingezogener Chor mit seitlichem Spitzturm und häufig doppelgeschossiger Sakristei, ein mächtiges, meist durch Spitzbogenblenden gegliedertes Langhaus, risalitartige Portale, der Turm über vier Giebeln wieder spitz abschließend – das Ganze als Blankziegelbau, also unverputzt ausgeführt, während im Innern das Langhaus über glatten Wänden nicht selten mit einer Holzdecke, das Presbyterium stets mit einem Rippengewölbe überzogen wurde. Als charakteristische Beispiele hierfür sind die Kirchen in Reißing, Teisbach, Hebertsfelden, Bayerbach, Rottenburg an der Laaber, Goldern, Ihrlerstein, Bad Abbach, Pfeffenhausen und Siegenburg anzusprechen. Sie sind alle nach Entwürfen der Landshuter Zivilbauinspektion errichtet, für die die Abfolge der Architekten Leonhard Schmidtner, Joseph Tanera und Anton Völkl verantwortlich zeichnet. In den siebziger Jahren begründete dann der Domvikar Georg Dengler, ein Autodidakt in Sachen Kirchenbaukunst, sogar eine Art „Regensburger Schule" der Neugotik. Er gehört zu den einflussreichsten „Priesterarchitekten" des 19. Jahrhunderts und entwarf unter anderem die Pläne für den Neubau der Kirchen in Unterteuerting, Wunsiedel und Bernried. Das bedeutendste

Zeugnis für seine unter dem Einfluss der Düsseldorfer Nazarenerschule entwickelten Stilvorstellungen aber ist die Ausstattung der damals erweiterten Stadtpfarrkirche in Kelheim, bei der ihm Bildhauer von hohem Können zur Hand gingen, so der Kelheimer Johann Obermeier, der den mächtigen Choraltar mit der Krönung Mariens schuf, oder der Stadtamhofer Albert Markl, dem wir die filigran gearbeitete Kanzel verdanken.

Im Kelheimer Raum stoßen wir übrigens mit der 1905 errichteten Kirche von Pullach auf eine der letzten großen neugotischen Kirchenbauten, während die kurz zuvor in Otzing bei Pilsting vollendete neuromanische Säulenbasilika insofern ein Kuriosum darstellt, als sie in ihrer mächtigen Dreischiffigkeit den Anschein einer verkleinerten Kathedrale erweckt und somit die originären Ausmaße einer Dorfkirche sprengt. Man legte stets auch großen Wert auf den Zusammenklang von Architektur und Ausstattung, dabei meist recht puristisch vorgehend. So etwa verkaufte man in Otzing die gesamte barocke Inneneinrichtung nach Breitbrunn am Chiemsee, wo gerade ein neubarockes Gotteshaus gebaut wurde, und leistete sich eine stilgerechte Einrichtung. Die Idee des Gesamtkunstwerks spiegelt sich auch in den Ausstattungen der Pfarrkirchen von Bernried, Teisnach und Kirchaitnach wider oder – noch eindrucksvoller – in den bunt ausgemalten Wandflächen des neuromanischen Gotteshauses zu Eschlkam. Vor allem aber ist in diesem Zusammenhang an die Redemptoristenkirche in Cham zu erinnern, das monumentalste Werk des aus Falkenstein stammenden Garser Klosterbruders Max Schmalzl, der für diese Kirche nicht nur die Pläne entwarf, sondern 1904 auch ihre künstlerische Ausgestaltung zu einem wahren „Bilderbuch Gottes“ übernahm. Gute vier Jahre malte Schmalzl an den großen Freskenzyklen, die Chor und Langhaus schmücken, dabei in Form- und Farbgebung ganz und gar jener Spätphase nazarenischen Kunstschaffens verpflichtet, deren gewollte Innigkeit und ausgebleichte Linearität vom Ende der formalen Möglichkeiten dieser Stilepoche Zeugnis ablegen. Gleichwohl fand Schmalzl viele Bewunderer, und nicht wenige unter ihnen, sogar der Papst in Rom, hielten den einfältig-schlichten Klosterbruder, der sein Malerhandwerk zeitlebens als Seelsorge begriff, für den „bayerischen Fra Angelico da Fiesole“.

Als es um die Jahrhundertwende zu einem wahren Jahrmarkt der Stile gekommen war, die häufig nur noch als leere Dekorationsformeln Verwendung fanden, gaben im Kirchenbau unseres Bistums hauptsächlich zwei miteinander konkurrierende Architekten den Ton an: Johann Baptist Schott und Heinrich Hauberrisser. Auf Entwürfe Schotts gehen unter anderem die Kirchen in Neubäu bei Cham, Falkenberg bei Tirschenreuth, Neunkirchen bei Weiden, Obertraubling und St. Josef in Weiden zurück. Der wesentlich jüngere Hauberrisser, der 1905 am Regensburger Haidplatz ein eigenes Büro eröffnete und später geradezu als „Diözesanbaumeister" angesprochen wurde, hat im Bistum an die 20 Kirchen neugebaut oder erweitert: z. B. die Pfarr- und Wallfahrtskirche Pleystein, Waldau bei Vohenstrauß, St. Maria in Vohenstrauß und St. Josef in Regensburg-Reinhausen. Ähnlich wie Schott bevorzugte Hauberrisser den Barockstil nach dem Vorbild heimisch-ländlicher Kirchenarchitektur, ferner eine zentralisierende Anlage des Raumes. Ganz deutlich lässt sich dies am Innern der Reinhausener Kirche ablesen, welches bewusst als Saal konzipiert ist und in seiner ganzen Ausstattung die Gläubigen auf den Hochaltar mit dem Motto „Gehet zu Josef" konzentriert.

Obschon die 1908 geweihte Kirche von Reinhausen an eine überkommene Stilform gebunden ist, galt sie den Zeitgenossen als „modern", vor allem wegen der Verwendung neuer Baustoffe (Eisenbeton) bei der Konstruktion der ungeheuer kühn erscheinenden Gewölbe. In der Tat steht sie dadurch den Bestrebungen des „Jugendstils" nahe, mit dem sich die zeitgleiche profane Kunst von der historisierenden Nachahmung lösen wollte, indem sie der Natur entlehnte vegetative Formen mit Materialgerechtigkeit, Sachlichkeit und Technik verband. Im Kirchenbau hat die nur zwei Jahrzehnte andauernde neue Kunstrichtung bei uns keine nennenswerten Spuren hinterlassen, sehr wohl aber in der Raumgestaltung einiger Gotteshäuser, so in Dietelskirchen bei Vilsbiburg, in Aiterhofen bei Straubing und vor allem in der Weidener Pfarrkirche St. Josef. Sie verdankt ihre eigenartige Faszination dem Gegensatz zwischen der neuromanischen Architektur und der vom Münchener Maler Franz Hofstötter ausgeführten Jugendstilausstattung. Dabei bezieht das Weidener Gotteshaus seine sakrale Würde sowohl von der Intensität des künstlerischen Ausdrucks als auch von dem mit bewundernswerter Folgerichtigkeit zusammengestellten Bildprogramm, in dessen Mittelpunkt Christus als menschgewordener Sohn Gottes steht. „Es handelt sich um einen der letzten Versuche im abendländischen Kirchenbau, eine Vielzahl von Bildern einem thematischen Leitmotiv unterzuordnen. Im Verlauf des 20. Jahrhunderts ist die sakrale Architektur bekanntlich immer ‚bildloser' und kahler geworden." (Achim Hubel)

VIII. Kapitel

In der Not zweier Weltkriege

Das 19. Jahrhundert, das in der raschen Abfolge von drei Generationen das äußere Leben so tiefgreifend umgestaltet hatte, wie dies vorher nicht in einem Jahrtausend geschehen war, ist nur dem Kalender nach am 31. Dezember 1899 zu Ende gegangen. Als geschichtliche Epoche endete dieses Jahrhundert erst, als das alte Europa in den Jahren 1914 bis 1918 durch Krieg und Revolution in seinen Grundfesten erschüttert wurde. Der Erste Weltkrieg hat die bestehenden Ordnungen zerstört oder geschwächt, aber keine neuen geschaffen. Auch in Bayern trug man schwer an der Konkursmasse des furchtbaren Krieges, und das Einleben in den republikanischen Alltag fiel bei der hohen Wertschätzung des angestammten Königshauses vielen Menschen nicht leicht. Gleichwohl blieb die katholische Kirche mit ihrer engen Bindung an das übernationale Papsttum in ihrer Rechtsordnung vom revolutionären Umsturz im Spätjahr 1918 weitgehend verschont und konnte zudem ihr Verhältnis zur Republik durch das Konkordat von 1924, in der Hauptsache ein Werk des klugen und zielstrebigen Nuntius Eugenio Pacelli, auf ein solides vertragliches Fundament stellen. Innerkirchlich bedeutete die Umbruchszeit nach dem Ersten Weltkrieg wie in ganz Deutschland so auch im katholischen Bayern eine Blüte des religiösen Lebens, abzulesen an der enormem Ausfaltung des Verbandskatholizismus und an einer Reihe von neuen Aufbrüchen, die mit den Stichworten „Liturgische Bewegung“, „Bibelbewegung“ und „Jugendbewegung“ nur angedeutet seien. Als führende Persönlichkeiten inmitten dieser Strömungen stehend, prägte Romano Guardini damals das klassisch gewordene Wort: „Die Kirche erwacht in den Seelen.“

Erst in den steigenden zwanziger Jahren wurde mit fortschreitender Deutlichkeit sichtbar, welch ungeheuere Unordnung der Vierjahreskrieg hinterlassen hatte. Auf dem Hintergrund von Friedensschlüssen, die keinen wirklichen Frieden brachten, sowie im Strudel einer tiefgreifenden Umwälzung des Wirtschaftslebens und eines nicht minder einschneidenden gesellschaftlichen Strukturwandels wuchs nun in weiten Teilen der Welt eine völlig neue Form des staatlichen Lebens heran: der totalitäre Staat des 20. Jahrhunderts. In deutschen Landen sollte er in der Gestalt des Nationalsozialismus ab 1933 eine nie erlebte Herrschaft des Schreckens aufrichten. Durch den massiv einsetzenden Gleichschaltungsprozess, wie er sich aus dem Totalitätsanspruch nationalsozialistischer Ideologie ergab, sahen sich auch die beiden großen christlichen Gemeinschaften alsbald vor die Frage „Anpassung oder Widerstand?" gestellt. Bei allen Unterschieden im Einzelnen nahmen sie diese Herausforderung an, ohne sich anzupassen oder gar gleichschalten zu lassen, selbst wenn uns Heutigen der tatsächlich geleistete Widerstand nicht sonderlich glorios erscheinen mag. Dabei bedenken wir zu wenig, dass man im Nachhinein immer klüger ist und dass Widerstand aus dem Glauben ganz andere Abgrenzungen hat als ein spezifisch politischer. Für die Kirchen musste das Bemühen im Vordergrund stehen, die eigene Identität zu bewahren und den Gläubigen Räume offen zu halten, in die sie sich vor dem Absolutheitsanspruch einer Diktatur zurückziehen konnten. Sie sahen also ihre Hauptaufgabe darin, die Festung des Glaubens zu sichern, und „sie, die Festung des Glaubens, stand inmitten des deutschen Reiches, vom jubelnden Anfang bis zum bitteren Ende, unerobert und nahezu unangreifbar" (Golo Mann). So haben sich denn auch die beiden christlichen Kirchen über den Zusammenbruch von 1945 als die einzigen nicht gleichgeschalteten und in ihrem inneren Wertesystem wie in ihrem organisatorischen Gefüge intakt gebliebenen Großgruppen hinübergerettet und konnten daher den Wiederaufbau der Nachkriegszeit von der ersten Stunde an in entscheidendem Maße mittragen.

1. Zwischen Monarchie und Diktatur

In den letzten Regierungsjahren Senestreys – der kompromisslose Oberhirte starb am 16. August 1906 im patriarchalischen Alter von 88 Jahren – lag die Bistumsleitung faktisch in den Händen des Generalvikars Franz Xaver Leitner (1844–1908), der sein Stellvertreteramt in schroff autoritärer Weise ausübte und zudem einen extrem regierungsfeindlichen Kurs steuerte. Daher hielt man in den Münchener Ministerien schon geraume Zeit vor Senestreys Tod nach einem staatsloyalen Kandidaten für die Regensburger Cathedra Ausschau, um das „System Senestrey-Leitner" beziehungsweise das „autokratische Regiment" des Letzteren abzulösen. Man entschied sich für einen bereits amtierenden Bischof, nämlich für den Passauer

Oberhirten Antonius von Henle. Seit 1895 Generalvikar in Augsburg und seit 1901 Bischof von Passau hatte der habilitierte Neutestamentler aus dem schwäbischen Weißenhorn bei Spannungen zwischen Kirche und Staat nie eine extreme, sondern stets eine vermittelnde Haltung eingenommen. Darüber hinaus empfahl ihn seine reiche Erfahrung in der diözesanen Verwaltung und pastoralen Organisation für die Übernahme des mit 14 665 Quadratkilometern flächenmäßig größten bayerischen Bistums. Es zählte bei seinem Amtsantritt, 1907, nahezu 850 000 Gläubige, für deren Betreuung mit Einschluss der Ordensgeistlichkeit und der in der Diözesanverwaltung tätigen Personen 1246 Priester zur Verfügung standen, und war untergliedert in 29 Dekanate, 3 bischöfliche Kommissariate und 471 Pfarreien.

Wie zuvor in Augsburg und Passau richtete Henle auch in Regensburg sein Hauptaugenmerk auf das Feld der Seelsorge und ihrer Organisation. Maßnahmen wie die Wiedereinführung der regelmäßigen Pfarrvisitation, die Aufhebung noch bestehender Simultaneen im Sulzbacher und Weidener Raum, die Herausgabe des diözesanen Gebet- und Gesangbuchs „Lob Gottes" oder die Einführung eines Einheitskatechismus bestätigen dies ebenso wie die Bemühungen um einen mit den wachsenden Bevölkerungszahlen Schritt haltenden Ausbau der pastoralen Strukturen. So wurden während Henles 20-jähriger Amtszeit über 50 Pfarreien neu errichtet, vornehmlich an den schnell wachsenden Rändern der größeren Städte, teils aber auch im weitläufigen ländlichen Raum des Bistums. Ursächlich für diesen Ausbau war nämlich nicht nur das Verlangen nach intensiverer seelsorgerlicher Betreuung, sondern ganz wesentlich die damalige Aufwärtskurve des Priesternachwuchses und ein „Priesterüberschuss", wie man ihn seit der ersten Hälfte des 18. Jahrhunderts nicht mehr kannte. Trotz der Kriegsverluste erreichte der Personalstand des Klerus im Jahr 1921 mit 1342 Geistlichen bereits wieder gut die Höhe von 1914 und stieg bis zum Todesjahr Henles 1927 auf 1387 Priester an. Freilich hatte von 1914 bis 1927 auch die Zahl der Gläubigen um rund 35 000 zugenommen und belief sich nunmehr auf nahezu 929 000 Seelen. Und wenn wir für 1927 nochmals die Statistik der Pastoralstruktur betrachten, so gliederte sich jetzt das Bistum in 42 Dekanate, 3 bischöfliche Kommissariate und 525 Pfarreien. Beim Vergleich dieser Zahlen mit denen von 1907 tritt die Verdichtung des Dekanats- und Pfarrnetzes binnen zweier Jahrzehnte deutlich vor Augen.

Der allgemeine Aufwärtstrend beim geistlichen Nachwuchs betraf aber nicht nur den Weltklerus, sondern auch den mittlerweile wieder weit ausgefächerten klösterlichen Bereich. Zu den bestehenden Ordensniederlassungen im Bistum, die sich ausnahmslos eines guten Personalstandes erfreuten, gesellte sich unter Henle eine Vielzahl neuer Kommunitäten, so noch während des Weltkriegs die Maristen-Schulbrüder in Furth bei Landshut (1915) und die Steyler Missionare in Tirschenreuth (1917). Als nach dem Krieg die staatliche Kirchenhoheit entfiel, folgten Schlag auf Schlag weitere Gründungen. Um aus der Fülle neuer oder neubelebter Häuser nur einige zu nennen: Die Pallotiner kamen nach Hofstetten bei Falkenstein, die Salesianer des Johannes Don Bosco mit ihrer spezifischen Aufgabe der Jugendbetreuung nach Regensburg und Ensdorf, die Weißen Väter nach Zaitzkofen, die Maristen nach Cham und Niederachdorf. Schließlich reichen auch die Anfänge der laikalen Seelsorgehilfe durch die Schwestern der Katholischen Heimatmission noch in die Zeit Henles zurück. Erste Niederlassungen dieser von Maria (Gabriela) Pfeilschifter ins Leben gerufenen Gemeinschaft entstanden 1925 in Weiden und 1926 in Regensburg.

Auch der seit der Mitte des 19. Jahrhunderts geförderte Verbandskatholizismus erlebte erst nach der Jahrhundertwende seine große Entfaltung und Blüte, im sozial-karitativen Bereich nicht minder wie im rein religiösen. Jetzt kam es zum regionalen und überregionalen Zusammenschluss der zahlreichen katholischen „Arbeitervereine", „Gesellenvereine", und „Burschenvereine", die mit den zentralen Dachorganisationen auch ihre programmatischen Wochen- oder Monatsblätter erhielten. Was den karitativen Bereich anbelangt, so war es hauptsächlich das Verdienst des Prälaten Johann Baptist Mehler (1860–1930), wenn 1910 für den Bereich der Stadt Regensburg ein „Caritasverband" gegründet werden konnte. Das Vorbild der Bischofsstadt wirkte alsbald in die Diözese hinaus und weckte vielerorts neue Initiativen, die 1922 zur wirksameren Hilfeleistung im „Diözesan-Caritasverband" zusammengefasst wurden. Schon zehn Jahre zuvor war ein „Diözesan-Jugendfürsorgeverein" ins Leben getreten, dessen hoher Nutzen sich erstmals in der großen Hungersnot der Nachkriegsjahre unter Beweis stellte, als man Tausende von Kindern aus den städtischen Ballungszentren auf „Landerholung" schicken konnte. Selbst der Klerus erstrebte nach dem Krieg mit der Gründung des Krankenversicherungsverbandes „Liga", des „Landesverbandes der Diözesanpriestervereine Bayerns", des „Priestermissionsbundes" und des „Katechetenvereins" die verbandsmäßige Organisation. Und trotz aller Gefahr der strukturellen Verknöcherung und bloßen Vereinsmeierei sind von den vielen Standesvereinen starke innerkirchliche Impulse ausgegangen. Nicht von ungefähr hat der nationalsozialistische Kirchenkampf beim katholischen Verbandswesen als mächtigstem Widerpart angesetzt, ehe man daranging, andere Bastionen der Kirche zu schleifen.

War Henle 1907 hauptsächlich deshalb von Passau nach Regensburg versetzt worden, um das „System Senestrey-Leitner" abzulösen, so etablierte sich ausgerechnet unter ihm an der Regensburger Diözesankurie ein nicht weniger missliebiges „System“, und zwar bereits ab dem Jahr 1911 durch die Ernennung von Alphons Maria Scheglmann (1858–1937), dem vormaligen Sekretär Senestreys, zum Generalvikar und durch die Aufnahme des hochbegabten, aber enorm streitbaren Franz Xaver Kiefl (1869–1928) aus Plattling in das Domkapitel. Dieser, von 1905 bis 1911 Professor für Dogmatik an der Universität Würzburg, schied im Zuge der Modernismuskontroverse freiwillig-unfreiwillig aus der dortigen Theologischen Fakultät aus und beschwor in Regensburg, nachdem er 1914 zum Domdekan aufgestiegen war, als Intimfreund Scheglmanns einen Dauerkonflikt mit der Mehrheit des Domkapitels unter Führung des Dompropsts und Weihbischofs Johann Baptist Hierl (1856–1936) herauf. Die Hauptursache dafür, so bezeugen die Quellen übereinstimmend, lag im Persönlichkeitsprofil von Scheglmann und Kiefl, die den von einer geradezu krankhaften Eifersucht auf den Weihbischof erfüllten Bischof Henle hinter sich wussten.

In einem 1924 für den Nuntius Pacelli erstellten Dossier, „die Zwietracht an der Regensburger Bischofskurie“ betreffend, charakterisierte der damalige Spiritual des Priesterseminars Scheglmann als eine Persönlichkeit, die den exzessiven Wunsch des Bischofs, umschmeichelt zu werden, vollauf zufrieden stelle. Kiefl aber, der mit Scheglmann eine „Partei“ bilde, bescheinigte er bei aller Gelehrsamkeit „eine Gier, zu herrschen, Opposition zu treiben und den Frieden zu stören“. Der unter dem „Triumvirat“ Henle-Kiefl-Scheglmann am meisten leidende Weihbischof Hierl schilderte Pacelli gleichfalls 1924, nach einem Jahrzehnt unentwegter Demütigungen, die Situation folgendermaßen: *Der hochwürdigste Herr Bischof ist in den Händen von zwei zielbewußten Männern; er ist kein willensschwacher, aber ein charakterschwacher Mann. Der Bischof pontificiert, der Generalvikar spintisiert u. der neue päpstliche Hausprälat u. Domdekan Dr. Kiefl regiert u. intriguiert, obwohl er fast erblindet ist.* Und zwei Jahre später schrieb Hierl an Pacellis Nachfolger über die an der Regensburger Diözesankurie seit langem bestehenden Differenzen: *Die Hauptursache ist die Hartnäckigkeit des Generalvikars verbunden mit Hochmut. Eine andere Ursache sind die Intrigen des wegen seiner Streitsucht überall bekannten Domdekans Dr. Kiefl. Endlich die ganz außerordentliche Schwäche des Bischofs gegenüber dem Einflusse dieser beiden Herren.*

Angesichts dessen kann es nicht überraschen, dass es nach der Ernennung Kiefls zum Domdekan im Schatten der Regensburger Domtürme zu einer Serie von Auseinandersetzungen kam, die sich bis zum Vorwurf des „Terrorismus“ steigerten, den Kiefl und Scheglmann ausüben würden. Dabei gewinnt man beim Studium der einschlägigen Akten den Eindruck, dass Henle zur Zügelung dieser beiden Herren nicht nur nichts unternommen, vielmehr deren Streitsucht und Kampfeslust durch uneingeschränkte Protektion stets aufs Neue beflügelt hat. Schließlich erachtete man die Entlassung Scheglmanns aus dem Amt des Generalvikars selbst an der römischen Kurie als „einziges Heilmittel für einen so traurigen und dem großen Bistum so schädlichen Zustand". Doch sämtliche Schritte, die ab 1924 diesbezüglich unternommen wurden, insbesondere auch seitens der bayerischen Regierung unter dem Ministerpräsidenten Heinrich Held, scheiterten, weil der von Rom zur Berichterstattung aufgeforderte Henle unter dem massiven Druck seines theologischen Beraters Kiefl unverbrüchlich an Scheglmann festhielt und die Schuld am Unfrieden dem Weihbischof zuschob. „Solch eine verlogene Politik in geistlichen Kreisen sollte man nicht für möglich halten", schrieb der hiervon schmerzlichst Betroffene an seinen Duzfreund im Amt des Ministerpräsidenten und fügte sarkastisch hinzu: „Leichter stürzt man 25 Reichskanzler als einen Generalvikar, wenn auch das Unrecht noch so klar zutage liegt."

Henles letzte pastorale Maßnahme war die durch das kirchliche Gesetzbuch von 1917 vorgeschriebene Wiederbelebung des Instituts der Diözesansynode, das man in Regensburg seit gut 250 Jahren nur mehr vom Hörensagen kannte. Die Eröffnung der Synode am 11. Oktober 1927 in der Schottenkirche St. Jakob vollzog der 76-jährige Bischof in körperlicher und geistiger Frische und nahm dann den ganzen Tag über an deren Beratungen teil, die sich hauptsächlich mit der Verwaltung des Kirchenvermögens und der Disziplin des Klerus beschäftigten. Doch nach der Rückkehr in sein Palais brach Henle erschöpft zusammen und erlag noch am selben Abend einem Herzversagen.

Unverzüglich setzte sich nun die bayerische Staatsregierung an der römischen Kurie dafür ein, dass Weihbischof Hierl zum Nachfolger bestellt werde. Auch die überwältigende Mehrheit des Diözesanklerus äußerte in einer Petition an den Nuntius den gleichen Wunsch und führte bei unmissverständlicher Bezugnahme auf Kiefl und Scheglmann unter anderem zur Begründung an: „Wenn ein auswärtiger Herr darankommt, wird derselbe immer wieder sich bemühen, alle unter einen Hut zu bringen, und so werden gewisse Leute immer wieder Gelegenheit haben, ihr seltsames Spiel weiter zu treiben. Mit Hierl als Ordinarius hat das Spiel dieser Herrn ein Ende." Doch gerade dieses Argument überzeugte in Rom nicht. Dort war man vielmehr der gegenteiligen Meinung, dass die Kirche von Regensburg zur Beilegung der seit langem herrschenden Zwietracht an der Diözesankurie einen Bischof benötige, der mit dem Streit nichts zu tun gehabt habe. Daher ernannte Papst Pius XI. wenige Tage vor dem Weihnachtsfest 1927 den 53-jährigen Münchener Generalvikar und Weihbischof Michael Buchberger aus Jetzendorf in der Hallertau zum Nachfolger Henles. Am

12. März des darauffolgenden Jahres wurde Buchberger durch den Münchener Erzbischof Michael Kardinal Faulhaber in das Bischofsamt eingeführt, das er in Zeiten schwerster Bedrängnis 33 Jahre lang bekleiden sollte.

Das herausragende Ereignis im Jahr von Buchbergers Amtsantritt war die Fortsetzung der so jäh unterbrochenen Diözesansynode am 2./3. Juli 1928. Am ersten Sitzungstag wurden Beschlüsse über das Schulwesen und den Religionsunterricht gefasst, neue Satzungen für die bischöflichen Seminare verabschiedet und Dekrete zur Kirchenmusik erlassen, welche, wohl in bewusster Absetzung von neuen liturgischen Bestrebungen, unter anderem verboten, „das Hochamt deutsch zu singen oder in dasselbe deutsche Gesänge einzuschieben". Am zweiten Sitzungstag beschäftigte man sich hauptsächlich mit dem kirchlichen Vereinswesen und der kirchlichen Kunstpflege. Von weitreichender Bedeutung war darüber hinaus die Annahme eines Antrags, der „die Einleitung der erforderlichen Schritte zur Herbeiführung der Heiligsprechung des seligen Albertus Magnus und zur Ernennung desselben zum Kirchenlehrer" zum Gegenstand hatte. Das diesbezüglich von Buchberger am 24. Dezember 1928 ausgefertigte Bittgesuch an den Heiligen Stuhl führte tatsächlich zum Erfolg. Im Dezember 1931 wurde der gelehrte Dominikanermönch des 13. Jahrhunderts durch Pius XI. zur Ehre der Altäre und zum Kirchenlehrer erhoben. Verständlich, dass man in Regensburg im darauffolgenden Jahr den Todestag des nunmehr kanonisierten Bistumspatrons, den 15. November, so feierlich beging, wie es die düsteren Zeitumstände zuließen. Die seit Dezember 1926 erscheinende Bistumszeitung „Regensburger Sonntagsblatt", 1938 in „Regensburger Bistumsblatt" umbenannt, sprach von einer „innerlich glanzvollen Festwoche" und einer „unvergesslich erhebenden Gnadenzeit". Die Festwoche musste angesichts der drückenden wirtschaftlichen Not und zunehmender Radikalisierung des öffentlichen Lebens äußeren Glanz entbehren und konnte nur aus der Tiefe des Glaubens strahlen.

2. Unter nationalsozialistischer Herrschaft

Der Todeskampf der Weimarer Republik war mit der Machtergreifung Adolf Hitlers am 30. Januar 1933 in sein letztes Stadium getreten. Schon wenige Wochen später schlug auch für den Freistaat Bayern die Stunde Null des nationalsozialistischen Terrors. Da der Widerstand der politischen Parteien in der Breite bereits 1933/34 zerschlagen wurde, blieben als einzige Gegenkräfte bis zuletzt die beiden großen christlichen Glaubensgemeinschaften. Gewiss, sie hatten zunächst versucht, sich mit dem neuen Regime einigermaßen zu arrangieren. Erst als sie sehen mussten, dass es um das Verbandswesen und die Konfessionsschule ging, um die freie Religionsausübung, ja um den Glauben in seinem festen Bestand überhaupt, wurden sie wie von selber in die Abwehr hineingezwungen. Dabei muss nochmals daran erinnert werden, dass Widerstand aus dem Glauben anderen Gesetzen folgt als ein spezifisch politischer. Letztlich ging es für die Kirchen darum, in dem auch für sie völlig neuen System des Totalitarismus, dessen Dauer zudem bis tief in den Krieg hinein kaum abschätzbar war, der Seelsorge und ihren Einrichtungen den unerlässlichen Freiraum zu wahren.

Gleich anderen deutschen Bischöfen bezog Buchberger in seinen Hirtenworten seit 1929 immer wieder gegen kirchen- und christentumsfeindliche Bewegungen Stellung, besonders auch gegen die demokratiezerstörenden Ideologien des Kommunismus und Nationalsozialismus, und warnte vor einer radikalen Umgestaltung der Gesellschaft. Allerdings hat er in einer geradezu panischen Angst vor dem Bolschewismus die der nationalsozialistischen Bewegung innewohnende Gefahr zweifelsohne unterschätzt, wenn er diese in seiner programmatischen Schrift „Gibt es noch eine Rettung?" 1931 mit einem noch „unausgegorenen Wein" verglich oder wenn er sich in dem schon bald nach der Machtergreifung einsetzenden Kirchenkampf allzu lange von der Beschwichtigungsformel der „Übergangsschwierigkeiten" leiten ließ und deshalb eine offene Auseinandersetzung mit dem Regime möglichst vermieden wissen wollte. Solange der Glaube nicht direkt im Dogma angegriffen wurde, sondern es nur um Außenbastionen wie Kirchenfahnen, Vereinstätigkeit, Schulwesen und Pressearbeit ging, riet Buchberger – von Haus aus keine Kämpfernatur – zum Nachgeben und zog eine auf schriftliche Eingaben an die zuständigen Behörden sich konzentrierende Verteidigungsstrategie dem lauten Protest vor. Obschon ihm die antichristlichen Grundsätze des NS-Regimes von Anfang an klar vor Augen standen, waren seine Abwehrmaßnahmen von der 1935 Faulhaber gegenüber geäußerten Überzeugung getragen: „Ein völlig Wehrloser kann keine Hoffnung auf den Kampf setzen." Er sah deshalb seine primäre Amtsaufgabe darin, den Bestand der Kirche in einer geistig zutiefst gespaltenen Gesellschaft nicht zu gefährden und dem in der „Ostmark" weniger von den Mittelinstanzen als von einzelnen Kreisleitern, SA-Kommissaren und der Gestapo geführten Kirchenkampf mit Zurückhaltung zu begegnen, zumal die Bevölkerung seiner Diözese für die Glaubensverkündigung mit ihren dem Rassismus des Systems entgegengesetzten Normen bis zuletzt aufnahmefähig blieb. Selbst bei der letzten dramatischen Konfrontation mit dem Regime, als der 38-jährige Domprediger Dr. Johann Maier, der sich zum Sprecher für die kampflose Übergabe Regensburgs gemacht hatte, am 23. April 1945 verhaftet und zum Tode verurteilt wurde, enthielt sich Buchberger einer Intervention, wiewohl von verschiedener Seite hierzu gedrängt, und zwar in der Auffassung, dass dadurch die Vollstreckung des Urteils nicht verhindert werden könne.

Wenn Buchberger mit den meisten seiner deutschen Amtsbrüder nicht zu den Befürwortern einer Offensivstrategie zählte, so keineswegs aus Sympathie mit dem nationalsozialistischen Regime, sondern in erster Linie in der Absicht, dem Kirchenvolk eine Zerreißprobe zu ersparen, die in dem Dilemma zwischen Kirchentreue und Bürgergehorsam grundgelegt war. Zudem hatte Hitler in seiner Regierungserklärung vom 23. März 1933 die beiden christlichen Konfessionen als „wichtigste Faktoren der Erhaltung unseres Volkstums" bezeichnet und damit die Aussicht eröffnet, der Nationalsozialismus werde von seiner antichristlichen Ideologie abrücken. Auch das am 20. Juli des Jahres unterzeichnete Reichskonkordat mit seiner Bestandsgarantie für die Bekenntnisschule und das kirchliche Vereinswesen nährte bei den Repräsentanten des deutschen Katholizismus die Hoffnung auf ein friedliches Nebeneinander von Kirche und Staat. Doch es war nur ein vermeintlicher Friedensschluss, weil der staatliche Vertragspartner nicht daran dachte, sich an den Buchstaben oder gar den Geist der Vereinbarungen zu halten. Er sah in den Kirchen vielmehr die letzten großen Gegenspieler und führte einen unentwegten Kleinkrieg gegen sie. Und es war ein schmutziger Krieg, bei dem es primär nicht um das Martyrium ging, sondern um die Taktik der Nadelstiche und der Verleumdung.

Bereits im Herbst 1933 wurde ungeachtet des Konkordatsartikels 31, der dem bedrohten Verbandskatholizismus Schutz gewährte, der Kampf gegen die konfessionellen Vereine mit allen Mitteln und Methoden fortgesetzt. Zur selben Zeit nahm der Druck auf die kirchliche Publizistik, vor allem die Tagespresse, erheblich zu. In den Jahren 1937/38 gelang es, die im Konkordat verankerte Bekenntnisschule durch Unterschriftenaktionen und ausgeklügelte Schikanen schrittweise zurückzudrängen und außerdem das von den Orden getragene Schulwesen zu zerschlagen. Und seit dem Herbst 1939 versuchte man, die immer radikaler werdende Kirchenfeindlichkeit mit dem Verweis auf die Kriegsnot zu bemänteln, so auch die Aufhebung vieler Klöster und die Beschlagnahme ihres Besitzes für Parteizwecke. Dass die Gestapokommandos bei ihrem rücksichtslosen Vorgehen nicht selten auf regionalen Widerstand stießen, und zwar auf Widerstand direkt aus dem Glauben heraus, bestätigen die Lageberichte aus den sechs bayerischen Regierungsbezirken von damals. Auch die Kirchenaustritte blieben trotz einer vom Staatsmonopol getragenen Propagandawelle verhältnismäßig selten. Im Gegenteil: Die Pfarreien schlossen sich enger zusammen; die Predigt gewann an Gewicht wie noch nie; auf der Straße sagten die Leute anstatt „Heil Hitler" demonstrativ „Grüß Gott" zueinander; bei Primizen flaggten sie, auch wenn ihnen die Fahnen heruntergerissen wurden, Weiß-Blau oder Weiß-Gelb und des Nachts warfen sie dem Ortsgruppenleiter seinen „Stürmer-Kasten" über den Haufen. Als dann der Krieg begann, suchten Geistliche wie Laien die polnischen Zwangsarbeiter in ihre Kirchengemeinschaft hereinzunehmen oder den kriegsgefangenen Franzosen ihr Los zu erleichtern.

Nein, es ging in aller Regel nicht um den heroischen Aufstand gegen die Gewalt, sondern um das Stehvermögen im Alltag. Nur einmal tat sich massiver Widerstand kund, nämlich beim Kampf um das Schulkreuz im Sommer 1941, ausgelöst durch einen Erlass des Innenministers Adolf Wagner, der die Entfernung aller Kreuze aus den Schulräumen anordnete. Bei dieser Aktion, die sich wahrlich nicht mit dem Verweis auf die Kriegsnot rechtfertigen ließ, trat der antikirchliche Charakter für jedermann so eindeutig zutage, dass nun über alle bayerischen Bistümer eine lautstarke Protestwelle hinwegging und die Diktatur ein einziges Mal weithin sichtbar und auf breiter Front zurückweichen musste. Wenn man jetzt vielerorts zu Schulstreiks und Demonstrationen aufrief, wenn sich das katholischen Volk allenthalben zur Wehr setzte, wenn etwa in Amberg 500 Menschen auf die Straße gingen oder in Regensburg gleich an die 1000 Frauen dem Oberbürgermeister wie dem Kreisleiter vors Haus zogen, dann waren das Vorgänge, die im sogenannten Dritten Reich ohne Beispiel dastehen. Nicht zuletzt die Drohungen der Mütter, die widerrechtliche Anordnung den Vätern an der Front zu schildern, führten schließlich zu Wagners „Stopperlass" vom 28. August 1941. Das Regime beantwortete diese Niederlage fortan mit verschärften Maßnahmen gegen Einzelpersonen. Missliebige Geistliche und Laien wurden nun weit häufiger als früher der Gestapo überstellt, wurden verhört, ins Gefängnis geworfen, vereinzelt auch in KZ-Haft genommen oder durch den Volksgerichtshof zum Tode verurteilt.

Noch vor Kriegsausbruch war mit der Angliederung des Sudetenlandes im Herbst 1938 eine zusätzliche Sorge auf Bischof Buchberger und seine Mitarbeiter zugekommen. Da die tschechische Geistlichkeit in diesen turbulenten Wochen und Monaten die deutschen Grenzpfarreien verlassen hatte – allein jenseits der Grenze von Furth im Wald verwaisten acht Pfarreien –, mussten für die Übernahme der Seelsorge bayerische Priester erbeten werden. Nach langwierigen Verhandlungen einigte man sich schließlich im Dezember 1939 auf die Bildung von Administraturbezirken, wobei dem Bistum Regensburg die Dekanate Bischofteinitz, Deschenitz und Hostau mit über 69000 Katholiken, verteilt auf 43 Pfarreien, angegliedert wurden. Die Bedingungen, unter denen es hier die geistliche Verantwortung zu tragen galt, waren hart, weil sich der Kampf gegen die Kirche in den annektierten konkordatsfreien Gebieten bekanntermaßen noch radikaler gestaltete als im „Altreich". Erst Monate nach dem Zusammenbruch, im Januar 1946, wurde der Regensburger Oberhirte seiner Verantwortung über die zur Diözese Budweis gehörigen Seelsorgesprengel wieder entbunden.

3. Zusammenbruch und Wiederaufbau

Nach der bedingungslosen Kapitulation am 8. Mai 1945 brach über Land und Volk eine schier ausweglose Notsituation herein. Fortdauernde Gefangenschaft für viele Wehrmachtsangehörige, die Existenzfrage der Heimkehrer, das Einströmen der Heimatvertriebenen aus den Ostgebieten, die Verwüstungen des Krieges und manche pauschalen Maßnahmen der alliierten Besatzungsmächte ließen wenig Hoffnung auf einen tragfähigen Wiederaufbau des Wirtschaftslebens und der staatlichen Ordnung aufkommen. Wie überall in Deutschland waren die christlichen Konfessionen auch in Bayern die einzigen Institutionen, die wegen ihrer geistigen Frontstellung gegen den Nationalsozialismus bei den Besatzungsbehörden eine gewisse Autorität besaßen. Ohne sich vorzudrängen, fiel so im Stadium der Auflösung gesellschaftlicher Bezugssysteme den Kirchengemeinden und der Geistlichkeit vor Ort nicht selten die entscheidende Aufgabe zu, ein Minimum an öffentlicher Verwaltung sicherzustellen und die Belange der Bevölkerung gegenüber den amerikanischen Besatzern zu vertreten.

Angesichts der unvorstellbaren materiellen Not waren die kirchlichen Anstrengungen der ersten Nachkriegsjahre vor allem auf karitative Maßnahmen ausgerichtet. Die Hilfstätigkeit sprengte nun endgültig das Maß des Privaten und erlangte eine erstrangige sozialpolitische Bedeutung. Namentlich den Caritasverbänden der Bistümer wurde die Nachkriegszeit zur Stunde ihrer größten Bewährung. Ungeheueres konnte geleistet werden für die Eingliederung der Heimatvertriebenen und das Zusammenführen der oft zerstreuten Familien, für die Herstellung des Kontakts mit den Kriegsgefangenen und durch Soforthilfe zur Verpflegung und Unterkunft der Vielen, die kein bleibendes Zuhause mehr hatten. So organisierte man in unserem Bistum – um nur einige Beispiele anzuführen – Notunterkünfte und Verpflegungsstationen entlang der tschechischen Grenze, eine zentrale Suchstelle in Regensburg selbst, mehrere vom Caritasverband betreute

Flüchtlingslager und schließlich 1949 ein diözesanes Wohnungsbau- und Siedlungswerk, das in den folgenden Jahren fortschreitend neue familiengerechte Wohnungen und Eigenheime erstellte.

Hand in Hand mit der materiellen Hilfe ging das Bemühen um den Neuaufbau des Religiösen: Die seelischen Schäden mussten geheilt werden, die Kirchenruinen galt es zu beseitigen, die Heimatvertriebenen warteten auf ihre Eingliederung in das Pfarrleben. Nach einigem Zögern kam es ab 1946 auch zum organisatorischen Neuaufbau des deutschen Katholizismus, beginnend mit der Wiederbegründung der „Katholischen Arbeitnehmerbewegung" (KAB) und verschiedenen Jugendverbänden, die im März 1947 im „Bund der Deutschen Katholischen Jugend" (BDKJ) zusammengefasst wurden. Gleichwohl errang der nun fester in die Strukturen der „Amtskirche" eingebundene Verbandskatholizismus nicht mehr die Bedeutung und zahlenmäßige Stärke der Weimarer Zeit. Dies lag unter anderem in theologischen Strömungen begründet, die, wie die Liturgische Bewegung und die Bibelbewegung, den kirchlichen Selbstvollzug stärker an die jeweilige Ortsgemeinde banden. Es lag aber auch in der zunehmenden Organisations- und Bindungsscheu, die ihrerseits mit der steigenden Mobilität der Bevölkerung und der auflösenden Wirkung neuer Medien zusammenhing. Wie sehr jedoch äußerer Wiederaufbau und Festigung des religiösen Innenbereichs ineinander griffen, machen die Anstrengungen für die Errichtung neuer Kirchen und Pfarreien deutlich. Wenn Bischof Buchberger in den Jahren 1946 bis 1961 nahezu 100 Kirchen neu erstehen, erweitern oder restaurieren ließ, leitete ihn dabei keineswegs die schiere Baulust, sondern die Sorge um die Not der Seelen. So wurden 60 neue Pfarreien und Kuratien errichtet, vor allem in der Diaspora, denn durch den Zustrom der Flüchtlinge war die Katholikenzahl des Regensburger Sprengels von 935 000 im Jahr 1929 auf 1 233 000 im Jahr 1959 angestiegen.

Getreu hielt sich Buchberger an die im Codex Iuris Canonici von 1917 festgeschriebene Bestimmung, dass alle zehn Jahre eine Diözesansynode abzuhalten sei. Unter erheblichen Schwierigkeiten hatte er eine solche für den 3. und 4. Oktober 1938 nach Regensburg einberufen, auf der die besonderen Probleme, wie sie der nationalsozialistische Kirchenkampf zur Bewältigung aufgab, im Mittelpunkt der Beratungen und Beschlussfassungen standen. Bei der am 9. und 10. März 1948 tagenden Klerusversammlung ging es hauptsächlich um sozial-karitative Belange, um das kirchliche Vereinswesen sowie um die Seelsorge und Fürsorge für die Heimatvertriebenen. Die letzte von Buchberger auf den 22. und 23. April 1958 anberaumte Diözesansynode schließlich befasste sich unter anderem auch mit dem Priesternachwuchs, einem alsbald recht akut werdenden Problem, das man nach 1945 vor allem deshalb nicht kannte, weil die großen Lücken, die der Krieg in die Reihen des Klerus und der Theologiestudenten gerissen hatte, durch die Aufnahme von Priestern aus den Ostgebieten mühelos geschlossen werden konnten.

Rückschauend stellt sich die im Zeichen des Wiederaufbaus stehende „Adenauer-Ära" (1949–1963) für die katholische Kirche als eine Periode dar, in der sie einen festen, unangefochtenen Platz im neuen staatlichen Gebilde der Bundesrepublik einnahm. Aber auch die innerkirchliche Situation der Nachkriegsepoche war nach Ausweis der verfügbaren Daten von hoher Stabilität geprägt. Die Kirchenbesucherzahlen verzeichnen in den fünfziger Jahren sogar einen leichten Anstieg, die Kirchenaustrittszahlen bewegen sich auf einem historisch einmalig niedrigen Niveau, und in die kirchlichen Rituale an den Lebenswenden (Taufe, Eheschließung, Begräbnis) ist beinahe die gesamte Bevölkerung integriert. Erst mit Beginn der sechziger Jahre nahmen religiöse Praxis und kirchliche Bindung auf der Folie eines fortschreitenden Technisierungs- und Säkularisierungsprozesses langsam, aber stetig ab. Was man unter dem Eindruck des Wiederaufbaus im gewohnten Alltag kaum wahrnehmen mochte, trat nun zunehmend greller in Erscheinung: Dörfer, Marktflecken und Landstädte waren mit dem raschen Aufbruch der Industriegesellschaft und einem bisher nie gekannten Wohlstand in grundstürzende Wandlungen hineingerissen worden, in die Auflösung jahrhundertealter Ordnungen, die den Einzelnen zwar begrenzt, aber auch geborgen hatten.

Dieser gesellschaftliche Umbruch betraf Christentum und Kirchen an vorderster Stelle und führte dazu, dass das herkömmliche kirchliche Leben laut Religionsstatistik um 1970 geradezu erdrutschartig abfiel, wobei sich allerdings der von der Statistik vermittelte Eindruck des plötzlichen Wandels der Lebens- und Glaubensgewohnheiten auf dem Hintergrund von Auflösungsprozessen vollzog, die in der Gesellschaft schon jahrelang gärten und jetzt den definitiven Umbruch der bürgerlich-modernen Industriegesellschaft zur sogenannten Postmoderne herbeiführten. Die tatsächlichen oder vermeintlichen Krisenerscheinungen in der Gegenwartskirche können darum schwerlich dem Zweiten Vatikanischen Konzil (1962–1965) angelastet werden; vielmehr will die fortschreitende Zersetzung des volkskirchlichen Milieus in erster Linie als Folge jenes tiefgreifenden Strukturwandels erscheinen, der nach 1945 mit einem Tempo ohnegleichen nahezu die ganze westliche Welt erfasste, auch und gerade unser vormals als so beharrsam geltendes bayerisches Land und Volk. Das zunächst kaum registrierte Beben hat man seit der Mitte der sechziger Jahre gespürt bis in das letzte Dorf.

Bischof Dr. Michael Buchberger (1927–1961)

Bischof Dr. Rudolf Graber (1962–1982)

Bischof Manfred Müller (1982–2002)

Unterwegs zum Heute – ein Ausblick

Am 10. Juni 1961 ist Michael Buchberger, dem Papst Pius XII. 1950 in Anerkennung seiner Verdienste den persönlichen Titel eines Erzbischofs verliehen hatte, auf einer Firmungsreise in Straubing hochbetagt gestorben. Sein Nachfolger Rudolf Graber kam aus der Diözese Eichstätt und hatte an der dortigen Philosophisch-Theologischen Hochschule seit 1941 eine Professur für Kirchengeschichte und Fundamentaltheologie bekleidet. Als der Neunundfünfzigjährige am 2. Juni 1962 aus der Hand des Münchener Erzbischofs Julius Kardinal Döpfner (1961–1976) die Bischofsweihe empfing, stand das Zweite Vatikanische Konzil unmittelbar vor seiner Eröffnung. In aller Welt rüsteten sich die Bischöfe zur Reise nach Rom, um dort mit Papst Johannes XXIII. das große Wagnis einer Ökumenischen Synode unter der Vorgabe des „Aggiornamento", des Heutig-Werdens der Kirche, einzugehen und einem dynamischeren Selbstverständnis den Weg zu bahnen. Der neue Regensburger Oberhirte nahm an jeder der vier Tagungsperioden des Konzils teil und bemühte sich dabei namentlich um die Verankerung des marianischen Schemas in der Kirchenkonstitution „Lumen gentium".

Den vom Konzil angestoßenen Reformen stand Graber als ein Mann der konservativen Mitte zwar durchaus aufgeschlossen gegenüber, erachtete es jedoch als seine vordringlichste Aufgabe, in Wort und Schrift unermüdlich zur Wachsamkeit gegenüber jedweden Krisenerscheinungen der nachkonziliaren Kirche aufzurufen und insbesondere vor Neuerungen zu warnen, die sich in bloßen Strukturveränderungen zu erschöpfen drohten. Dem allzu großen Vertrauen auf Organisation und „Apparat" setzte er in immer neuen Mahnschreiben den Appell zu einer in Gebet und Buße sich kundtuenden Erneuerung des Gottesvolkes entgegen. So betonte er 1966 im Vorspann zur kirchlichen Bußordnung, dass *Gesinnungsänderung im Innersten des Menschen, innere Erneuerung der Christenheit und des einzelnen Christen … eines der Hauptanliegen* des Konzils gewesen sei.

Das Hirtenwort zur Fastenzeit 1973, welches zehn Jahre nach dem Tode Johannes' XXIII. die Frage nach dessen eigentlichem Wollen aufwarf, klang aus mit dem Appell: *Im Gehorsam gegen den Papst wollen wir die innere Erneuerung in Gebet und Buße anstreben, damit uns der Friede des Auferstandenen geschenkt werde.* Mit ebenso eindringlichen Worten wandte sich Graber wiederholt an seine Mitbrüder im priesterlichen Dienst, deren geistliche Führung ihm besonders am Herzen lag. Hierfür begründete er im April 1969 die Monatsschrift „Directorium Spirituale" als eine Art Leitfaden für die tägliche Meditation, der „dem Mangel an Sammlung und Innerlichkeit" abhelfen wollte. Dieses „geistliche Werkheft", das zunächst primär den Diözesanklerus zum Adressaten hatte, gewann alsbald überdiözesane Bedeutung und fand auch in Laienkreisen großen Anklang.

Mit der Losung „Die religiöse Erneuerung geht vom Altar aus" gab Graber bereits im Dezember 1963 den ersten Anstoß zur Umsetzung der Liturgiekonstitution im Bistum, die er nachmals mit großem persönlichem Engagement vorantrieb. Zur Koordinierung der vielfältigen pastoralen Impulse des Konzils rief er 1966 am Bischöflichen Ordinariat ein „Seelsorgereferat" ins Leben, das 1969 als „Seelsorgeamt" zu einer eigenständigen Behörde erhoben wurde und bei mannigfachen Initiativen Pate stand, zum Beispiel bei der Einteilung des Diözesangebiets in acht Regionen und der Berufung ebenso vieler Regionaldekane als Bindeglieder zwischen Bischof und Presbyterium (1968) oder bei der Schaffung spezieller Formen pastoraler Lebenshilfe wie der Telephon-, Frauen-, Alten-, Behinderten-, Ausländer- und Kurseelsorge. Parallel dazu lief der Lernprozess im Umgang mit den neuen „Räten", die, inspiriert vom Konzilsdekret über das Apostolat der Laien, seit 1967 sukzessive begründet wurden: zunächst der „Diözesanpriesterrat" als Senat von Seelsorgern, der dem Bischof bei der Leitung der Diözese beratend zur Seite steht, sodann 1968 der „Diözesanrat der Katholiken" als ein Gremium, in dem sich die laienapostolische Wirksamkeit zur Erfüllung der kirchlichen Heilssendung auf allen Ebenen des Bistums (Pfarrgemeinderäte, Katholikenausschüsse etc.) konzentriert und schließlich im Jahr darauf der „Seelsorgerat" als ein aus Priestern und Laien bestehendes Organ zur partnerschaftlichen Erörterung von aktuellen Problemen der Pastoral. Darüber hinaus manifestierte sich das gesteigerte Interesse an der laienapostolischen Wirksamkeit in der vermehrten Anstellung von qualifizierten Laienmitarbeitern für pastorale und katechetische Aufgaben, die allerdings auch im wachsenden Priestermangel begründet lag.

Unter den zahlreichen Maßnahmen, durch die Graber die Kulturlandschaft seiner Bischofsstadt geprägt hat, ist keine andere so sehr sein persönliches Werk wie das im Herbst 1975 in den Räumen des vormaligen Klarissenklosters eröffnete und dem Brückenschlag zu den Kirchen der Orthodoxie gewidmete Ostkirchliche Institut. Von der Deutschen Bischofskonferenz nach Abschluss des Konzils mit der Leitung einer Kontaktstelle zur Orthodoxie betraut, machte Graber fortan den Dialog mit den Kirchen des Ostens zu seinem Herzensanliegen. Bereits an Ostern 1967 reiste er mit einer Delegation nach Konstantinopel, um mit dem ökumenischen Patriarchen Athenagoras II. ein Programm praktischer Zusammenarbeit zu entwickeln, das anschließend durch Besuche bei den Patriarchen Bulgariens und Serbiens auf eine breitere Basis gestellt werden konnte und in dessen Mittelpunkt zunächst die Abhaltung theologischer Symposien stand, wie sie seit 1969 jährlich stattfanden. Zu Beginn der siebziger Jahre ließ sich auch das vereinbarte Stipendiatenprogramm verwirklichen, das nachmals Hunderten von orthodoxen Theologen ein Zusatzstudium in Deutschland ermöglichte und das Regensburger Ostkirchliche Institut als Stätte gastfreundlicher Begegnung und fruchtbaren Gedankenaustausches zu einer Drehscheibe des ökumenischen Dialogs mit den Kirchen des Ostens werden ließ.

Ein weiteres wichtiges Anliegen war Graber die Errichtung einer vierten bayerischen Landesuniversität in seiner Bischofsstadt (1967) und die Einbindung der bisherigen Philosophisch-Theologischen Hochschule als Theologische Fakultät in die Universität (1968). Aus dem Wissen, dass für verantwortbares Mitgestalten der Gegenwart die Kenntnis der Tradition und Geschichte unerlässlich ist, entstanden auf seine Initiative hin nicht zuletzt zahlreiche Einrichtungen zur Pflege und Erforschung des kirchlichen Kulturguts, so das Bischöfliche Zentralarchiv mit der ihm angeschlossenen Zentralbibliothek, das Depot für die Kunstsammlungen auf dem Gelände des vormaligen Knabenseminars Obermünster, das Domschatzmuseum an der Nordseite der Regensburger Kathedrale, das Diözesanmuseum in der spätromanischen Ulrichskirche und der „Verein für Regensburger Bistumsgeschichte“ mit seinem auf beachtlichem Niveau stehenden Publikationsorgan „Beiträge zur Geschichte des Bistums Regensburg“ (seit 1967).

Bischof Graber, dessen Persönlichkeit und breitgefächertes Wirken sich der vorschnellen Einordnung entziehen, hat die Ortskirche von Regensburg mit unbeirrbarer Zielstrebigkeit und einer aus tiefem Glauben gewonnenen Sicherheit durch die nachkonziliaren Jahre der Krise und Läuterung geführt. Mit Wirkung vom 14. September 1981 wurde der mit zahlreichen Orden und Auszeichnungen bedachte Oberhirte aus Altersgründen von der Leitung der Diözese entbunden, blieb jedoch noch deren Apostolischer Administrator bis zum Amtsantritt seines Nachfolgers im September 1982.

Sein letztes Lebensjahrzehnt verbrachte der „Altbischof" im stillen Nerianer-Ort Aufhausen. Bis kurz vor seinem Tod noch schriftstellerisch tätig, starb Rudolf Graber am 31. Januar 1992 im 89. Lebensjahr und wurde in der neuen Bischofsgruft des Regensburger Doms beigesetzt. In einem Kondolenzschreiben würdigte der Präfekt der Glaubenskongregation, Joseph Kardinal Ratzinger, seine Bedeutung für die Diözese mit den Worten: „Als Hirte in kritischen Jahren hat er ein großes Beispiel pastoraler Festigkeit und Klugheit wie geistiger Weite gegeben. Er wußte zu bewahren, wo zu bewahren war, und zu öffnen, wo zu öffnen war, unerschütterlich bei Kritik und auch angesichts feindseliger Einstellung seines Wollens. Es ist gewiß wesentlich dieser seiner Standhaftigkeit und Klugheit zu verdanken, daß die Diözese Regensburg weitgehend in gutem Zusammenhalt geblieben ist und nach wie vor reich an Berufungen, die für die Lebendigkeit des Glaubens im Bistum des hl. Wolfgang zeugen."

Nach Grabers Rücktritt legte Papst Johannes Paul II. das „Bistum des hl. Wolfgang" in die Hände des Augsburger Weihbischofs Manfred Müller, der die Leitung am 18. September 1982 übernahm unter dem Motto: „Die Wahrheit in Liebe verkünden". Wie dieser sein Wahlspruch zu verstehen war, erläuterte er gerne mit dem Bonmot des Schriftstellers Max Frisch: „Man darf dem anderen die Wahrheit nicht wie ein nasses Handtuch um die Ohren schlagen, sondern man muß ihm die Wahrheit hinhalten wie einen Mantel, in den er hineinschlüpfen kann." Dementsprechend setzte er von Anfang an auf die Offenheit des Dialogs und den intensiven Kontakt mit seinem Klerus auf allen Ebenen und pflegte dabei einen Stil der Amtsführung, der mit dem von ihm häufig zitierten Wort eines Augsburger Predigers der Reformationsepoche trefflich charakterisiert ist: „In den notwendigen Dingen Einigkeit, in den umstrittenen Freiheit, in allen Liebe!" So trugen ihm seine unkomplizierte Art, auf die Menschen zuzugehen, eine stete Gesprächsbereitschaft und das Bemühen, bei theologischen und gesellschaftlichen Zwistigkeiten zu vermitteln und auszugleichen, schon bald den Ruf eines „Bischofs zum Anfassen" ein.

Mit erstaunlichem Elan ging Manfred Müller daran, die Devise „Hinaus in das Bistum!" in die Tat umzusetzen, um die Sorgen der Menschen vor Ort kennen zu lernen und Seelsorger wie Laien zu eigenverantwortlichem Handeln zu ermuntern. Zum besonderen Anliegen machte er sich mit seinen Mitarbeitern die wirtschaftliche Benachteiligung des ostbayerischen Grenzlandes und die durch eine sich verschärfende Strukturkrise heraufbeschworenen sozialen Probleme in weiten Teilen des Bistums, wovon unter anderem der 1986 zur Linderung der Not von Arbeitslosen gegründete Solidaritätsfonds des Diözesanklerus Zeugnis ablegt. Nach dem Fall des

„Eisernen Vorhangs" 1989 rief der Regensburger Oberhirte immer wieder die historische Brückenfunktion seines Grenzlandbistums in Erinnerung und engagierte sich intensiv für eine versöhnte Neugestaltung der Nachbarschaft von Deutschen und Tschechen sowie für die finanzielle und ideelle Unterstützung der über Jahrzehnte hinweg schwer verfolgten Kirche in Tschechien. So hat das Bistum Regensburg, um nur einen Meilenstein der neugewachsenen Partnerschaft anzusprechen, im Prager Ortsteil Strasnice den ersten Kirchenneubau nach dem Zweiten Weltkrieg mitfinanziert.

Das pastorale Bemühen in den zwanzig Amtsjahren von Bischof Manfred Müller konzentrierte sich vornehmlich darauf, in einer Zeit vielfältiger Verunsicherung und wachsender Resignation aus dem Glauben heraus neue Hoffnung und Zuversicht zu wecken. Daher stellte man beispielsweise die 1250-Jahrfeier der Bistumsgründung 1989 unter die Devise: „Die Zukunft gehört den Glaubenden." Nicht als Anmaßung wollte dieses Jubiläumsmotto verstanden sein – natürlich liegt für den Christenmenschen die Zukunft in Gottes Hand –, sondern als Aufruf, das Leben wieder bewusster vom Evangelium her zu gestalten. Hierfür neue gangbare Wege zu erschließen, war dann auch das eigentliche Anliegen des Diözesanforums, dessen erste Vollversammlung Bischof Manfred für den Herbst 1994 – in zeitlicher Nähe zur 1000. Wiederkehr des Sterbetags des Diözesanpatrons St. Wolfgang – einberufen hat mit der trefflichen Maßgabe: „Zieh den Kreis nicht zu klein!" Dieses Forum, das im Spätjahr 1995 auf einer zweiten Vollversammlung fortgesetzt wurde, beschäftigte sich eingehend mit den in fünfzehn Sachausschüssen zu einem breiten Spektrum pastoraler Fragen erarbeiteten Voten und war von dem Bemühen getragen, für den Pilgerweg der Ortskirche von Regensburg an der Schwelle zum dritten Jahrtausend zukunftweisende Orientierungshilfen ausfindig zu machen.

Am 15. Januar 2002 genehmigte Papst Johannes Paul II. das Rücktrittsgesuch von Bischof Manfred Müller, der zwei Monate zuvor sein 75. Lebensjahr vollendet hatte. Am 1. Oktober 2002 ernannte der Papst den 54-jährigen Professor für Dogmatik an der Universität München, Gerhard Ludwig Müller, zum Nachfolger. Der neue Oberhirte, Priester der Diözese Mainz, wurde am Christkönigssonntag 2002, dem 24. November, vom Münchener Erzbischof Friedrich Kardinal Wetter im Regensburger Dom zum Bischof geweiht. Mit dem programmatischen Wahlspruch „Dominus Jesus" übernahm er die Leitung einer Ortskirche, die gute 1,34 Millionen Katholiken zählt und in pastoraler Hinsicht vor einer tiefgreifenden Umstrukturierung steht, da gegenwärtig trotz verstärkter Indienstnahme ausländischer Priester rund ein Drittel der 770 Seelsorgestellen nicht mehr besetzt werden kann.

Mit den zuletzt genannten Daten und Fakten ist die Szenerie aus der historischen Perspektive endgültig in die zeitgenössische Naheinstellung gerückt. Wer eine Epoche durchlebt, weiß nicht, mit welchem Namen dereinst Nachfolgende und Zurückschauende sie bezeichnen werden. Auch der Kirchenhistoriker ist kein Prophet. Er kann nur zeigen, wie die Wege vom Vergangenen her in die Gegenwart einmünden – Wege, die die Ortskirche von Regensburg über lichte Höhen führten, aber auch durch unwirtliche Niederungen und gefahrenvolle Schluchten; Wege, die etwas vom „doppelten Gesetz" in uns kennen, etwas vom Leuchtglanz des Göttlichen und vom Schattenwurf menschlicher Unzulänglichkeit. Doch wie immer diese Wege sich bahnten: Liegt nicht, verehrte Leserinnen und Leser, für uns alle ein Stück Glück beschlossen im Wissen um das, was vor uns war und was noch sein wird, wenn wir längst nicht mehr sind?

Bei unserem Streifzug durch die Geschichte des Bistums Regensburg dürfte deutlich geworden sein, dass auch für den Weg einer Ortskirche gilt, was den Ablauf historischen Geschehens insgesamt charakterisiert: Es gibt je zuzeiten den großen Anruf, doch die Form, mit der man ihm gerecht zu werden versucht, unterliegt weder dem Gesetz des Erfolgs noch kalkulierbarer Dauerhaftigkeit. Zwar sind geschichtliche Prozesse stets ein Wechselspiel von „Challenges and Responses", von „Herausforderungen und Antworten" (Arnold Joseph Toynbee). Aber die Antworten leisten den Herausforderungen keineswegs immer Genüge und können bisweilen auch gänzlich misslingen. Oder mit den Worten des jüngsten Konzils auf einer anderen, der heilsgeschichtlichen Ebene formuliert: „Die Kirche ‚schreitet zwischen den Verfolgungen der Welt und den Tröstungen Gottes auf ihrem Pilgerweg dahin' und verkündet das Kreuz und den Tod des Herrn, bis er wiederkommt (vgl. 1 Kor 11,26). Von der Kraft des auferstandenen Herrn aber wird sie gestärkt, um ihre Trübsale und Mühen, innere gleichermaßen wie äußere, durch Geduld und Liebe zu besiegen und sein Mysterium, wenn auch schattenhaft, so doch getreu in der Welt zu enthüllen, bis es am Ende im vollen Lichte offenbar werden wird." (Lumen gentium, Art. 8)

Anhang

Zeittafel

15 v. Chr.	Eroberung des Alpen-Donauraumes (Provinzen Raetien und Norikum) durch die Römer
179	Errichtung eines neuen römischen Militärstützpunkts in Regensburg (Legionslager Castra Regina)
304	Martyrium des hl. Florian in Lorch an der Enns und der hl. Afra in Augsburg
um 400	Grabplatte der Christin Sarmannina (Sarmannana) in Regensburg
um 440/50	Besetzung der Provinz Raetien durch Germanenstämme
um 550	Beginn der agilolfingischen Herrschaft in Bayern
ab 615	erste irofränkische Missionswelle (Glaubensboten Eustasius, Agilus, Agrestius u. a.)
um 680/700	Wirken der Hof- und Missionsbischöfe Rupert, Emmeram und Erhard in Regensburg
715/16	Herzog Theodo in Rom: Organisationsentwurf für eine bayerische Landeskirche
739	kanonische Errichtung der Bistümer Regensburg, Freising, Passau und Salzburg durch den hl. Bonifatius
778	erste urkundliche Erwähnung der Regensburger Bischofskirche St. Peter
788	Absetzung Herzog Tassilos III. durch Karl den Großen
798	Erhebung Salzburgs zum Erzbistum mit Metropolitanrechten über Freising, Passau, Regensburg und Säben (Brixen)
845	Taufe von vierzehn böhmischen Fürsten in Regensburg
889	erste (zweifelsfreie) urkundliche Erwähnung des Domkapitels
894–930	Bischof Tuto der Selige, tatkräftiger Förderer der Böhmenmission
972–994	Bischof Wolfgang der Heilige
973	Abtrennung des böhmischen Missionsgebiets, Errichtung des Bistums Prag
974/75	Trennung der Personalunion von Bischofsamt und Abtwürde von St. Emmeram, Beginn der Ramwold-Reform nach dem Vorbild von Gorze-Trier

1052	„Heiligsprechung" (Erhebung und Translation der Gebeine) von Bischof Wolfgang und Bischof Erhard durch Papst Leo IX.
1075	Beginn des Investiturstreits, beigelegt 1122 durch das Wormser Konkordat
1109	Gründung der Benediktinerabtei St. Georg in Prüfening durch Bischof Otto I. von Bamberg als Musterkloster der Hirsauer Reform
1133	Gründung des Zisterzienserklosters Waldsassen und des Augustinerchorherrenstifts Rohr
1145	Gründung des Prämonstratenserklosters Speinshart
1147	Aufbruch Bischof Heinrichs I. zum Zweiten Kreuzzug unter der Heerführung König Konrads III.
1160–1260	Kampf der Bischöfe um die Stadtherrschaft in Regensburg
1189	Aufbruch Bischof Konrads III. zum Dritten Kreuzzug unter Kaiser Friedrich I. Barbarossa
1214	Gründung des Katharinenspitals jenseits der Steinernen Brücke durch Bischof Konrad IV.
ab 1221	Gründung des Regensburger Minoritenklosters St. Salvator
1229	Gründung des Regensburger Dominikanerklosters St. Blasius
1232	Gründung des Zisterzienserinnenklosters Seligenthal in Landshut
1245	Aufstieg Regensburgs zur Freien Reichsstadt, definitives Ende der bischöflichen wie der herzoglichen Stadtherrschaft
1260–1262	Bischof Albert II. der Große († 1280)
1262–1277	Bischof Leo Tundorfer – ab 1274 Neubau des Domes im Stil der französischen Kathedralgotik
1272	† Minorit Berthold von Regensburg, berühmter Prediger
1313–1340	Bischof Nikolaus von Ybbs, ein Verwaltungsgenie
1326	kirchenrechtliche Unabhängigkeit des Klosters St. Emmeram vom Bischof nach langdauerndem Exemtionsstreit – erstes Pfarreienverzeichnis mit 369 Pfarreien in 22 Dekanaten
1329	Hausvertrag von Pavia: nördliche Bistumshälfte kommt bis zum Dreißigjährigen Krieg unter pfälzische Landeshoheit
1374	† Domherr Konrad von Megenberg, Verfasser der ersten deutschsprachigen Naturgeschichte
1378–1417	Abendländisches Schisma: Doppelpapsttum zu Rom und zu Avignon entzweit die Christenheit und führt um 1410 auch im oberpfälzischen Bistumsanteil zu einer Spaltung
1419–1436	Hussiteneinfälle mit immer neuen Verheerungen im oberpfälzischen Grenzgebiet
1437	erste Wahlkapitulation für Bischof Friedrich II.
1456–1495	Dombaumeister Konrad und Matthäus Roritzer (Westfassade)
1465–1492	Bischof Heinrich IV., ein pflichteifriger, aber weithin glückloser Reformer am Vorabend der Reformation

1486	freiwillige Unterwerfung der bankrotten Reichsstadt Regensburg unter die Landeshoheit Herzog Albrechts IV. von Bayern-München – Verpfändung der bischöflichen Herrschaft Donaustauf an Bayern (Wiedereinlösung 1715)
1503/04	Landshuter Erbfolgekrieg
1519	Vertreibung der Regensburger Juden, Zerstörung von Ghetto und Synagoge, Errichtung der Wallfahrtskirche „Zur Schönen Maria"
1528	Einführung der lutherischen Lehre im Dekanat Wunsiedel
1541	Regensburger Religionsgespräch in der „Neuen Waag" am Haidplatz
1542	Einführung des Luthertums im Fürstentum Pfalz-Neuburg und in der Reichsstadt Regensburg
1556	Reformation im Fürstentum Obere Pfalz mit Einschluss der Grafschaft Cham und des Stiftlandes, nachfolgend mehrmaliger Wechsel zwischen einem Protestantismus lutherischer und calvinischer Prägung
ab 1560	Hinwendung des Egerlandes zum Luthertum
1589	Errichtung des Jesuitenkollegs in Regensburg
1613	Münchener Konversion des Pfalzgrafen Wolfgang Wilhelm, ab 1614 Rekatholisierung der pfalzneuburgischen Lande
1623–1628	Rekatholisierung des an Kurbayern gekommenen Fürstentums Obere Pfalz durch Maximilian I.
1627	Gegenreformation in den pfalzneuburgischen Ämtern Sulzbach und Parkstein-Weiden
1649–1763	„Wittelsbachisches Säkulum" der Bistumsgeschichte: Franz Wilhelm von Wartenberg (1649–1661), Albrecht Sigmund (1668–1685), Joseph Clemens (1685–1715), Clemens August (1716–1719), Johann Theodor (1719–1763)
1650	Diözesansynode mit richtungweisenden Beschlüssen für eine umfassende religiös-sittliche Erneuerung
1656	Einführung des Simultaneums im Herzogtum Sulzbach
1661–1669	Wiedererrichtung der 1556 säkularisierten Oberpfalzklöster
1675	Gründung des ersten Nerianerinstituts auf deutschem Boden in Aufhausen durch Johann Georg Seidenbusch
ca. 1720–1770	rege kirchliche Bautätigkeit (Spätbarock, Rokoko) und Hochblüte der Volksfrömmigkeit (Wallfahrtswesen, geistliche Spiele etc.)
1802/03	Klostersturm in Bayern: Säkularisation von weit über 50 Frauen- und Männerklöstern im Bistumsbereich
1803	Reichsdeputationshauptschluss vom 25. Februar: Ende der geistlichen Staaten (Herrschaftssäkularisation) und Einziehung der kirchlichen Besitzungen (Vermögenssäkularis.) gem. §§ 34/35
1803–1810	Sonderstellung Regensburgs unter dem letzten geistlichen Reichsfürsten Carl Theodor von Dalberg

1817	Konkordat vom 5. Juni zur Neuordnung des Verhältnisses von Kirche und Staat in Bayern
1821	Vollzug des Konkordats von 1817: Umschreibung der acht Bistümer, Installation der Domkapitel neuer Ordnung und Amtseinführung der vom König ernannten Bischöfe
1822	Ernennung Johann Michael Sailers zum Generalvikar, Weihbischof und Koadjutor (Amtsantritt als Bischof 1829)
1830	Wiedererrichtung des Benediktinerklosters Metten, Beginn eines neuen Klosterfrühlings unter König Ludwig I.
1832	† Bischof Johann Michael von Sailer, „Bayerischer Kirchenvater" und „Heiliger der Zeitenwende"
1833–1841	Bischof Franz Xaver von Schwäbl
1834–1839	Regotisierung des Domes zur 1100-Jahrfeier der Bistumsgründung
1842–1857	Bischof Valentin von Riedel
1844	Eröffnung des ersten Bischöflichen Knabenseminars in Metten
1858–1906	Bischof Ignatius von Senestrey
1869	Vollendung der Domtürme
1872	Verlegung des Priesterseminars von Obermünster in die aufgehobene Schottenabtei St. Jakob
1874	Errichtung der Regensburger Kirchenmusikschule
1881	Eröffnung des Bischöflichen Knabenseminars Obermünster in Regensburg
1885	Errichtung des Bischöflichen Knabenseminars in Straubing
1907–1927	Bischof Antonius von Henle
1922	Gründung des Diözesan-Caritasverbandes
1926	Erstausgabe der Wochenzeitung „Regensburger Sonntagsblatt", 1938 umbenannt in „Regensburger Bistumsblatt"
1927/28	Diözesansynode, eröffnet von Bischof Henle, fortgesetzt durch Bischof Buchberger
1928–1961	Bischof Michael Buchberger, ab 1950 Erzbischof ad personam
1931	Heiligsprechung des seligen Albertus Magnus und Erhebung zum Kirchenlehrer
1945	24. April: Hinrichtung des Dompredigers Dr. Johann Maier
1962–1982	Bischof Rudolf Graber († 1992)
1967/68	Auflösung der Phil.-Theol. Hochschule und Errichtung einer Theol. Fakultät an der neugegründeten Universität
1972	Tausendjahrfeier zum Regierungsantritt des hl. Wolfgang
1982–2002	Bischof Manfred Müller
1989	1250-Jahrfeier der Bistumsgründung unter dem Motto „Die Zukunft gehört den Glaubenden"
1994/95	Diözesanforum unter der Losung „Zieh den Kreis nicht zu klein"
2002	24. November: Konsekration von Bischof Dr. Gerhard Ludwig Müller

Wappen des Hochstifts Regensburg (ca. 1563/67)

Die Bischöfe von Regensburg

Gaubald der Selige (739–761?)
Sigerich (762?–768?)
Sindpert (768?–791)
Adalwin (791/92–816/17)
Baturich (817–847/48)
Erchanfrid (847/48–864)
Ambricho (864–891)
Aspert (891–894)
Tuto der Selige (894–930)
Isangrim (930–942)
Gunthar der Selige (942)
Michael (942–972)
Wolfgang der Heilige (972–994)
Gebhard I. (995–1023)
Gebhard II. (1023–1036)
Gebhard III. (1036–1060)
Otto von Riedenburg (1061–1089)
Gebhard IV. (1089–1105)
Hartwig I. von Sponheim (1105–1126)
Konrad (Chuno) I. von Raitenbuch (1126–1132)
Heinrich I. von Wolfratshausen (1132–1155)
Hartwig II. von Sponheim (1155–1164)
Eberhard der Schwabe (1165–1167)
Konrad II. von Raitenbuch (1167–1185)
Konrad III. von Laichling (1186–1204)
Konrad IV. von Teisbach und Frontenhausen (1204–1226)
Siegfried (1227–1246)
Albert I. von Pietengau (1247–1259)
Albert II. der Große (1260–1262)
Leo Tundorfer (1262–1277)
Heinrich II. von Rotteneck (1277–1296)
Konrad V. von Lupburg (1296–1313)
Nikolaus von Ybbs (1313–1340)
Friedrich I. von Zollern (1340–1365)
Konrad VI. von Haimburg (1368–1381)
Theoderich von Abensberg (1381–1383)
Johann I. von Moosburg (1384–1409)
Albert III. von Stauffenberg (1409–1421)

Johann II. von Streitberg (1421–1428)
Konrad VII. von Soest (1428–1437)
Friedrich II. von Parsberg (1437–1449)
Friedrich III. von Plankenfels (1450–1457)
Rupert I. Pfalzgraf (1457–1465)
Heinrich IV. von Absberg (1465–1492)
Rupert II. Pfalzgraf (1492–1507)
Johann III. Pfalzgraf (1507–1538)
Pankraz von Sinzenhofen (1538–1548)
Georg Marschalk von Pappenheim (1548–1563)
Veit von Fraunberg (1563–1567)
David Kölderer von Burgstall (1567–1579)
Philipp Wilhelm Herzog von Bayern (1579–1598)
Sigmund Friedrich von Fugger (1598–1600)
Wolfgang II. von Hausen (1600–1613)
Albert IV. Freiherr (ab 1630 Graf) von Törring (1613–1649)
Franz Wilhelm Graf von Wartenberg (1649–1661)
Johann Georg Graf von Herberstein (1662–1663)
Adam Lorenz Graf von Törring (1663–1666)
Guidobald Graf von Thun (1666–1668)
Albrecht Sigmund Herzog von Bayern (1668–1685)
Joseph Clemens Herzog von Bayern (1685–1715)
Clemens August Herzog von Bayern (1716–1719)
Johann Theodor Herzog von Bayern (1719–1763)
Clemens Wenzeslaus Herzog von Sachsen (1763–1768)
Anton Ignaz Graf von Fugger (1769–1787)
Max Prokop Graf von Törring (1787–1789)
Joseph Konrad Freiherr von Schroffenberg (1790–1803)
Carl Theodor Freiherr von Dalberg (1803–1817)
Johann Nepomuk von Wolf (1821–1829)
Johann Michael von Sailer (1829–1832)
Franz Xaver von Schwäbl (1833–1841)
Valentin von Riedel (1842–1857)
Ignatius von Senestrey (1858–1906)
Antonius von Henle (1906–1927)
Michael Buchberger (1927–1961)
Rudolf Graber (1962–1982)
Manfred Müller (1982–2002)
Gerhard Ludwig Müller (2002–ad multos annos!)

Wappen des Bistums Regensburg in den Farben Rot – Silber – Rot

Das Bistum heute

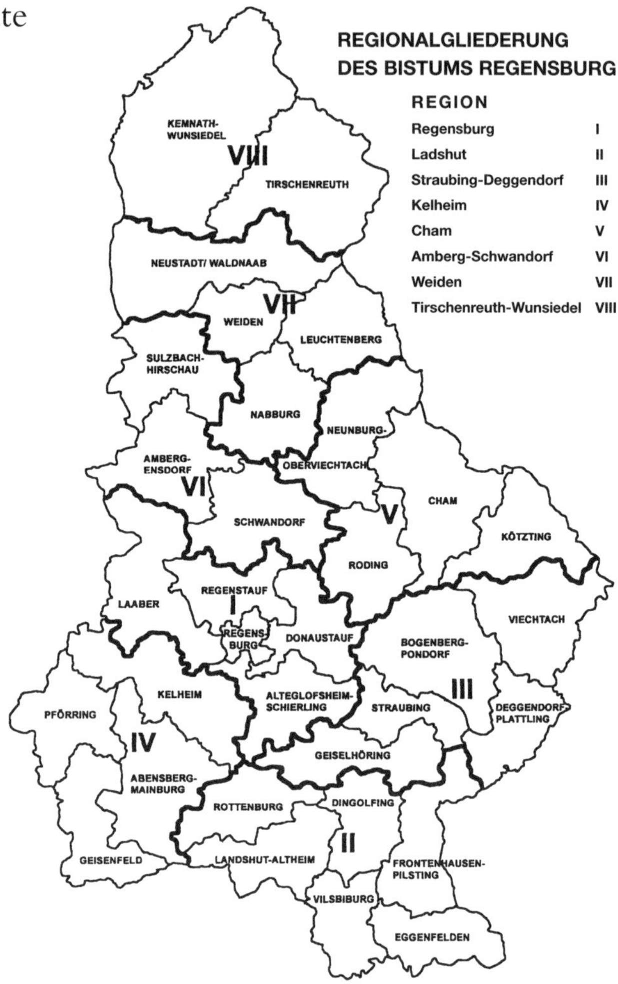

PASTORALSTRUKTUR

Das Bistum Regensburg mit einer Gesamtfläche von 14 665 qkm (damit ist es die flächenmäßig größte bayerische Diözese) umfasst seit der Neugliederung im Jahr 2001 33 Dekanate (zuvor 45) in 8 Regionen.

Katholiken (Stand: 31. 12. 2003):	1 346 903
Nichtkatholiken (Stand: 31. 12. 2003):	298 565

Seelsorgestellen

Gesamt:	770, davon z. Zt. nicht besetzt	257
Pfarreien:	631, davon z. Zt. nicht besetzt	139
Expostituren:	93, davon z. Zt. nicht besetzt	77
Benefizien/Wallfahrtskuratien:	46, davon z. Zt. nicht besetzt	41

Personalstatistik (Stand: 31. 12. 2003)

Stellung bzw. Verwendung		Priester der eig. Diözese	Priester v. ausw. Diözesen	Patres	Gesamt
1. Domkapitel, Diözesanverwaltung		19	0	0	19
2. Kollegiatstifte		11	1	0	12
3. Diözesanstellen		11	3	2	16
4. Überdiözesane Aufgaben		1	2	0	3
5. Universität		2	2	3	7
6. Seminare, Schülerheime		6	0	1	7
7. Pfarrer, Pfarrkuraten		410	27	45	482
8. Militär-, Grenzschutzpfarrer		0	4	1	5
9. Benefiziaten		2	0	2	4
10. Expositi		5	1	6	12
11. Kapläne		45	15	26	86
12. Religionslehrer		19	0	6	25
13. Kuraten, Hausgeistliche		18	6	14	38
Seelsorgeklerus insgesamt		**549**	**61**	**106**	**716**
Kommoranten		236	21		257
Abwesende, beurlaubte Priester		77			77
Patres (nicht unter Nr. 1–13 zu rechnen)				97	97
Ordenspriester insgesamt	203				
in Klöstern im Bistum	176				
aus Konventen anderer Diözesen	27				
Priester insgesamt		**862**	**82**	**203**	**1147**
Ständige Diakone		**82**	**4**		**86**
Neupriester	2002	11			
	2003	5			
Neue Ständige Diakone	2002	6			
	2003	8			
Laienmitarbeiter/-innen:					
Laientheologen/-innen		21			
Pastoralassistenten/-innen		23			
Pastoralreferenten/-innen		86			
Gemeindeassistenten/-innen		14			
Gemeindereferenten/-innen		116			
Religionslehrer/-innen i.K.		208			
Laienmitarbeiter/-innen insgesamt		**468**			

Statistik der Frauenklöster (Stand: 31. 12. 2003)

Orden, Kongregationen und Säkularinstitute		Nieder-lassungen	Profess-schwestern	Novi-zinnen	Kandi-datinnen
Anbeterinnen des Blutes Christi		1	1		
Arme Schulschwestern, MH München		19	133		
Barmherzige Schwestern					
v. hl. Vinzenz v. Paul, MH München		1	1		
v. Hl. Kreuz, Provinzialat Gemünden/M.		7	106		
Blaue Schwestern v. d. hl. Elisabeth		1	11		
Dienerinnen der Hl. Kindheit Jesu (3. Orden d. hl. Franziskus)		1	2		
Dominikanerinnen					
Kloster Hl. Kreuz Regensburg 2. Orden		2	20	1	
Kloster St. Maria Niederviehbach 3. Orden		1	23		
Kloster Strahlfeld 3. Orden (Missionsdominik.)		4	95		
Don-Bosco-Schwestern (Töchter Mariä Hilfe d. Chr.)		2	11		
Elisabethinen		1	15		
Englische Fräulein		2	36		
Franziskanerinnen					
aus dem MH in Aiterhofen		2	58	4	1
aus dem MH in Dillingen		4	32		
aus dem MH in Mallersdorf		37	687		
Franziskusschwestern aus dem MH in Vierzehnheiligen		1	7		
Schwestern vom Guten Hirten		1	6		
Karmelitinnen					
Kloster Vilsbiburg	2. Orden	1	8		
Marienschwestern v. Karmel	3. Orden	4	38		
Klarissen					
Kloster St. Klara, Dingolfing	2. Orden	1	8		
Kloster St. Anna, Riedenburg	3. Orden	1	13		
Magdalenerinnen von der Buße aus Lauban		1	4		
Missionsschw. v. Hlgst. Erlöser (Garser Missionsschw.)		1	4		
Niederbronner Schwestern (Schw. v. Göttl. Erlöser)		5	71		
Preshitharam-Schwestern		1	3		
Kongregation der Ritaschwestern		1	3		

Säkularinstitute				
Benignitas	1	5		
Caritas-Säkularinstitute Thellakom	1	10		
Schönstätter Marienschwestern	5	37		
Salesianerinnen				
Kloster in Oberroning	1	15		
Kloster in Pielenhofen	1	11		
Schwestern der St.-Josefs-Kongregation	1	10		
Schwestern v. Deutschen Haus (Deutschordensschwestern)	2	26		
Schwestern von der Kath. Heimatmission	4	22		
Schwesternschaft d. Krankenfürsorge des 3. Ordens	1	3		
Sisters of the Destitute	1	5		
Ursulinen, Straubing	1	19		
Zisterzienserinnen				
Abtei Seligenthal	1	59	2	
Abtei Waldsassen	1	7	1	
Insgesamt:	**124**	**1625**	**8**	**1**

Statistik der Männerklöster (Stand: 31. 12. 2003)

Orden, Kongregationen und Säkularinstitute	Niederlassungen	Patres	Kleriker	Professbrüder	Novizen
Augustinerchorherren (CRV)	1	7			
Augustinereremiten (OSA)	2	7		2	
Barmherzige Brüder (OH)	4	1		11	
Benediktiner (OSB)	3	41	2	9	2
Eremitenverbrüderung (EOSF)	1		1	2	
Franziskaner (OFM)	3	7		3	
Franziskaner-Minoriten (OFMConv)	2	7		1	
Beschuhte Karmeliten (OCarm)	1	5			
Unbeschuhte Karmeliten (OCD)	2	11		7	
Maristen-Schulbrüder (FMS)	2			32	
Pallottiner (SAC)	1	6		2	
Passionisten (CP)	2	4		1	
Pauliner (OSPPE)	2	7		2	
Prämonstratenser (OPraem)	2	20		1	4
Redemptoristen (CSSR)	1	6		2	
Salesianer (SDB)	2	27	3	10	
Salesianer-Oblaten (OSFS)	2	11		3	
Steyler Missionare (SVD)	1	4		3	
Vinzenzkongregation (V.C.)	1	5			
Insgesamt:	**35**	**176**	**6**	**91**	**6**
Aus Konventen anderer Diözesen		27			

Statistik der Missionare aus dem Bistum in aller Welt (Stand: 31. 12. 2003)

AFRIKA	
Ägypten	1
Äthiopien	1
Angola	1
Elfenbeinküste	2
Ghana	1
Kenya	1
Kongo Rep.	3
Malawi	1
Mosambik	1
Namibia	2
Rwanda	3
Südafrika	40
Tanzania	10
Uganda	3
Zambia	4
Zimbabwe	20
	93

ASIEN UND OZEANIEN	
Australien	2
Hongkong	2
Indien	1
Indonesien	2
Japan	2
Nepal	1
Papua Neuguinea	4
Philippinen	1
Südkorea	2
Taiwan	1
	18

SÜDAMERIKA	
Argentinien	6
Bolivien	8
Brasilien	25
Chile	10
Ecuador	1
Kolumbien	3
Peru	2
Uruguay	1
	56

GESAMTZAHL	
In Missionsländern	167

EUROPA	
Belgien	2
England	2
Frankreich	1
Italien	4
Norwegen	1
Österreich	8
Rumänien	4
Schweden	5
Schweiz	2
Spanien	1
	30

NORDAMERIKA	
USA	23

Aus dem Bistum Regensburg arbeiten insgesamt 220 Personen in der Mission; davon sind 6 Bischöfe, 14 Diözesanpriester, 37 Patres, 9 Brüder, 4 Fratres, 143 Schwestern und 7 Entwicklungshelfer.

Register der Personen und Orte

Nachstehende Register erfassen alle im fortlaufenden Text genannten Personen und Orte, jedoch keine Gewässer, Territorien, Länder und Völkerschaften, auch nicht geographische Bezeichnungen, die Bestandteil von Personennamen sind bzw. zur Titulatur gehören. Bei einigen größeren Orten des Bistums wurde der rascheren Orientierung halber eine Binnengliederung vorgenommen. Seitenzahlen in *Kursivdruck* verweisen auf Abbildungen.

Folgende Abkürzungen kommen zur Anwendung:

A.	= Abt	Kl.	= Kloster
Bay.	= Bayern	Ks.	= Kaiser
Ben.	= Benediktiner	Kf.	= Kurfürst
Bf.	= Bischof	Kg.	= König
Bistadm.	= Bistumsadministrator	Kgn.	= Königin
Dh.	= Domherr	Min.	= Minister
Ebf.	= Erzbischof	Pfr.	= Pfarrer
Gf.	= Graf	Pr.	= Propst
Gv.	= Generalvikar	R.	= Regensburg
hl.	= heilig	Redempt.	= Redemptorist
Hg.	= Herzog	sel.	= selig
Kard.	= Kardinal	Wbf.	= Weihbischof

Register der Personen

Register der Orte

Neuere Literatur in Auswahl

Zu allen angesprochenen Themenbereichen bietet meine zweibändige „Geschichte des Bistums Regensburg“ ausführliche Literaturangaben (Bd. II, 271–308) bis zum Stichjahr 1987. Daher werden nachfolgend nur seither erschienene Titel in Auswahl aufgeführt, und zwar vornehmlich solche, die ihrerseits bibliographische Hinweise enthalten und die Ausführungen dieses Bandes komprimiert ergänzen und vertiefen.
Die Literatur zu den einzelnen Kapiteln im Anschluss an epochenübergreifende Darstellungen ist nicht nach Verfassernamen alphabetisch oder nach Erscheinungsjahren chronologisch aufgelistet, sondern nach thematischen Gesichtspunkten in der Reihenfolge der behandelten Gegenstände. Bei den zuletzt benannten Visitationsprotokollen und Bistumsmatrikeln handelt es sich um mustergültig edierte Quellenbestände des Bischöflichen Zentralarchivs, die insbesondere für die pfarrgeschichtliche Forschung wertvolle Dienste leisten.
Nachfolgend verwendete Abkürzung: BGBR = Beiträge zur Geschichte des Bistums Regensburg.

Epochenübergreifende Darstellungen

Bauer, Karl, Regensburg. Aus Kunst-, Kultur- und Alltagsgeschichte, Regensburg [5]1997.

Berühmte Regensburger. Lebensbilder aus zwei Jahrtausenden, hg. v. Karlheinz Dietz und Gerhard Waldherr, Regensburg 1997.

Gelehrtes Regensburg – Stadt der Wissenschaft. Stätten der Forschung im Wandel der Zeit, hg. v. der Universität Regensburg, Regensburg 1995.

Geschichte der Stadt Regensburg, hg. v. Peter Schmid, 2 Bde., Regensburg 2000.

Handbuch der bayerischen Kirchengeschichte, hg. v. Walter Brandmüller, 3 Bde., St. Ottilien 1991–1998.

Handbuch der Geschichte der evangelischen Kirche in Bayern, hg. v. Gerhard Müller, Horst Weigelt und Wolfgang Zorn, 2 Bde., St. Ottilien 2000–2002.

Hausberger, Karl, Geschichte des Bistums Regensburg, 2 Bde., Regensburg 1989.

Ders., Das Bistum Regensburg, 3 Hefte (I: Mittelalter, II: Von der Reformation zur Säkularisation, IV: 19. und 20. Jahrhundert), Kehl am Rhein 1991–1994.

Lebensbilder aus der Geschichte des Bistums Regensburg, hg. v. Georg Schwaiger, 2 Bde. (BGBR 23/24), Regensburg 1989/90.

Matrikel des Bistums Regensburg, hg. v. Bischöflichen Ordinariat Regensburg, Regensburg 1997.

Nitz, Genoveva/Trapp, Eugen, Die im Licht sind. Heilige und Patrone im Bistum Regensburg, Regensburg 2001.

Ratisbona Sacra. Das Bistum Regensburg im Mittelalter (Kunstsammlungen des Bistums Regensburg, Kataloge und Schriften 6), München–Zürich 1989.

Regensburg im Mittelalter. Beiträge zur Stadtgeschichte vom frühen Mittelalter bis zum Beginn der Neuzeit, hg. v. Martin Angerer und Heinrich Wanderwitz, 2 Bde., Regensburg 1995–1998.

Regensburger Bistumspatrone, hg. v. Georg Schwaiger und Paul Mai, München–Zürich 1988.

Regensburger Buchmalerei. Von frühkarolingischer Zeit bis zum Ausgang des Mittelalters (Bayerische Staatsbibliothek, Ausstellungskataloge 39), München 1987.

Schmid, Alois, Regensburg. Reichsstadt – Fürstbischof – Reichsstifte – Herzogshof (Historischer Atlas von Bayern, Teil Altbayern 60), München 1995.

Utz, Hans/Tyroller, Karl, Wallfahrten im Bistum Regensburg, München–Zürich 1989.
Wallfahrten im Bistum Regensburg. Zur Tausendjahrfeier des Todes des hl. Bischofs Wolfgang (BGBR 28), Regensburg 1994.
1250 Jahre Bistum Regensburg (Schriftenreihe der Universität Regensburg 16), Regensburg 1989.
1250 Jahre Kunst und Kultur im Bistum Regensburg. Berichte und Forschungen (Kunstsammlungen des Bistums Regensburg, Kataloge und Schriften 7), München–Zürich 1989.

Literatur zu den einzelnen Kapiteln

I. Kapitel: Gestaltwerdung einer Ortskirche – das Frühmittelalter

Heribert Erbertseder, Archäologische Zeugnisse des Christentums der Raetia II (Studien zur Theologie und Geschichte 8), St. Ottilien 1992.
Hermann Dannheimer/Heinz Dopsch (Hg.), Die Bajuwaren. Von Severin bis Tassilo 488–788 (Gemeinsame Landesausstellung des Freistaates Bayern und des Landes Salzburg), München–Salzburg 1988.
Marianne Popp, Der heilige Bischof Emmeram (2. Hälfte des 7. Jahrhunderts), in: BGBR 23/24 (1989/90) 25–37.
Paul Mai, Der heilige Erhard, Bischof von Regensburg (erste Hälfte des 8. Jahrhunderts), in: ebd. 38–52.
Ders., Bemerkungen zur Taufe der 14 böhmischen duces im Jahre 845, in: BGBR 29 (1995) 11–18.
Joseph Klose, Tuto, Bischof von Regensburg und Abt von St. Emmeram (894–930), in: BGBR 23/24 (1989/90) 81–92.
Georg Schwaiger, Der heilige Wolfgang, Bischof von Regensburg (972–994), in: ebd. 93–107.
Werner Chrobak, Der heilige Bischof Wolfgang. Geschichte – Legende – Verehrung (Das Bistum Regensburg III), Kehl 1993.
Karl Hausberger, Das Kloster St. Emmeram als Brennspiegel der mittelalterlichen Geschichte Regensburgs, in: St. Emmeram in Regensburg. Geschichte – Kunst – Denkmalpflege (Thurn und Taxis-Studien 18), Kallmünz 1992, 109–115.
Manfred Heim, Otloh von St. Emmeram (um 1010 – um 1070), in: BGBR 23/24 (1989/90) 124–131.

II. Kapitel: Zwischen Gewinn und Verlust – das Hochmittelalter

Georg Schwaiger, Der heilige Albertus Magnus, Kirchenlehrer, Bischof von Regensburg (1260–1262), in: BGBR 23/24 (1989/90) 156–167.
Doris Hagen, Die politische Behauptung des Hochstifts Regensburg zwischen Reich, Bayern und Bürgertum im 13. Jahrhundert, in: BGBR 31 (1997) 7–54.
Karl Hausberger, Die Weihbischöfe im Bistum Regensburg vom Mittelalter bis zur Säkularisation, in: BGBR 29 (1995) 33–70.
Rainer Braun, Wilhelm von Hirsau († 1091), in: BGBR 23/24 (1989/90) 132–138.
Klaus Wollenberg, Die Zisterzienser in Altbayern, Franken und Schwaben (Hefte zur Bayerischen Geschichte und Kultur 7), München 1988.

Immo Eberl, Die Zisterzienser. Geschichte eines europäischen Ordens, Stuttgart 2002.
Die Augustinerchorherren in Bayern. Zum 25-jährigen Wiedererstehen des Ordens, hg. v. Paul Mai (Bischöfliches Zentralarchiv und Bischöfliche Zentralbibliothek, Kataloge und Schriften 16), Regensburg 1999.
Anneliese Hilz, Die Minderbrüder von St. Salvator in Regensburg 1226–1810 (BGBR 25), Regensburg 1991.
Manfred Heim, Berthold von Regensburg (um 1210–1272), in: BGBR 23/24 (1989/90) 183–190.
Karl Hausberger, Ein Wunder vor den Türen der Judenstadt – das Augustinerkloster, in: Der Neupfarrplatz. Brennpunkt – Zeugnis – Denkmal, hg. v. Martin Dallmeier, Hermann Hage und Hermann Reidel, Regensburg 2002, 23–28.
Margit Weber, Konrad von Megenberg (1309–1374), Domherr in Regensburg, in: BGBR 23/24 (1989/90) 206–215.

III. Kapitel: Erneuerungsbestrebungen ohne dauerhaften Erfolg – das Spätmittelalter

Paul Mai, Leo Tundorfer, Bischof von Regensburg (1262–1277), in: BGBR 23/24 (1989/90) 168–182.
Achim Hubel/Manfred Schuller, Der Dom zu Regensburg. Vom Bauen und Gestalten einer gotischen Kathedrale, Regensburg 1995.
Marianne Popp, Bischof Nikolaus von Ybbs (1313–1340), in: BGBR 23/24 (1989/90) 197–205.
Werner Chrobak, Peter Krafft, Weihbischof in Regensburg (1500–1530), in: ebd. 237–244.
Walter Pötzl, Die Verehrung der Vierzehn Nothelfer vor 1400, in: Jahrbuch für Volkskunde 22 (2000) 157–186.
Hermann Kirchhoff, 14 Nothelfer. Geschichte ihrer Verehrung und Verehrungsstätten in der Diözese Regensburg, Kehl am Rhein 1998.
Manfred Eder, Die „Deggendorfer Gnad". Entstehung und Entwicklung einer Hostienwallfahrt im Kontext von Theologie und Geschichte, Deggendorf 1992.
Walter Hartinger, Volksfrömmigkeit in und um Regensburg am Vorabend der Reformation, in: 450 Jahre Evangelische Kirche in Regensburg 1542–1992 (Ausstellungskatalog), Regensburg 1992, 41–50.
Karl Hausberger, „Maria rastet zu Regensburg in der Kapelle". Streiflichter auf die Frömmigkeit im Regensburg des ausgehenden Mittelalters, in: Ratisbona – Die königliche Stadt. Neue Forschungen zum mittelalterlichen Regensburg, hg. v. Martin Angerer, Regensburg 1999, 47–65.

IV. Kapitel: Das Jahrhundert der Glaubensspaltung

Anton Schindling/Walter Ziegler (Hg.), Die Territorien des Reichs im Zeitalter der Reformation und Konfessionalisierung. Land und Konfession 1500–1650, Bd. 1: Der Südosten, Bd. 5: Der Südwesten, Bd. 6: Nachträge (Kirchliches Leben und Kirchenreform im Zeitalter der Glaubensspaltung 49, 53, 56), Münster 1989–1996.
Josef Hanauer, Die bayerischen Kurfürsten Maximilian I. und Ferdinand Maria und die katholische Restauration in der Oberpfalz (BGBR, Beiband 6), Regensburg 1993.
Hans Schwarz (Hg.), Reformation und Reichsstadt. Protestantisches Leben in Regensburg (Schriftenreihe der Universität Regensburg 20), Regensburg 1994.
Peter Schmid, Bischof David Kölderer von Burgstall (1567–1579). Erste Regungen der Tridentinischen Kirchenreform im Bistum Regensburg, in: Staat, Kultur, Politik.

Beiträge zur Geschichte Bayerns und des Katholizismus (FS f. Dieter Albrecht), hg. v. Winfried Becker und Werner Chrobak, Kallmünz 1992, 61–69.
Tobias Appl, Wolfgang II. von Hausen (1600–1613). Ein Regensburger Reformbischof am Beginn des 17. Jahrhunderts, in: BGBR 36 (2002) 137–271.
Simon Federhofer, Albert von Törring, Bischof von Regensburg, in: BGBR 23/24 (1989/90) 257–267.
Georg Schwaiger, Kardinal Franz Wilhelm von Wartenberg, Fürstbischof von Osnabrück und Regensburg (1593–1661), in: ebd. 277–287.
Die Jesuiten in Bayern 1549–1773 (Ausstellungskataloge der Staatlichen Archive Bayerns 29), Weißenhorn 1991.
Egon Johannes Greipl, Coelestin Vogl (1613–1691), Abt von St. Emmeram zu Regensburg, in: BGBR 23/24 (1989/90) 288–293.

V. Kapitel: Das Zeitalter des Barock und der Aufklärung

Manfred Weitlauff, Die bayerischen Wittelsbacher in der Reichskirche, in: Römische Quartalschrift 87 (1992) 306–326.
Manfred Eder, Gottfried Langwerth von Simmern (1669–1741), Weihbischof in Regensburg, in: BGBR 23/24 (1989/90) 340–355.
Barbara Möckershoff, Passionsprozession und Passionsspiel im Bistum Regensburg im Spätbarock, in: BGBR 26 (1992) 221–238.
Adolfine Treiber, Maria im Bistum Regensburg, Kehl am Rhein 2000.
Egon Johannes Greipl, Frobenius Forster (1709–1791), Fürstabt von St. Emmeram zu Regensburg, in: BGBR 23/24 (1989/90) 385–391.
Karl Hausberger, Coelestin Steiglehner (1738–1819), der letzte Fürstabt von St. Emmeram, in: Regensburger Almanach 1991, Regensburg 1991, 70–77.
Stefan Miedaner, Placidus Heinrich (1785–1825), ein Gelehrter aus St. Emmeram in Regensburg, in: BGBR 23/24 (1989/90) 549–554.
Andreas Kraus, Roman Zirngibl (1740–1816), Mönch und Historiker, in: ebd. 458–468.
Ludwig Hammermayer, Ildephons Kennedy (1722–1804), Schottenmönch, Naturforscher, in: ebd. 413–429.
Ders., Benedikt Arbuthnot (1737–1820), Abt des Schottenklosters St. Jakob zu Regensburg, in: ebd. 469–487.
Manfred Knedlik/Georg Schrott (Hg.), Anselm Desing (1699–1772). Ein benediktinischer Universalgelehrter im Zeitalter der Aufklärung, Kallmünz 1999.
Paul Mai, Rupert Kornmann (1757–1817), letzter Abt von Prüfening, in: BGBR 23/24 (1989/90) 524–533.

VI. Kapitel: Zusammenbruch der alten und Aufbau einer neuen Ordnung

Johann Gruber, Anton Ignaz von Fugger, Fürstbischof von Regensburg (1769–1787), in: BGBR 23/24 (1989/90) 404–412.
Ders., Joseph Konrad Freiherr v. Schroffenberg, letzter Fürstbischof von Regensburg (1790–1802/03). Das Bistum Regensburg am Vorabend der Säkularisation, in: BGBR 37 (2003) 95–128.
1803. Wende in Europas Mitte. Vom feudalen zum bürgerlichen Zeitalter (Begleitband zur Ausstellung im Historischen Museum Regensburg), hg. v. Peter Schmid und Klemens Unger, Regensburg 2003.

Werner Chrobak, Die Säkularisation der Klöster im Bereich der heutigen Stadt Regensburg, in: BGBR 37 (2003) 129–168.
Georg Schwaiger, Carl Theodor von Dalberg, Erzbischof von Regensburg (1805–1817), in: BGBR 23/24 (1989/90) 488–494.
Karl Hausberger (Hg.), Carl von Dalberg. Der letzte geistliche Reichsfürst (Schriftenreihe der Universität Regensburg 22), Regensburg 1995.
Ders., „Körperschaften, welche dermal keinen Zweck mehr haben". Zur Existenzgefährdung des Regensburger Kollegiatstifts bei der Alten Kapelle im frühen 19. Jahrhundert, in: BGBR 34 (2000) 203–229.
Ders., Die Neuorganisation der Kirche in Bayern, in: Das Erzbistum München und Freising im 19. und 20. Jahrhundert, hg. v. Georg Schwaiger, München 1989, 11–43.
Paul Mai, Das Bistum Regensburg in der Neuordnung der Bayerischen Kirche nach dem Konkordat von 1817, in: Das Bayerische Konkordat 1817, hg. v. Hans Ammerich, Weißenhorn 2000, 177–202.

VII. Kapitel: Ein kirchliches Jahrhundert mit Janusgesicht

Konrad Baumgartner/Peter Scheuchenpflug (Hg.), Von Aresing bis Regensburg. Festschrift zum 250. Geburtstag von Johann Michael Sailer am 17. November 2001 (BGBR 35), Regensburg 2001.
Georg Schwaiger, Johann Michael von Sailer, Bischof von Regensburg (1829–1832), in: BGBR 23/24 (1989/90) 495–512.
Ders., Georg Michael Wittmann (1760–1833), in: ebd. 513–523.
Alexander Loichinger, Franz Xaver Schwäbl, Bischof von Regensburg (1833–1841), in: ebd. 577–590.
Ders., Melchior von Diepenbrock, Domdekan in Regensburg, Fürstbischof von Breslau (1845–1853), in: ebd. 629–643.
Karl Hausberger, Die katholische Bewegung im Bayern des Vormärz als Wegbereiterin des politischen Katholizismus in Deutschland, in: Rottenburger Jahrbuch für Kirchengeschichte 19 (2000) 93–105.
Paul Mai, Ignatius von Senestréy, Bischof von Regensburg (1858–1906), in: BGBR 23/24 (1989/90) 751–760.
Hubert Wolf (Hg.), Johann Michael Sailer. Das postume Inquisitionsverfahren (Römische Inquisition und Indexkongregation 2), Paderborn u. a. 2002.
Christian Vieracker, Das Bischöfliche Studienseminar St. Wolfgang in Regensburg. Schlaglichter zur Geschichte des Knabenseminars Obermünster-Westmünster, Regensburg 1999.
Michael Kaufmann, Säkularisation, Desolation und Restauration in der Benediktinerabtei Metten (1803–1840), Metten 1993.
Marianne Popp, Bonifaz Wimmer (1809–1887), Erzabt von St. Vincent, in: BGBR 23/24 (1989/90) 711–720.
M. Alicia Blattenberger, Die selige Mutter Theresia von Jesu Gerhardinger (1797–1879), Gründerin der Armen Schulschwestern von U. L. Frau, in: ebd. 620–628.
Paul Mai, Joseph Schlicht (1832–1917), der Klassiker der bayerischen Volkskunde, in: ebd. 826–833.
Georg Schwaiger, Pater Viktrizius Weiß (1842–1924), Provinzial der Bayerischen Kapuzinerprovinz, in: ebd. 854–863.
Ders., Anna Schäffer von Mindelstetten (1882–1925), in: ebd. 864–869.

Marianne Popp, Frater Eustachius Kugler (1867–1946), Provinzial der Barmherzigen Brüder in Bayern, in: ebd. 933–941.
August Scharnagl, Erneuerer der Kirchenmusik im 19. Jahrhundert, in: ebd. 657–666.
Ders., Die Regensburger Kirchenmusikschule, in: ebd. 667–676.
Ders., Regensburger Domkapellmeister, in: ebd. 677–684.
Sabine Klinkert, Georg Dengler (1839–1896), Maler und Bildhauer, in: ebd. 792–803.
Georg Brenninger, Der Historismus in Kirchenbau und Kirchenausstattung Niederbayerns, 2 Bde., Dingolfing 1990.

VIII. Kapitel: In der Not zweier Weltkriege

Josef Mayerhofer, Antonius von Henle, Bischof von Regensburg, in: BGBR 23/24 (1989/90) 870–876.
Ders., Alfons Maria Scheglmann (1858–1937), Generalvikar, Dompropst, in: ebd. 877–882.
Karl Hausberger, Franz Xaver Kiefl (1869–1928). Schellverteidiger, Antimodernist und Rechtskatholik (Quellen und Studien zur neueren Theologiegeschichte 6), Regensburg 2003.
Manfred Eder, Zwei Jahrhunderte Caritasgeschichte im Bistum Regensburg, in: BGBR 31 (1997) 311–352.
Paul Mai, Michael Buchberger, Bischof von Regensburg (1927–1961), in: BGBR 23/24 (1989/90) 959–972.
Werner Chrobak, Johann Maier (1906–1945), Domprediger in Regensburg, in: ebd. 979–991.

Gedruckte frühneuzeitliche Quellen zur pfarrgeschichtlichen Forschung

Das Regensburger Visitationsprotokoll von 1508, hg. von Paul Mai und Marianne Popp, in: BGBR 18 (1984) 7–316.
Das Regensburger Visitationsprotokoll von 1526, hg. v. Paul Mai, in: BGBR 21 (1987) 23–314.
Das Bistum Regensburg in der bayerischen Visitation von 1559, hg. v. Paul Mai (BGBR 27), Regensburg 1993.
Das Regensburger Visitationsprotokoll von 1589/90, hg. v. Paul Mai (BGBR, Beibd. 12), Regensburg 2003.
Die Matrikel des Bistums Regensburg vom Jahre 1600, hg. v. Manfred Heim (BGBR, Beibd. 7), Regensburg 1993.
Des Erzdechanten Gedeon Forster Matrikel des Bistums Regensburg vom Jahre 1665, hg. v. Manfred Heim (BGBR, Beibd. 3), Regensburg 1990.
Die Beschreibung des Bistums Regensburg von 1723/24, hg. v. Manfred Heim (BGBR, Beibd. 9), Regensburg 1996.
Die Heckenstaller-Matrikel des Bistums Regensburg (1782–1787), hg. v. Manfred Heim (BGBR, Beibd. 5), Regensburg 1992.

Verzeichnis der Abbildungen

Archiv Erzabtei St. Ottilien: 185 oben l (Ölgemälde v. Erich Klimek)

Bischöfliches Ordinariat: 217, 218

Bischöfliches Zentralarchiv Regensburg: 123 (2 ×), 143 (4 ×), 151 (2 ×), 168, 173, 185 oben r. u. unten (2 ×), 205 oben

Roman v. Götz: 7, VIII oben

Historisches Museum der Stadt Regensburg (HMSR): 91, 93, 105

Dr. Achim Hubel: Umschlagmotiv

Kunstsammlungen des Bistums Regensburg: III oben

Privatbesitz: 114, 174, 205 unten; VII

Dr. Hermann Reidel: 216 oben, IV unten, V unten, VIII unten

Verlag Schnell & Steiner, Regensburg: 33 (Foto Dr. Joh. Steiner)

Tourismusverband Ostbayern e.V.: VI (Foto K. Unger)

Wilkin Spitta: 15, 29 unten, 129, I, II. III unten, IV oben, V oben

Aus: Andachtsbilder aus Altbayern, München 1971: 88, 132 (2 ×)

Aus: A. Hubel, M. Schuller, Der Dom zu Regensburg 1995: 69

Aus: Johann Carl Paricio, 1753: 41, 53, 55, 63

Aus: Lexikon für Theologie und Kirche, Band VIII, Freiburg 1936: 161

Aus: Ratisbona Sacra, Das Bistum Regensburg im Mittelalter, München–Zürich 1989: 21

Stiche von:

Wilhelm Ertl: 58

Melchior Küsell: 112

Matthäus Merian: 49

Michael Wenning: 59, 65